À VISAGE DIFFÉRENT

MICHEL SERRES

de l'Académie française

A.-R. CHANCHOLLE

Directeurs de la publication

À VISAGE DIFFÉRENT

L'alliance thérapeutique autour de l'enfant meurtri

COLLECTION SAVOIR : CULTURES

HERMANN ÉDITEURS DES SCIENCES ET DES ARTS

La couverture reproduit une œuvre originale du peintre Yves Nioré.

Les dessins et graphiques ont été réalisés par le professeur Jacques Lebeau.

ISBN 2 7056 6346 0

REMERCIEMENTS

Les réunions de travail qui ont permis la conception et la réalisation de ce livre ont eu lieu à la Fondation des Treilles.

Les auteurs adressent leur gratitude aux animateurs et aux membres de cette Fondation sans lesquels les pages qui suivent n'auraient pu être écrites. Ils remercient également l'éditeur, Pierre Berès, pour son aide et sa sollicitude.

ONT COLLABORÉ À CET OUVRAGE

Charles Auffray, *directeur du Laboratoire de génétique moléculaire de Villejuif*

Marie-Madeleine Béziers, *kinésithérapeute, psychomotricienne*

A.-R. Chancholle, *chirurgien plasticien*

Nicole Chancholle, *anesthésiste*

Rosine Chandebois, *professeur honoraire d'embryologie*

Julien Glicenstein, *chirurgien plasticien*

Valentin Lesne, *orthodontiste*

Catherine Lesne, *orthodontiste*

Irène Maurette, *orthophoniste*

Claire Neirinck, *directeur du Centre de Droit de la Famille*

Elizabeth Paté-Cornell, *professeur de statistique et d'étude du risque à l'Université Stanford*

Anne-Marie Rajon, *pédiatre, psychothérapeute*

Bernard Raphaël, *chef du service de Chirurgie plastique et maxillo-faciale du CHU de Grenoble*

Marie-France Sarramon, *gynécologue-obstétricienne au CHU de Toulouse*

Michel Serres, *de l'Académie française*

Suzanne Serres

Michel Stricker, *chef du service de Chirurgie maxillo-faciale du CHU de Nancy*

Jean-Jacques Tournier, *anesthésiste-réanimateur*

Table

PRÉFACE

Témoignage

MICHEL & SUZANNE SERRES

Pour Pascal, Alexandre, Lucie, Jules, Margot et les autres...

LE 6 MARS 1956, matin qui fit date en notre vie, nous devînmes, ma femme et moi, mère et père d'un fils porteur d'une fente labio-palatine. Nous ne savions pas encore l'amour nouveau ni la vocation longue que cette circonstance ouvrait pour lui comme pour nous. Plus tard, l'une de nos nièces accoucha, elle aussi, d'un enfant semblable, à visage différent. Parvenus aujourd'hui à l'âge où mieux vaudrait écrire l'art d'être grand-père ou mère-grand, nous avons voulu partager notre expérience et celle de spécialistes devenus des amis, avec vous, parents à qui un tel événement vient d'advenir, aujourd'hui.

Vous vous posez, tout de suite, des questions de toutes sortes et vous vous trouvez si bouleversés que vous entendez mal les réponses. Nous connaissons cet état, pour en avoir éprouvé les émotions, comme le besoin, que vous ressentez aussi, d'interroger des personnes compétentes, de se confier à quelqu'un qui comprend parce qu'il a l'expérience, enfin l'intense désir de comprendre et de savoir ; la révolte aussi, parfois...

Pour avoir connu ces moments de peine et d'angoisse, pour avoir dû affronter dans la hâte des responsabilités nouvelles et inattendues, nous avons voulu écrire ce livre, qui commence par cette lettre, personnelle et brève, que nous vous adressons. Elle tente de répondre, vite et largement, à ces questions et à ces craintes, en attendant que vous lisiez avec attention les chapitres qui suivent, où vous trouverez ces réponses et d'autres, développées sous la plume des meilleurs experts.

Avant la naissance, à la naissance

Mieux vaut, ma femme et moi le croyons aujourd'hui, que l'échographie ait révélé la nouvelle avant la naissance, car, après avoir lentement dominé votre émotion, légitime et profonde, vous pouvez vous préparer aux dispositions décrites dans le livre que vous allez lire. Nous conseillons donc non seulement de suivre la loi, qui prescrit certains examens prénataux, mais aussi de prier le médecin de vouloir bien observer en détail l'éventualité de ces malformations légères, et en cas de doute, de reprendre ses visites.

Alors, vous disposez de quelques mois pour les derniers préparatifs : vous accueillerez un enfant attendu, vous connaîtrez les réponses dans le même temps que se posent les questions. Vous avez même le loisir de lire ce volume en détail.

Mais si vous avez préféré vous abstenir de ces recherches, comme ceux qui désirent ignorer le sexe de l'enfant à venir, voici que le nouveau-né arrive devant des parents non préparés. Alors, à l'étonnement s'ajoute l'inexpérience. À ces mères et ces pères douloureux, nous nous adressons tout de suite, car nous avons été de ceux-là, en une décennie où n'existaient pas encore les moyens d'investigation d'aujourd'hui.

La malformation

Nous leur disons, pour commencer, plusieurs choses.

D'abord que cette malformation est *fréquente*, beaucoup plus qu'ils ne l'imaginent, mais qu'elle se répare si bien, aujourd'hui, que nul ne la repère plus ; même quand il s'y seront habitués, ils ne reconnaîtront pas autour d'eux, chez des gens ou dans la rue, la cicatrice de ceux qui furent opérés du même handicap et qui formaient ensemble, voici peu, une sorte de famille nombreuse, émouvante et fraternelle.

Ensuite, qu'elle n'est *pas très grave*, physiologiquement parlant, quoique souvent spectaculaire ; elle concerne pourtant une région sensible du corps, le visage, toujours à nu, sans cesse visible et présenté vers l'extérieur. Donc, même si le degré de gravité *médical* reste léger, l'importance *affective*, aussi bien pour les parents que pour l'enfant blessé de la sorte, devient vite considérable : redoublez pour lui de soins attentifs et décuplez à loisir les marques de l'amour que vous lui portez ; il en a besoin plus que quiconque.

Et il en a besoin parce que sa malformation touche à plusieurs fonctions à la fois : tétée, alimentation, respiration, éducation des sens par la succion, apprentissage de la parole, premiers rapports avec l'entourage. Donc si le degré de gravité local reste léger, l'importance *globale* de ce lieu qui mange, sourit, gazouille et embrasse devient rapidement forte, parce que les activités primordiales y transitent comme par un carrefour.

Il en a besoin encore et surtout parce que sa malformation se présente aux autres dans le face à face des premiers sourires et de la reconnaissance personnelle qui commence ; si notre visage nous donne, en quelque sorte, notre carte d'identité presque naturelle, puisque chacun reconnaît à leur physionomie les gens qu'il connaît déjà, ses traits changent en permanence au cours des rencontres et des dialogues. Ainsi et par empreintes incessantes, réalisées par les rires, les paroles et les expressions, l'entourage, sans le savoir, façonne la face de l'enfant ; souvenez-vous donc de ce rôle capital et enseignez-le à ceux qui vous entourent pour qu'ils collaborent avec vous et avec joie à cette œuvre collective en devenir : ce visage que vous croyez fixe et individuel.

Votre enfant est normal

Enfin, que votre étonnement, que votre émotion devant l'inattendu, que votre affolement, parfois, devant vos nouveaux devoirs ne vous fassent jamais oublier l'essentiel, qui résume toute notre expérience, toute la science des auteurs et toutes les pages de ce livre : que cet enfant, *parfaitement normal*, affrontera les peines et les obstacles de la vie ni moins bien ni mieux d'ailleurs qu'un autre, mais surtout qu'il existe et qu'il est question de lui, de lui, vraiment, et non pas de vous seulement, quelle que soit votre douleur, et non pas de la famille, quelle que soit sa réaction, et non pas des autres, quel que soit leur jugement.

Du coup, ce livre, écrit pour vous, mais surtout pour lui, pense à lui et cherche passionnément, comme vous allez le faire, à le rendre fort, vif, indépendant et heureux. Peut-être, un jour, pourra-t-il le lire ou voudra-t-il le parcourir, et nous souhaitons qu'après vous il le fasse, pour qu'il apprenne au moins à quel point il a été aimé.

Les causes

Vous vous posez, encore, mille autres questions : qui doit porter la responsabilité de cet événement ? D'où vient-il ? Pour quelle cause ? Pourquoi cela nous arrive-t-il ?

Affirmée avec tout le poids de la science et toute l'affection des hommes et des femmes d'expérience qui ont signé les pages qui suivent, la première réponse, celle qui, peut-être, devrait passer avant toutes les autres, vous déclare, le plus fortement possible : *ne vous sentez pas coupables*.

Vous allez bientôt comprendre les raisons complexes qui, dans le secret de l'utérus, contribuent, parmi des millions d'autres, à un tel accident ; les plus grands savants ne les connaissent pas encore toutes, ils s'y perdent, parfois, et le hasard, sûrement, y prend la plus grande part.

Pourquoi vous ? Parce qu'au grand jeu de la vie, vous avez tiré, avec cet enfant, ce numéro et non un autre. Vous demandez moins souvent pourquoi il a le front plus haut que celui de sa sœur et les épaules plus larges que celles de son père à son âge... et cependant, ces caractéristiques découlent sans doute du même hasard, qui bat les cartes de nos gènes et laisse parfois bifurquer les circonstances fortuites du développement de l'embryon. Ici, la science la plus haute rejoint la plus profonde sagesse : voilà le cadeau que vous fait le destin.

Ne le refusez pas ; votre enfant ne verra aucune de ses facultés altérée par cet accident qui ne l'empêchera aucunement, par ailleurs, de briller par son adresse, sa force, son intelligence ou son charme. Parmi les porteurs de fentes labio-palatines, on compte autant de talents que parmi les autres groupes d'hommes et de femmes. Mieux encore, vous allez apprendre dans ce livre même que le grand Paganini dut sans doute son génie pour le violon à une malformation de la main assez grave. Louis Jouvet, le plus grand acteur de son temps, bégayait confusément.

Presque tous les humains savent faire de nécessité vertu et d'un handicap un avantage.

Les décisions immédiates

Cela dit en toute sérénité, que faire maintenant ? Voilà, je crois, la question la plus intéressante, parce que la plus urgente : celle qui vous lance vers l'action.

Il faut, certes et avant tout, consulter un chirurgien. Mieux vaut voir un spécialiste de ces fentes et vous en connaîtrez, comme nous, d'excellents et d'infiniment dévoués, fervents de leur pratique et ne cessant jamais de l'améliorer. Celui que vous choisirez vous conseillera et exécutera une suite d'opérations à la fois réparatrices et fonctionnelles – nous expliquerons ce que cela veut dire – qui, je vous l'assure, vous éblouira. La transformation de la face de l'enfant se mesure – j'en témoigne –, par celle du visage des parents, au sortir de la salle de l'opération. À l'angoisse succède la joie. Ayez donc confiance en lui, en son talent technique comme en sa compréhension humaine. Il ne vous décevra pas.

Mais il convient, aussi et peut-être surtout, de prendre ces conseils auprès d'une équipe soignante globale, souvent réunie autour de ce même chirurgien, et comprenant l'anesthésiste, au rôle si décisif avant, pendant et après l'opération, le ou la spécialiste, déjà cité, des images échographiques, dont l'œil a vu et la main a décrit avant tout le monde, la malformation et qui a pu en évaluer la gravité, l'orthodontiste dont les appareillages remodèleront la mâchoire et favoriseront la croissance des dents, l'orthophoniste, qui rééduquera la parole, surtout les voyelles parfois nasonnantes, la ou le psychologue, dont la douceur accompagnera le retentissement affectif de l'accident sur l'enfant et les parents, des rééducateurs de la motricité quelquefois, etc.

Réunie pour la première fois selon les fonctions de ce carrefour de la bouche, cette équipe même a signé ce livre, qui explicite clairement l'importance décisive d'une telle association, qu'elle qualifie d'*alliance thérapeutique*.

Abandonnant l'idée qu'un seul, fût-il génial, pouvait tout faire et dominer, pour les résoudre, tous les problèmes, nous avons écrit le livre qui suit en équipe solidaire, au cours de longues assemblées amicales et passionnantes, persuadés qu'à un problème compliqué, il convient d'apporter des solutions multiples, et qu'un groupe de spécialistes réalisant cette alliance thérapeutique, *à l'écoute réciproque les uns des autres*, l'emporte forcément sur un unique soignant, qui tend toujours – réaction humaine ! –, à privilégier sa spécialité par rapport aux autres, voisines ou éloignées.

L'enfant lui-même

Le but ultime de l'ensemble des soins consiste à faire de l'enfant, à sa naissance blessé, un adolescent bien dans sa peau, comme on dit, puis un adulte responsable qui intègre parfaitement sa singularité, ni plus ni moins que sa taille, la couleur de ses yeux ou la pointure de ses chaussures, ni moins ni plus que les autres autour de lui. Au bout d'un certain temps, il prend en charge son visage, *comme nous le faisons tous* ; pour le vérifier, j'ai fait longuement l'expérience, en interrogeant une foule de gens, que tous, sans exception, et vous-mêmes comme moi, avaient eu, à un âge ou à un autre, dans telle ou telle circonstance, des problèmes de visage : pour quelque blessure, cicatrice ou tache, pour un quelconque bouton ou une incisive cassée... au moment de s'habiller pour une fête, de poser pour une photo ou de paraître en public... Si cela n'arrivait pas, pourquoi recourrions-nous si souvent aux fards et crèmes des cosmétiques ? Donc nous avons dû prendre aussi en charge, à un moment de notre vie, notre visage, *comme lui*.

Courage

Je finis en vous confiant un secret, utile entre tous, indispensable même, dont de longues expériences m'ont appris la vérité : qu'immense, le courage des enfants l'emporte de loin sur celui des adultes ; que, *donc, votre fille ou votre fils vous donnera, sans y manquer, le cœur dont vous avez besoin pour l'aider* à rester brave devant les difficultés. Écoutez-le, surtout les jours où vous en manquerez ; alors, montrez-vous digne de sa vaillance, de toutes les vertus la première, puisqu'elle dit oui à la vie. Sans parole encore, il ne cesse de vous le dire.

Sous des voix concordantes dans leurs différences, lui et lui seul parle dans ce livre, car son oui nous a réunis et grâce à lui nous nous sommes entraidés, comme vous aimerez plus et mieux votre conjoint, en raison de la nouvelle alliance que vous formez maintenant avec lui pour affronter votre vocation nouvelle.

Suzanne et Michel Serres

Accueillir l'enfant

A.-R. CHANCHOLLE

JE N'OUBLIERAI JAMAIS CE MATIN DE 1956 quand, jeune interne, je vis pour la première fois, seuls visibles dans les champs opératoires, une bouche et un nez confondus, ouverts l'un dans l'autre, inquiétant désordre qu'expliqua aussitôt le chirurgien : "Vous n'en avez jamais vu ? Nous en recevons peu, un pour mille naissances à peu près. Observez bien : la fente est d'un côté ou de l'autre de la lèvre, ou des deux, mais pas au milieu comme chez le lièvre. Alors pourquoi dit-on *bec-de-lièvre* ? L'habitude sans doute, mais ne le dites plus, dites *fente labiale* et si le palais est fendu également, *fente labio-palatine.*"

Le tracé précis des incisions me révéla que toutes les parties normales de la lèvre et du nez étaient présentes mais disloquées. Comme les pièces d'un puzzle, elles trouvaient peu à peu leur place...

Je ne me souviens aujourd'hui d'aucun détail mais seulement, les champs enlevés, d'un visage ordonné, apaisé, ressuscité, le visage de n'importe quelle petite fille. Elle s'appelait Lucie. Ses parents me dirent le soir leur stupeur, à la naissance, devant une déformation dont ils ignoraient l'existence ; leurs craintes, leurs questions.

Ces mêmes sentiments, je les retrouvais quelques années plus tard, tout aussi vifs, chez des parents venus confiants à l'échographie, comme pour une première photo de l'enfant, alertés par un brusque silence, refusant des mots qu'ils n'oublieront plus : "Une petite anomalie... une malformation..." De leur enfant encore invisible, ils imaginent aussitôt le pire.

Quelles que soient les circonstances de la découverte, désemparé par l'angoisse des parents, le médecin ne trouve alors que le jargon de son métier, *fente labiale*, *microtie*, *syndactylie*, *pied bot...* des mots qui à l'instant font oublier le nouveau-né et empêchent d'imaginer ou de voir tout ce qui en lui est beau et bon, des mots qui escamotent l'enfant et le morcellent en questions : "Qu'est-ce qu'il a ? Que faire ?" Et demain : "Que va-t-il arriver ? Pourquoi ?"

Pour ne plus jamais éprouver cette angoisse née de la différence de notre enfant, ou la rendre supportable, pour ne plus entendre les mots qui hantent nos mémoires depuis les temps anciens, les mots du procès des parents : *tare*, *malchance*, nous avons voulu vous dire ce que nous savons aujourd'hui : *que le défaut observé ne résulte que d'une banale erreur, ici ou là, de la vie qui forme l'enfant à l'insu des parents* ; que les conséquences de la lésion peuvent et doivent être traitées ; enfin, et par-dessus tout, que la difformité ne nous masque pas l'enfant, bien vivant malgré elle, ne nous le fasse pas oublier, douloureuse amnésie des parents qui les priverait du bonheur d'enfant, cruelle amnésie des soignants qui les réduirait à une abstraite et froide technicité. Quand un assistant de Patrick Clarkson, chirurgien anglais, parlait d'"une malformation de la main", il disait aussitôt : "Eh ! n'oubliez pas, *c'est un enfant* – et il a une malformation de la main !"

Une première recommandation, essentielle, à laquelle nous supplions l'accoucheur, la sage-femme, le pédiatre, la puéricultrice de porter attention, est fondée sur les immenses progrès accomplis au cours des quinze dernières années en matière de psychologie et de comportement du nouveau-né et du nourrisson. Le nouveau-né, brusquement détaché du corps maternel, doit nouer des liens nouveaux et différents avec sa mère, en établir avec son entourage ; il faut pour cela un contact proche et long. Le sens des mots le dit bien : celui *qui ne lie pas* est dit *nég-ligent*, ce qui évoque bien l'importance de ces liens et la gravité de la négligence.

Que la mère donc voie aussitôt son enfant : aucune difformité n'est plus insoutenable que l'absence de celui qui, l'instant d'avant, était en elle. Que, *sauf détresse respiratoire ou risque vital grave*, elle n'en soit pas séparée ; si une hospitalisation spéciale est nécessaire, que la mère soit au plus près, assurant le plus possible les changes, la toilette, les tétées.

Quinze ans après une telle séparation inutilement imposée et malgré l'heureuse issue des traitements d'une fente labio-palatine, un père m'écrivait : "Après la naissance, j'ai à peine pu voir Claire [gros bébé de 3,300 kg en parfaite santé, qu'on emportait en néonatologie] et on a refusé que ma femme la voie à son réveil : craignant les réactions de la mère, les médecins lui ont arraché l'enfant au lieu de le lui donner. De n'avoir pas vu Claire, songez à ce que ma femme a pu imaginer : il lui fallait me croire... En la privant de la vue de l'enfant, on ne laissait place en elle qu'à l'imagination de ce que pouvait être sa fille, qu'on *devait* lui cacher sans pouvoir cependant lui en donner les raisons."

Nous ne savions pas alors ; nous savons maintenant. *Sauf nécessité*, ne séparons jamais la mère de l'enfant.

Dès les premières heures, les premiers jours débutent aides et traitements. Les parents les souhaitent, les soignants les proposent, mais différemment d'une lésion à l'autre, d'un nouveau-né à l'autre. Ils seront précisés par chaque spécialiste.

Les exigences légitimes des parents supposent que tout est possible : traiter tôt, en toute sécurité, en garantissant le résultat. Tout ce que nous ferons tendra au même but ; nous nous attachons à améliorer la fiabilité et la sécurité de nos traitements, la stabilité des résultats à long terme, mais nous ne pouvons outrepasser les limites et les contraintes fixées par la biologie : ainsi, la cicatrice, conséquence d'un accident ou d'une intervention, est une trace imprescriptible de la réparation des tissus ; nous pouvons souvent l'atténuer, mais non la faire disparaître. Le chirurgien fait des points de suture mais, aussi parfaits soient-ils, c'est l'opéré qui, avec ses propres tissus, fait une cicatrice personnelle et imprévisible, changeante avec le temps et différente même suivant l'âge et le site de l'opération.

Les procédés thérapeutiques utilisés aujourd'hui résultent de découvertes et d'innovations faites dans les années 1950-1980. Diverses, elles sont utilisées différemment par chaque centre de traitement parce qu'il n'est pas possible de tout faire en même temps et que chaque soignant choisit ses priorités.

Prenons garde néanmoins à la séduction des nouveaux traitements, parfois illusoires ou non fiables en pratique quotidienne, mais divulgués par la presse dès leur découverte ou même leur projet. Ainsi en est-il de la thérapie génique, dont les spécialistes n'ont jamais dit la possible application à la correction des malformations.

Plus réaliste est la discussion de l'opportunité, de la possibilité, du bon moment d'un traitement : ce que vous voulez n'est peut-être pas possible ou souhaitable, ou doit être différé ; vous pouvez refuser tel traitement qui vous paraît prématuré et qui serait pourtant opportun : la décision est souvent difficile.

Deux points nouveaux doivent être soulignés.

Nous savons aujourd'hui associer les parents au traitement de l'enfant. C'est d'ailleurs une vieille tradition de la médecine française, introduite dès 1741 par le chirurgien Nicolas Andry qui publia un ouvrage intitulé *L'Orthopédie ou l'art de prévenir et de corriger dans les enfants les difformités du corps*, dont le sous-titre sollicitait déjà les parents : *Le tout par des moyens à la portée des Pères et des Mères et de toutes les personnes qui ont des enfants à élever.*

Seuls, nous ne pouvons rien, ou trop peu. Nous avons besoin de *votre consentement*, qui découle naturellement de votre autorité parentale. Votre consentement est fondé sur *votre confiance*, sans laquelle nos actions hésiteront à se déployer ; nos gestes perdent de leur assurance dès lors que vous vous en défiez. Nous avons besoin enfin de *votre participation active* à certains traitements : votre concours est capital pour aider l'enfant à les accepter. Il est difficile d'aller chez l'orthophoniste au lieu de jouer au ballon ; de se brosser régulièrement les dents ; de ne pas manger de sucreries, ou peu ; de faire attention à la façon dont on mange, dont on parle, dont on se tient ; de choisir telle activité physique de préférence à telle autre. Il faut faire aimer à l'enfant ce qu'il doit faire, qui, dans la contrainte et la mauvaise humeur, perd tous ses effets, alors que la tendresse fait des miracles.

Ces gestes simples de la vie quotidienne deviendront d'autant plus spontanés et naturels qu'ils correspondent aux vrais besoins de l'enfant. Dans les pages suivantes, vous en comprendrez l'intérêt, mais ne vous froissez pas du fait que nous ne pouvons tout dire ni tout expliquer à la première consultation car certaines notions relèvent de connaissances difficiles à partager, au moins au début.

Accueillir l'enfant avant sa naissance

L'échographie anténatale permet souvent de découvrir chez l'enfant la déformation d'un organe : le spécialiste sait analyser des images qui restent difficiles à interpréter pour les parents. Ceux-ci veulent aussi que l'on en déduise l'avenir de l'enfant. Or si l'échographiste, le pédiatre, le chirurgien peuvent établir le diagnostic de la lésion et des traitements possibles, aucun savant du corps ou de l'esprit ne peut prévoir ce que l'enfant pensera et fera de sa vie. Confrontés à cette terrible ignorance de l'avenir d'un être qui, dès le début de son existence, ne dispose pas de ce qu'ont les autres, la mère, le père se révoltent et parfois refusent.

Ne nous méprenons pas : ce n'est pas l'enfant lui-même qui est rejeté. Tout parent est un protecteur naturel et intransigeant de son enfant, c'est là le plus profond de l'homme comme de l'animal. Mais précisément, c'est ce sentiment même qui peut les amener à refuser la souffrance de leur enfant, présente ou future, réelle ou supposée – prévoyance parfois si aveuglante qu'elle en fait oublier la vie. Or ce premier mouvement, que les parents rejetteraient sans doute s'ils étaient mieux informés et confortés, est au contraire encouragé par la logique d'une société dont le seul modèle est l'adulte jeune, sain et compétent dans la lutte pour la vie. L'emprise de cette logique d'exclusion est si forte qu'elle nous fait même oublier, au moment du diagnostic échographique, l'efficacité des traitements actuels et surtout les capacités propres de l'enfant.

Des risques de cette exclusion, un grand savant des choses de la Terre, Xavier Le Pichon, nous prévient : "L'homme est l'être vivant qui sait qu'il doit mourir. Il sait que son vieillissement est inéluctable. Il sait qu'il a été un enfant, un tout-petit. Devant toute personne mourante, vieillissante, handicapée, devant tout petit enfant, tout adolescent, l'homme se reconnaît lui-même. Il sait qu'il a été, qu'il sera ou qu'il pourrait être celui qui est en face de lui. L'exclusion de l'autre devient donc l'exclusion d'une partie de lui-même, sa propre mutilation. Ce n'est pas seulement l'autre qui est traumatisé par l'exclusion ; celui qui exclut l'est tout autant, et peut-être beaucoup plus."

Le temps

Outre la confiance en ceux que vous aurez choisis pour soigner votre enfant et la confiance envers vous-même et votre capacité, après lui avoir donné la vie, à le faire vivre, tout bonnement, *sachez enfin qu'il faudra du temps.*

Rappelez-vous que, chez l'homme, toute croissance a besoin de vingt ans pour s'achever. Un vivant se fait de temps, et ce temps n'est pas simple écoulement, mais tissu d'événements, de joies, de chagrins, de rencontres... Le temps devient ainsi l'histoire originale de chacun de nous, de Pascal, Alexandre, Margot et les autres.

Tout ce dont nous venons de parler restera lettre morte si, en-dehors du traitement, les parents, l'entourage familial et amical, l'école, tous n'apportent pas à l'enfant le complément indispensable de chaleureuses relations. C'est la grande nouveauté de ce livre : lisez et relisez ce qu'en écrit Michel Serres en conclusion.

De toutes les pages de ce livre, de la trame du papier et de l'encre des lettres, vous verrez sourdre les mots de notre réussite commune à cette œuvre de vie : confiance, patience, persévérance manifestées à l'enfant dans une aide quotidienne, connaissante et judicieuse, jamais lassée, usant de tous les moyens possibles ; à temps et sans contre-temps ; sans hâte ni lenteur ; obligeant sans contraindre, encourageant sans faiblesse ; n'exigeant pas l'impossible mais demandant tout le possible. Nous en sommes capables, et vous aussi.

Souvenons-nous : d'une certaine façon, ne devons-nous pas tous apprendre à vivre ?

PREMIÈRES
CONSULTATIONS

LA DÉCOUVERTE D'UNE ANOMALIE de l'enfant est faite dans deux circonstances différentes : au cours d'une échographie de la grossesse ou à la naissance.

Avant la naissance, éventualité la plus fréquente actuellement, l'échographiste découvre l'anomalie vers la vingtième semaine de grossesse au cours de l'examen explorant les formes de l'enfant et, entre autres, la tête – le visage – et les membres – mains et pieds.

Les détails de la lésion sont imprécis : il est possible de voir une fente de la lèvre, sa largeur, mais non la qualité de la peau, de la muqueuse, des muscles sous-jacents, si importante pour le traitement ; une soudure de certains doigts ou l'absence de l'un d'eux, mais non l'état des articulations et des tendons ; il est possible d'observer les mouvements des parties atteintes, mais non l'efficacité fonctionnelle de ces mouvements, qui dépend de l'enfant et de ses capacités d'adaptation, toujours surprenantes.

Ces incertitudes font partie des limites de l'examen et ne sont pas aujourd'hui résolues.

Lorsque la lésion paraît grave, l'échographiste propose contrôles et examens complémentaires, puis la consultation d'un pédiatre, d'un psychologue, d'un généticien dont les meilleures informations aideront les parents dans leurs décisions.

Lorsque la lésion ne paraît pas grave et peut être réparée par une intervention chirurgicale – par exemple une fente labiale ou labio-palatine, une anomalie des mains –, le chirurgien choisi pour le traitement est consulté dès que possible : cette consultation est psychologiquement urgente ; de même parfois, la rencontre avec d'autres parents ayant vécu cette situation.

Toutes ces relations d'avant la naissance, permises par l'échographie, ont tout le temps de se développer. Elles améliorent la poursuite de la grossesse et font déjà des parents des acteurs du traitement.

Toutes les anomalies ne peuvent être et ne sont pas diagnostiquées pendant la grossesse.

À la naissance, naguère circonstance la plus fréquente, encore parfois aujourd'hui, dès la découverte de l'anomalie de l'enfant, le médecin ou la sage-femme doivent aussitôt dire aux parents la nature de la lésion, ses possibilités de traitement et leur montrer l'enfant sans tarder.

Le chirurgien consultant doit être appelé quelle que soit l'heure : il précise les conduites à tenir immédiates et ultérieures, et doit être très disponible pour répondre à toutes les questions des parents.

L'angoisse, toujours présente, ne peut être apaisée que par la meilleure attention de tous.

Diagnostic anténatal : images

MARIE-FRANCE SARRAMON

L'ÉVENTUALITÉ D'UNE ANOMALIE FŒTALE a longtemps été vécue comme une fatalité. Sa découverte au moment de la naissance laissait le couple dans un terrible désarroi face à l'enfant blessé. Les progrès techniques ont rendu possible le diagnostic anténatal. Celui-ci permet une meilleure prise en charge de l'enfant, qui peut ainsi être accueilli plus sereinement. Pour ce dépistage, les dates d'exploration, les moyens utilisés sont différents selon qu'il s'agit d'une grossesse sans antécédent d'anomalie familiale ou d'une grossesse à risque de malformation.

Les moyens de diagnostic

Deux méthodes, l'*embryoscopie* et la *fœtoscopie*, permettent de voir directement l'enfant, à l'aide d'un système optique très fin. Pratiquées à des âges de grossesse plus ou moins précoces, elles sont assez délicates à mettre en œuvre et doivent être réservées à des indications précises. L'*échographie*, au contraire, aujourd'hui largement répandue, a fortement contribué à l'amélioration du diagnostic anténatal.

L'embryoscopie

Grâce à un système optique introduit par le col de l'utérus (voie transcervicale), on observe l'embryon par transparence, à travers la membrane qui délimite la cavité amniotique où il flotte. Cette exploration se pratique entre 9 et 11 semaines d'aménorrhée. Son intérêt est de permettre un diagnostic précoce et précis des malformations des extrémités et des membres, ainsi que des anomalies de la face. Le risque de provoquer une fausse couche est de 5 %.

La fœtoscopie

Réalisée plus tard, à partir de 18 semaines d'aménorrhée, elle consiste à introduire un système optique jusqu'au contact direct du fœtus, après avoir traversé la paroi abdominale maternelle puis la membrane amniotique.

L'intérêt de cette exploration est limité pour visualiser une anomalie de forme du fœtus, car le champ de visualisation est étroit. En revanche, cet examen s'avère indispensable lorsqu'on désire faire des prélèvements tissulaires qui permettront d'établir un diagnostic. Le risque de provoquer une fausse couche est d'environ 2 %.

L'échographie

Cette exploration a bouleversé la surveillance de la grossesse et le dépistage des anomalies fœtales. Basée sur la transmission des ultrasons, elle est inoffensive et peut être répétée autant de fois que nécessaire. Au cours d'une grossesse normale, on considère que trois échographies, programmées à des dates précises, suffisent pour un dépistage efficace.

La technique : le principe de l'échographie est le même que celui des sonars de la marine. Les ultrasons sont émis à des fréquences inaudibles par l'homme (> 20 000 hertz) par la sonde de l'échographe, à partir d'un cristal piézo-électrique. L'eau est un milieu de transmission idéal : l'air arrête les ultrasons, les os les amortissent énormément, mais dans les tissus, la transmission est presque constante.

Les ultrasons sont réfléchis lorsqu'ils rencontrent une séparation entre deux substances (interface), et la réflexion est fonction du type de la structure (impédance acoustique) des différents organes. Le faisceau réfléchi est capté par la sonde, amplifié et transformé en signaux visuels sur un écran.

– *Imagerie bidimensionnelle* : les images obtenues sont en deux dimensions, réalisant une coupe anatomique plane. Actuellement, les sondes des échographes contiennent plusieurs cristaux, mis en route successivement à une cadence très rapide, et l'image se construit ainsi point par point sur l'écran. Cette image, qui est une construction et non une photographie, peut être modifiée par de multiples paramètres électroniques.

Depuis les années 1980, l'image est d'une grande précision mais surtout, le grand apport technique a été l'imagerie dynamique, qui restitue en temps réel les mouvements des structures observées. Au cours d'un examen, de multiples plans de coupe sont réalisés et l'échographiste doit intégrer les différentes pièces de l'immense puzzle que représentent le fœtus et son environnement.

Le diagnostic et son interprétation de normalité ou d'anormalité se construisent mentalement, au fur et à mesure des différentes coupes. L'interprétation de l'image nécessite une connaissance précise de l'anatomie et de la physiologie fœtales, et son caractère fugace interdit à tout autre que l'opérateur de poser un diagnostic : les photos prises au cours de l'examen n'en sont que des témoins imprécis et sont difficilement interprétables par quelqu'un qui n'y a pas assisté.

Le principe même du diagnostic, qui nécessite la réalisation de plans de coupe successifs et fait intervenir une reconstruction d'images et une interprétation, explique la possibilité d'erreurs. Si certains plans sont omis – ce qui est inévitable, en fonction de la position du fœtus ou des particularités anatomiques de la mère –, on peut méconnaître une anomalie existante. À l'inverse, certaines images peuvent être interprétées comme anormales alors qu'elles ne le sont pas. Pour le diagnostic des fentes ou des anomalies morphologiques des membres, le risque de méconnaître une anomalie est relativement important, tandis que celui de conclure à l'existence d'une anomalie qui n'existe pas est exceptionnel.

– *Imagerie en trois dimensions (3D)* : la recherche d'images en trois dimensions (relief) a surtout été développée avec l'imagerie en résonance magnétique (IRM) ; l'application en échographie est beaucoup plus récente. Les différentes coupes réalisées en bidimensionnel sont enregistrées et traitées par ordinateur, et permettent ensuite d'accéder à des orientations d'images difficiles, ceci même après que la patiente est levée. Sur l'écran, on peut afficher trois coupes perpendiculaires entre elles et reconstruire une image simulant un volume ; on peut aussi obtenir une reconstruction en surface des organes. Une excellente application semble la reconstruction de la face fœtale et des extrémités des membres. Cette technique est encore du domaine de la recherche.

– *Doppler couleur* : sur l'image échographique bidimensionnelle en noir et blanc s'affiche simultanément une cartographie des vitesses, codée en couleur (rouge ou bleu, suivant la direction des vitesses). Le doppler couleur est généralement utilisé pour étudier les vitesses sanguines, mais il peut aussi servir à l'étude des flux liquidiens (régurgitation, par exemple).

Les risques et effets des ultrasons : tout champ ultrasonique provoque une perturbation mécanique dans les milieux qu'il traverse. Les changements de pression, la tension, les contraintes de cisaillement, l'expansion, la compression, la vélocité et l'accélération peuvent provoquer des effets mécaniques dans un système biologique. Dans un milieu absorbant, l'énergie mécanique est convertie en chaleur, engendrant des effets thermiques. Les effets biologiques des ultrasons sont aussi être liés à la cavitation, à l'existence de micro-courants locaux associés à la présence de micro-bulles dans le milieu.

En fait, ces mécanismes physiques, et donc les effets biologiques, n'interviennent que pour des puissances très élevées et des fréquences d'émission faibles. Dans les utilisations diagnostiques, aucun incident n'est en principe à redouter.

Toutes les études récentes sur des animaux gestants et sur leur progéniture ont conclu à l'innocuité totale des ultrasons, aux doses utilisées en diagnostic. On a également montré qu'il n'y a pas d'effet cumulatif à terme des doses reçues. Il en est de même pour les expositions répétées à de très brefs instants pendant un examen d'échographie, compte tenu de la brièveté des impulsions sonores et de la fréquence de leur répétition.

On ne doit cependant pas perdre de vue qu'il faut trouver un juste milieu entre le temps d'exposition et l'efficacité diagnostique. Il faut donc rester vigilant et toujours penser que l'échographie est un examen médical qu'il ne faut pratiquer que dans le cadre précis de ses indications.

Il n'existe pas d'éléments concrets faisant état d'un risque biologique pour le fœtus, la mère ou le médecin, mais c'est un sujet qui reste d'actualité et les institutions internationales confirment les expertises : leurs rapports sont régulièrement publiés dans les bulletins de l'Organisation mondiale de la Santé (OMS).

Les résultats

– *Images normales* : il est impossible de décrire ici en détail l'analyse échographique du fœtus. On se bornera à présenter la démarche suivie pour l'analyse du pôle céphalique et des membres, qui correspondent aux deux exemples d'anomalies traités dans ce livre.

Les résultats d'une échographie sont différents selon l'âge de la grossesse où l'examen est réalisé.

• *Au cours du premier trimestre* : l'anatomie de l'enfant ne peut être réellement analysée par l'échographie qu'à la fin du premier trimestre, à partir de 12 semaines d'aménorrhée (c'est-à-dire 12 semaines après le début des dernières règles), alors qu'on n'a plus affaire à un embryon, mais à un fœtus. L'examen par voie vaginale (la sonde est placée dans le vagin) complète généralement l'examen par voie abdominale (la sonde est sur l'abdomen maternel). Le fœtus mesure 55 millimètres de la tête aux fesses, et l'on conçoit que les lèvres ne puissent être analysées avec précision ; la tête est cependant bien différenciée du corps et les membres ont une mobilité propre. Les différents segments de membres doivent être comptés et leurs extrémités (mains et pieds) peuvent, le plus souvent, être analysées (fig.1 et 2). Si les structures intra-cérébrales sont, pour la plupart, différenciées et analysables, les détails de la face échappent à une observation correcte.

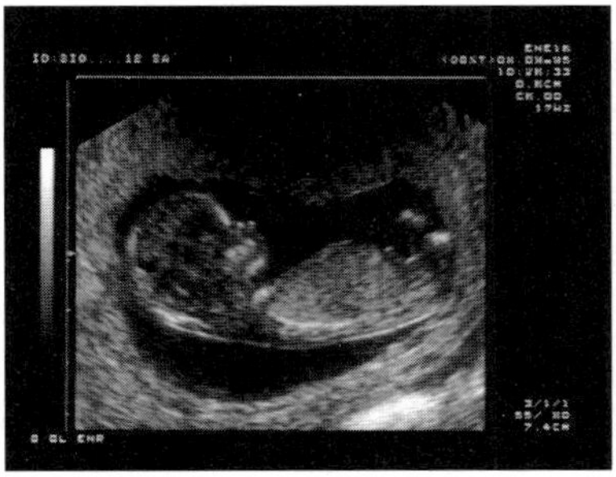

Figure 1. Fœtus de profil (coupe selon le grand axe), 12 semaines après les dernières règles.

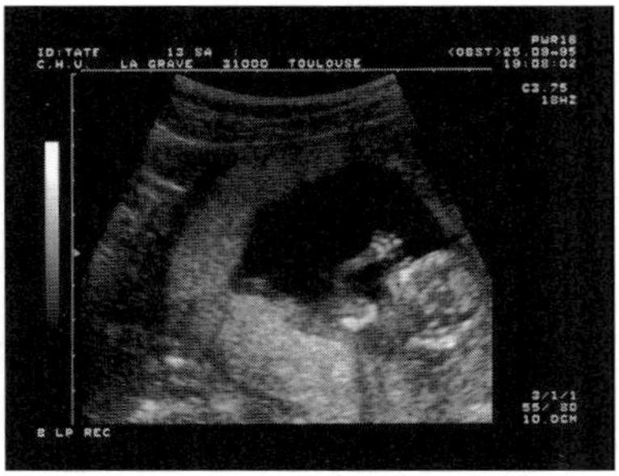

Figure 2. Fœtus de profil, 13 semaines après les dernières règles. La main, proche de la tête, est bien visible.

• *Au cours du deuxième trimestre* : le moment idéal pour une observation globale et détaillée du fœtus est l'échographie de 22 semaines d'aménorrhée ; c'est alors qu'on réalise l'examen morphologique le plus complet.

Après une observation générale du fœtus (position, mouvements, quantité de liquide amniotique), les différentes parties du corps et les organes sont successivement examinés en détail. Pour ne rien oublier, l'analyse devrait être faite dans un ordre systématique, mais en fait l'examen, reposant sur des plans successifs, se déroule souvent sans ordre logique, la visualisation des organes dépendant de la position et des mouvements du fœtus.

Le temps d'examen du profil fœtal est certainement le plus expressif pour les parents car il est facile de mettre en place le front, le nez, les lèvres, le menton, et l'image devient émouvante lorsqu'on voit les mouvements de succion ou de déglutition. Mais avant de pouvoir dire que tout est normal, l'échographiste doit analyser de multiples éléments et les rechercher dans tous les plans : longitudinaux, transversaux, frontaux et obliques.

La description analytique qui suit a l'intérêt de montrer à quel point les détails recherchés sont nombreux. Sur le profil obtenu dans un plan sagittal le plus médian possible (fig. 3), il convient d'observer si l'extrémité antérieure de l'os mandibulaire, correspondant à la pointe du menton, est bien en alignement avec les os frontaux ; ceci atteste d'une bonne position du menton, le rétrognatisme ou menton fuyant pouvant faire craindre des difficultés respiratoires à la naissance. Sur ce même plan médian, il est souhaitable de dégager, en arrière des contours de la face, la courbure hypoéchogène du corps calleux, structure permettant les relations entre les deux hémisphères du cerveau ; plus latéralement, on observe les ventricules latéraux avec les plexus choroïdes.

Si l'échographe est équipé d'un module doppler couleur, on peut rapidement visualiser les flux liquidiens passant par le nez et la bouche : ils doivent être très distincts.

Cette observation se complète par une analyse des plans frontaux, qui permet une vue de face. Le but principal est d'observer l'intégrité de la

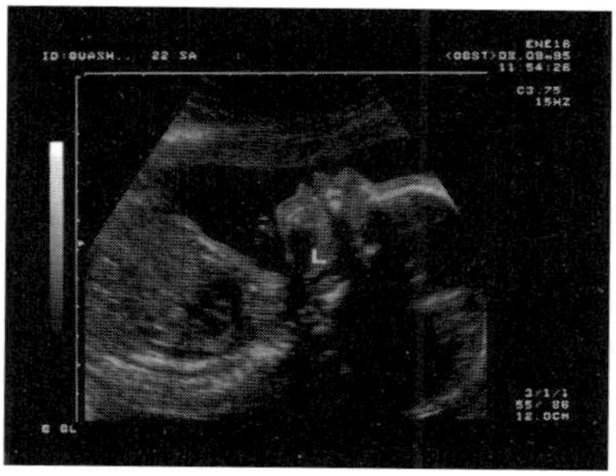

Figure 3. Profil normal, 22 semaines après les dernières règles.
L, langue.

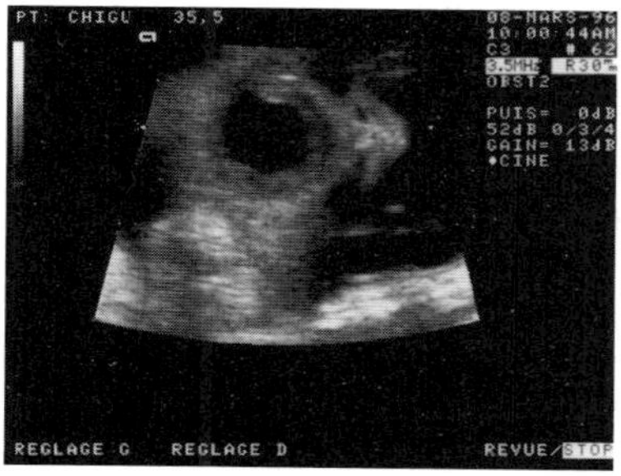

Figure 4. Bouche ouverte. Coupe frontale passant par le nez et la bouche. Image normale 22 semaines après les dernières règles. N, nez avec narines. L, lèvre supérieure.

lèvre supérieure, avec son contour ininterrompu, et les narines, qui doivent être symétriques et bien arrondies (fig. 4). Lorsque le fœtus ouvre la bouche, le dessin est net. Sur un plan frontal, plus postérieur, on découvre l'arcade gingivale, alvéolée.

Le troisième temps de l'examen du pôle céphalique est l'obtention de coupes transversales étagées qui permettent à nouveau l'examen des contours osseux, puis celui des orbites, des cristallins et des structures internes cérébrales. C'est sur ce plan transversal que se mesure le diamètre bipariétal, élément important pour la surveillance de la croissance fœtale.

L'analyse des membres consiste à observer leur forme et leur mouvement. Les différents segments des membres supérieurs et inférieurs sont ensuite repérés, avec les os longs qui sont comptés et analysés dans leur structure et leur taille. Les deux os de la jambe (tibia et péroné) doivent être recherchés, de même que les deux os de l'avant-bras (radius et cubitus). La vérification de l'intégrité des extrémités fait, bien entendu, partie de l'examen : la position des mains et des pieds est repérée, puis on vérifie les mouvements d'ouverture et de fermeture des mains et, si possible, on compte les doigts.

Cette analyse détaillée, avec observation de repères anatomiques bien codifiés, se répète à tous les étages du corps fœtal : thorax, abdomen. L'examen de la colonne vertébrale est également important.

• *Au cours du troisième trimestre* : à ce stade, tous les détails de la morphologie fœtale seraient, théoriquement – puisque leurs dimensions sont plus importantes – beaucoup plus visibles, mais en fait, ils sont souvent moins accessibles : le fœtus est en effet moins mobile et la proportion de liquide amniotique relativement moins importante. Cependant, si la face fœtale ou les extrémités se trouvent tournées vers la sonde de l'échographe, l'examen précis est plus facile qu'au cours des premiers trimestres (fig. 5). En cas d'anomalie, l'analyse des autres zones du corps fœtal permet de s'assurer de son caractère isolé, mais cette analyse risque cependant d'être limitée.

– Exemples d'images pathologiques

• *Fente labiale* : le diagnostic repose essentiellement sur une coupe dite frontale où la bouche est vue de face : le contour de la lèvre supérieure apparaît discontinu et, au-dessus, l'arrondi de la narine est mal dessiné. L'espace entre les deux berges de la lèvre peut être mesuré. On peut également apprécier l'allure du nez, des narines ; l'arcade dentaire peut

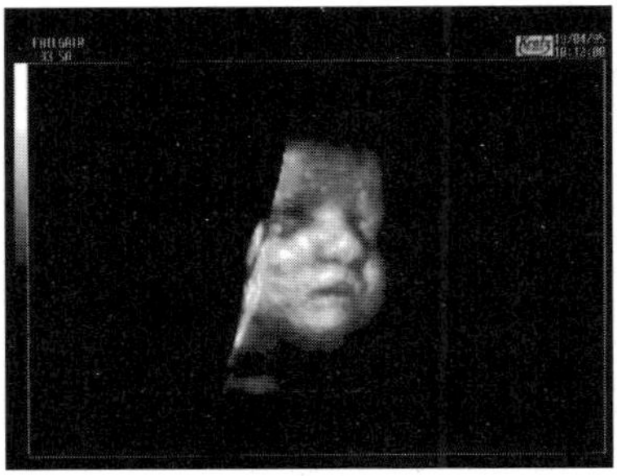

Figure 5. Le visage avant la naissance, en échographie 3D.

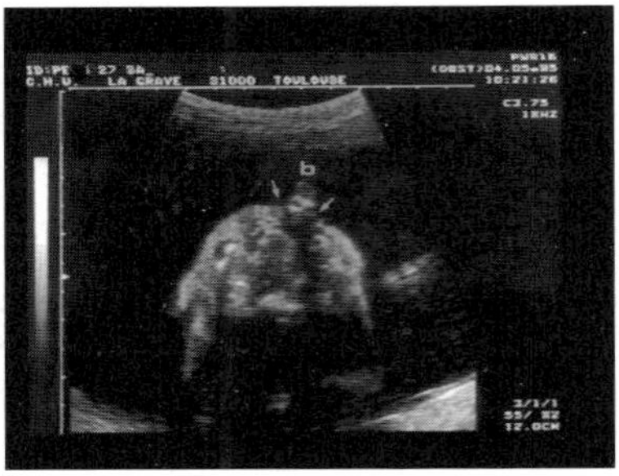

Figure 6. Fente labiale bilatérale (vue oblique).
b, bourgeon. →, fente.

apparaître interrompue dans son arrondi. Tous ces éléments interviennent dans la décision du type d'intervention chirurgicale.

En cas de fente labiale bilatérale, il existe entre les deux fentes un bourgeon médian proéminent au-dessous du nez (fig. 6) ; sur le profil fœtal, on observe une diminution de la columelle nasale, petite colonne de tissu qui sépare les deux narines.

• *Fente palatine* : l'existence d'une fente palatine associée à une fente labiale est parfois difficile à préciser, car les images normalement obtenues sont planes et l'ogive du palais ne peut être rendue. Le diagnostic peut cependant être envisagé sur une image du profil fœtal : l'observation de la dynamique de la langue met en évidence des mouvements vers la narine (fig. 7). Avec le module doppler couleur, le flux liquidien qui remonte de la gorge vers la bouche passe à la fois vers le nez et vers la bouche. En coupe transversale, la langue peut être visualisée contre la cloison nasale. La division palatine sans fente labiale est pratiquement impossible à mettre en évidence, sauf s'il existe des anomalies associées pouvant entraîner notamment une modification du profil fœtal.

Ces images de fente, labiale surtout, peuvent être observées précocément, dès 14-15 semaines d'aménorrhée. Cependant, on ne fait habituellement pas d'échographie à ce stade de grossesse, sauf en cas de recherche orientée ; *c'est donc le plus souvent à 22 semaines d'aménorrhée que le diagnostic de fente est posé, voire plus tardivement, au troisième trimestre.*

• *Pronostic* : la gravité de la fente ne dépend pas seulement de l'importance du défaut d'accolement, mais aussi d'une association éven-

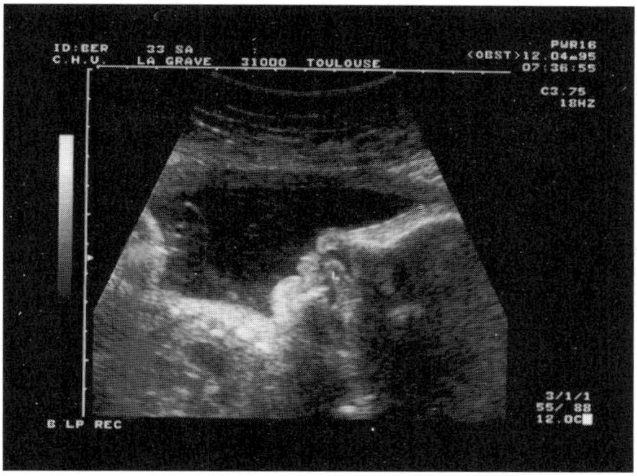

Figure 7. Profil d'enfant porteur d'une fente labio-palatine. La langue (L) remonte vers la narine.

tuelle avec une autre anomalie. L'analyse doit donc aller plus loin et rechercher systématiquement d'autres pathologies malformatives. *Les anomalies cérébrales*, notamment, peuvent être associées à une fente. On diagnostique alors parfois une absence de division interhémisphérique et un ventricule unique ; il importe aussi de visualier la présence du corps calleux.

Une anomalie des chromosomes doit aussi être éliminée : il existe en effet un risque d'anomalie chromosomique un peu plus important que dans la population générale, particulièrement dans les cas où la fente est associée à une autre malformation. Une ponction du liquide amniotique (amniocentèse) ou du sang fœtal dans le cordon (cordocentèse) est habituellement proposée pour établir le caryotype.

Ainsi, ce n'est qu'après confirmation par un deuxième examen échographique, fait à 8 ou 15 jours d'intervalle, avec examen très détaillé du pôle céphalique et des autres organes, que le médecin peut conclure à une fente, isolée ou non.

Quels examens choisir ?

En cas d'absence d'antécédent de malformation et de grossesse à déroulement normal, le seul examen systématique est *l'échographie*. On en pratique trois à titre systématique, à 12, 22 et 32 semaines d'aménorrhée.

À chaque reprise, le stade de développement fœtal modifie les objectifs diagnostiques : si, lors de chaque échographie, une anomalie peut être dépistée, c'est le plus souvent à 22 semaines d'aménorrhée que l'on en fait la découverte.

En cas d'antécédent d'anomalie, la recherche malformative orientée est différente. Si la pathologie a été grave, une *embryoscopie* est envisageable, mais elle comporte un risque important de fausse couche. Dans la plupart des cas, l'*échographie* effectuée à 12 semaines puis répétée à 14 ou 16 semaines permet de préciser les formes de l'enfant. Une échographie en 3D peut amener un complément dans le dépistage, mais surtout il convient d'attendre deux ou trois semaines de plus et de pratiquer une nouvelle échographie bidimensionnelle devant toute d'hésitation. Généralement, à 20-22 semaines d'aménorrhée, l'examen de la face et des membres est concluant.

Les autres examens, *fœtoscopie* exceptionnellement, ou *IRM* si l'on a un doute sur la normalité de la structure du cerveau fœtal, peuvent être pratiqués au cours du deuxième trimestre de la grossesse.

En cas de découverte d'une anomalie, quelle attitude adopter ?

Il est rare que le diagnostic d'une anomalie soit posé d'emblée ; généralement, après une échographie un peu plus longue que d'habitude, le praticien fait état de ses difficultés à obtenir une visualisation parfaite de la morphologie fœtale. Une nouvelle échographie, à 15 jours d'intervalle, puis un bilan plus élargi sont alors nécessaires.

L'annonce est faite ensuite, autant que possible, en présence des deux parents, en réservant un temps suffisant pour des explications détaillées. Faite par l'échographiste, elle lui permet d'expliquer, dans un premier temps, sur l'image, ce qui est sans doute moins agressif qu'une explication donnée ensuite sur un schéma. Cela permet surtout de ne pas dissocier l'anomalie de l'enfant, dont on met en valeur toutes les potentialités : sa morphologie, déjà si semblable à celle d'un nouveau-né, sa vitalité, avec les mouvements permanents d'étirement et d'enroulement dont la maman ne perçoit que les plus violents, son rythme cardiaque enfin, régulier et rapide, très significatif pour les parents de la présence réelle de l'enfant.

L'analyse objective de l'anomalie et de ses conséquences permet de définir la conduite à tenir :

– un prélèvement de liquide amniotique ou de sang fœtal est généralement pratiqué pour établir un caryotype dès la confirmation du diagnostic ; il s'avère cependant inutile en cas d'anomalie familiale ;

– exceptionnellement, l'interruption médicale de grossesse peut être envisagée en cas d'anomalie très grave, en d'autres termes si une vie décente s'avère difficile, voire impossible, en raison d'associations malformatives (anomalies du caryotype, anomalies cérébrales, anomalies multiples des membres) ;

– dans la plupart des cas, on organise la prise en charge du fœtus, puis de l'enfant porteur d'une anomalie. Une consultation avec un chirurgien spécialisé est toujours bénéfique. La réponse à des questions, même les plus inattendues, permet de mieux accepter la différence entre l'enfant réel et l'enfant jusque là idéalisé.

Une prise en charge par un psychothérapeute est proposée au couple : même très ponctuelle, elle peut être fort utile.

L'échographie permettra ensuite le suivi habituel de la grossesse : les progrès de la croissance du fœtus, la visualisation de sa vitalité intra-utérine diminuent l'appréhension des parents et permettent de susciter un nouvel imaginaire. Le père doit, bien sûr, assister à ces examens et l'échographie l'aide certainement à mieux participer à l'accueil de l'enfant.

L'enfant sera ainsi attendu comme tout enfant doit l'être.

Diagnostic anténatal : doutes

ELIZABETH PATÉ-CORNELL

LE BIEN-ÊTRE DES BÉBÉS atteints de déformations telles qu'une fente labio-palatine et celui de leurs parents dépendent, dans une large mesure, des décisions quotidiennes prises par les parents et les médecins pour le diagnostic et le traitement de l'anomalie. L'accueil et l'acceptation de l'enfant sont déterminants pour son bonheur et constituent des facteurs essentiels du succès du traitement de la lésion. Parce qu'elles relèvent du quotidien et du continu, ces décisions de l'entourage sont, dans la plupart des cas, inconscientes et difficiles à cerner. Le calcul statistique peut-il avoir ici quelque utilité ?

Une première décision est identifiable, ponctuelle et critique : que vont faire les parents lorsque, en cours de grossesse, l'échographie révèle une malformation ? Cette décision est prise *dans l'incertitude* : les parents peuvent parfois douter de la présence d'une malformation qu'ils refusent, et tout autant de la normalité annoncée. De plus, ils ignorent l'étendue exacte de la malformation décelée par l'échographiste.

Les décisions des parents dépendent de la qualité de l'information qu'on leur donne et de leur système de valeurs personnelles. Ils peuvent, bien sûr, "ne pas vouloir savoir" ou déléguer explicitement la décision à leur médecin. Cependant, dans ce domaine, les attitudes ont changé : à l'heure actuelle, bien des gens désirent que leurs préférences soient entendues et prises en compte dans les décisions médicales. Quel que soit leur système de valeurs, il est essentiel que les parents comprennent la signification et la limitation des résultats de l'échographie, étant donnée la marge d'erreur toujours présente : un calcul de probabilités – dont les techniques sont bien connues des spécialistes, mais trop longues et difficiles à rapporter ici – permet de replacer dans leur contexte les résultats de tests imparfaits par nature, qui pourraient amener parents et praticiens à des décisions erronées.

Les possibilités d'erreur à l'échographie

Les tests médicaux sont souvent imparfaits : ils peuvent présenter aussi bien des *résultats faussement positifs* annonçant une malformation qui, en fait, n'existe pas, que des *résultats faussement négatifs* lorsque la lésion, pourtant présente, n'est pas décelée. Lorsqu'ils s'appliquent à des phénomènes *rares* – ce qui est le cas, en France, des fentes labio-palatines –, un résultat positif n'a pas toujours une signification absolue et doit être suivi d'autres tests avant de servir de base à une décision. De la même façon, un résultat négatif est loin de constituer une garantie. Il ne s'agit pas d'inquiéter les parents, mais de les informer honnêtement, en leur donnant une idée des risques de malformation par rapport au résultat de l'échographie.

Actuellement, l'échographie est le moyen le plus fréquemment utilisé pour déceler les anomalies avant la naissance. Néanmoins, à ce stade et *dans l'état présent de la technique*, les résultats ne sont pas tous fiables. Il faut montrer aux parents qu'avant de prendre une décision sur la base du résultat d'un test douteux, il importe de considérer les incertitudes en jeu.

Il faut donc présenter une information complète, fournir des résultats aussi exacts que possible : certains parents ont envisagé de poursuivre en justice le radiologue qui n'aurait pas diagnostiqué la lésion à l'échographie, ou qui aurait choisi de ne pas la révéler. Informer les parents des risques d'erreur permet aussi de ne pas ajouter la colère à la déception, dans le cas, par exemple, où une fente existerait néanmoins à la naissance. Si l'échographie n'a rien révélé, cela ne signifie pas pour autant qu'une fente n'est pas présente.

Pendant certaines grossesses, les parents peuvent craindre particulièrement la survenue d'une malformation, soit qu'il existe des cas dans l'une ou l'autre famille, soit que les circonstances de la grossesse soient défavorables.

L'estimation de la probabilité, avant tout examen, qu'un bébé présente une fente dépend d'un certain nombre de données *qui varient pour chaque cas.* Le risque peut sembler lié à l'héritage génétique de l'enfant, mais aussi à certains événements mal connus susceptibles de se produire pendant la grossesse et d'affecter le développement de l'embryon : santé de la mère, qualité de l'environnement physique et chimique... Il n'est pas possible, sans une recherche statistique plus approfondie, de séparer les contributions relatives de ces trois types de facteurs : génétiques, état physique de la mère, environnement. *Une étude statistique contrôlée est essentielle car des corrélations indiquant une dépendance n'indiquent pas nécessairement une causalité.* Par exemple, la qualité de l'environnement exerce, semble-t-il, une influence dans certains cas, mais son rôle doit être soigneusement séparé des facteurs génétiques affectant les groupes humains qui vivent dans le même environnement.

La santé de la mère pendant la grossesse peut influencer la probabilité d'un défaut. Par exemple, la température maternelle à des instants précis du développement du fœtus et la quantité de fluide amniotique exerceraient une influence. Ces informations doivent être contrôlées statistiquement, mais cela est d'autant plus difficile que les facteurs évoqués sont nombreux.

La probabilité *a priori* d'une anomalie varie donc d'un bébé à l'autre et il n'est pas pertinent de corriger le taux de base donné par des statistiques globales et de l'estimer, dans tel cas précis, plus grand en raison de la présence d'un facteur soi-disant aggravant.

L'échographie est un test extrêmement utile, mais imparfait puisqu'il repose sur une image obtenue à partir de différences dans la réflexion d'ondes par différents types de tissus et de milieux. Il faut donc l'interpréter, en sachant que l'on s'expose à des erreurs qui proviennent en général de trois sources : la technique de détection, la qualité de l'interprétation et la gestion des résultats. La possibilité d'erreur varie donc largement d'un cas à l'autre : certaines erreurs qui paraissent impossibles n'en surviennent pas moins parfois, qu'elles soient dues, diront les parents, à la négligence ou à l'incompétence, mais en fait, le plus souvent, à la difficulté de l'examen.

La technique de l'échographie est appelée, sans nul doute, à se perfectionner ou à être remplacée par d'autres techniques qui permettront d'obtenir des images très précises. Pour le moment, son interprétation dépend de la compétence et du degré d'attention du praticien, éléments essentiels de la qualité du résultat.

L'apparence des lésions et les principes du traitement

BERNARD RAPHAËL, MICHEL STRICKER, A.-R. CHANCHOLLE

LA PREMIÈRE CONSULTATION du chirurgien est toujours demandée dans un climat d'urgence dont les conditions ne permettent pas d'expliquer immédiatement pourquoi et comment la lésion s'est produite, ni de montrer sa place dans le développement de l'enfant, même en simplifiant au mieux.

En revanche, le chirurgien explique ce qu'est la lésion (fig. 1), les principes du traitement et prescrit les examens complémentaires.

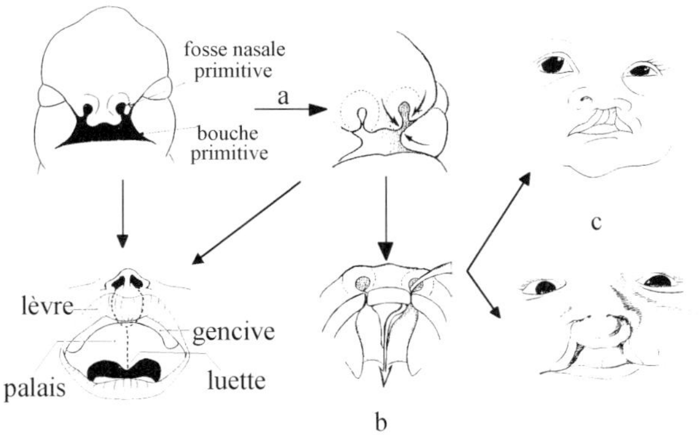

Figure 1. La fente embryonnaire.
a) La réunion des bourgeons permet la formation de la lèvre, du palais et du voile.
b) et c) L'absence de fusion ou la fusion incomplète sont responsables d'une fente définitive de degrés divers, uni- ou bilatérale.

Les lésions

Dans le cas le plus fréquent (1 fois sur 800 naissances) où l'enfant est atteint d'une fente labiale, ou palatine, ou labio-palatine, comment se présente la

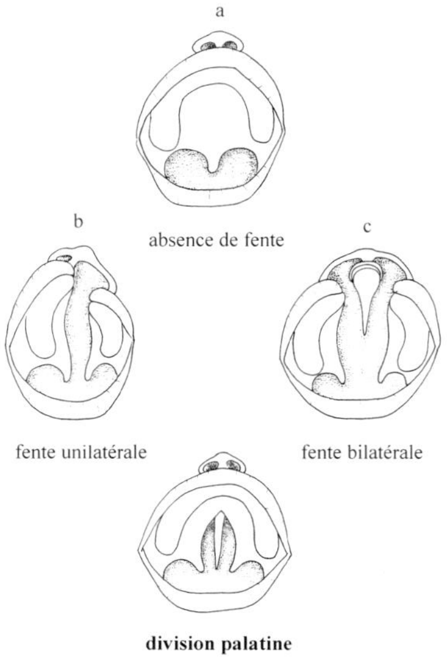

Figure 2. Les trois grands types de fente et leurs désordres ostéo-musculaires.

lésion ? La fente varie en emplacement et en étendue, complète ou non, uni- ou bilatérale (fig. 2).

La fente labiale simple est latérale droite, ou latérale gauche, ou bilatérale. Elle interrompt la continuité de la lèvre, en partie ou en totalité et, lorsqu'elle s'étend jusqu'au seuil du nez, déforme la narine et l'aile nasale. La gencive peut être fendue mais le palais est respecté.

La fente palatine divise en son milieu le voile du palais, fend plus ou moins la voûte palatine sans atteindre la gencive. La luette est divisée mais présente. La fente palatine peut être associée, peu après la naissance, à des troubles respiratoires provoqués par une posture nocive de la langue et la petitesse de la mâchoire inférieure. Cette affection, connue sous le nom de *syndrome de Pierre Robin*, nécessite une hospitalisation urgente en milieu spécialisé.

La fente labio-palatine totale unilatérale, droite ou gauche, traverse d'avant en arrière :

– la lèvre supérieure sur le côté, à l'aplomb d'une narine (et non au milieu comme la lèvre du lièvre), interrompant le muscle circulaire qui assure la fermeture buccale,

– la gencive et la partie de l'os qui portera les dents,

– la voûte du palais, ouvrant une large communication avec une fosse nasale,

– le voile du palais qui sépare l'arrière-bouche de l'arrière-nez.

Les fragments osseux sont écartés et de volume inégal, les moignons musculaires sont rétractés sur les côtés, le nez est le plus souvent écartelé entre les deux bords de la fente ; parfois, une bande de tissu persiste en-dessous du nez, formant un pont entre les deux bords de la lèvre.

La fente labio-palatine totale bilatérale constitue une forme particulière en raison de la déformation de la partie centrale, isolée par les deux fentes, projetée vers l'avant, parfois sur le côté.

En-dehors des fentes labiales ou labio-palatines, des lésions moins fréquentes peuvent être observées. Leur extrême variété impose une classification qui doit tenir compte de la région et du tissu altérés.

La voûte du crâne est le siège préférentiel de la synostose, soudure prématurée des os du crâne qui fait obstacle à l'expansion du cerveau (fig. 3). Les déformations de la voûte du crâne et les troubles fonctionnels qui en résultent sont connus sous le nom de crâniosténose.

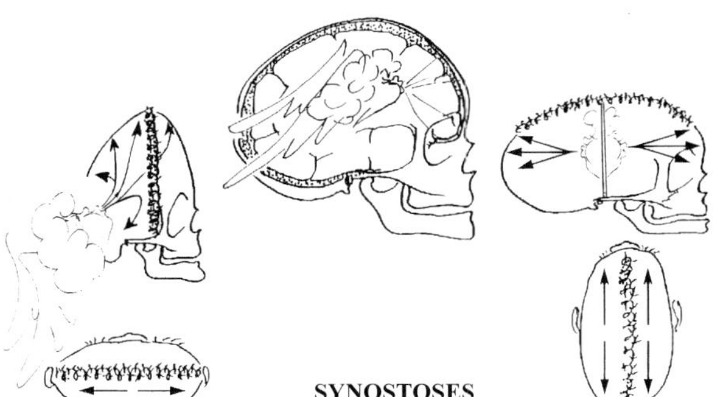

Figure 3. Le territoire crânien : site privilégié des *synostoses*.

La région moyenne de la face, outre les fentes labio-palatines, est le siège de déficiences du tissu osseux, les *dysostoses*, siégeant au niveau de l'orbite, du nez ou du maxillaire (fig. 4). L'altération des organes des sens, vue ou odorat, modifie la forme et la croissance des os qui les entourent : orbite, fosses nasales, maxillaire supérieur.

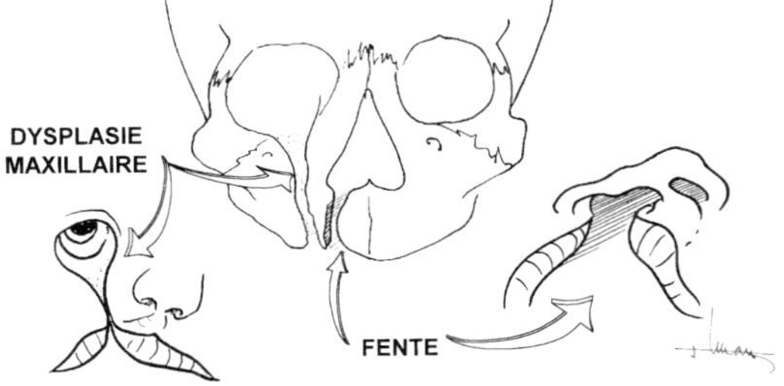

Figure 4. Le territoire facial moyen : site privilégié des *fentes* et *dysplasies*.

La région latérale correspond à la zone d'influence de la fonction masticatoire et de l'audition ; elle peut être le siège de malformations pouvant atteindre simultanément ou séparément : la mandibule et son articulation avec le crâne, le relief de la pommette, le pavillon de l'oreille, parfois le conduit auditif, le tympan, les osselets... (fig. 5).

La région buccale, malgré une apparence normale, peut être le siège de retards dans les processus de maturation neuro-musculaire qui affectent la coordination entre les mouvements de la mandibule, de la langue et du pharynx (fig. 6).

Dès que les parents ont vu l'enfant et connaissent le diagnostic, ils veulent savoir quelles sont les conséquences immédiates de la lésion, en particulier sur la vie de l'enfant, le traitement et le résultat que l'on peut espérer.

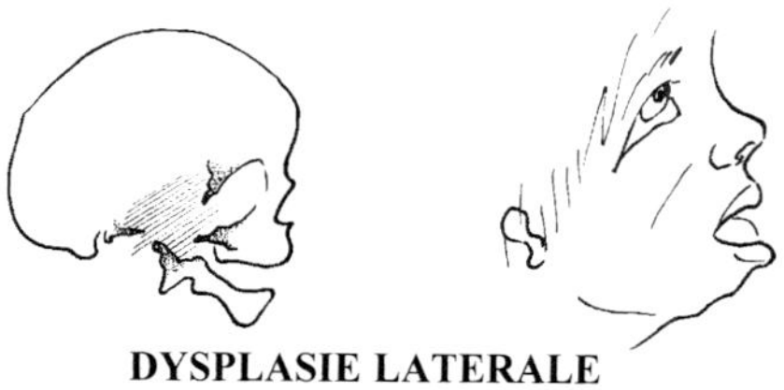

Figure 5. Le territoire facial latéral : site privilégié des *dysplasies latérales* mandibulaires et zygomatiques.

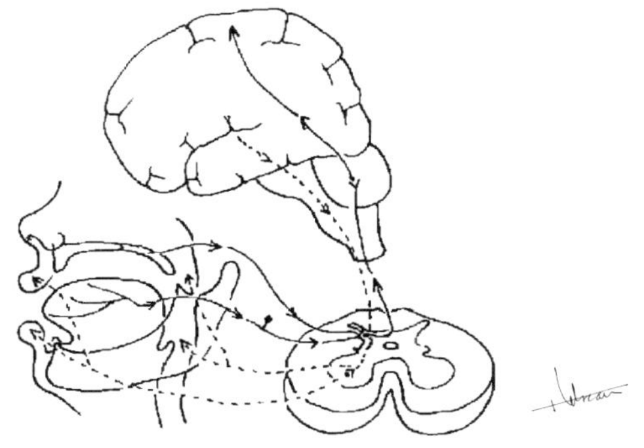

Figure 6. Le territoire facial inférieur ou orofacial : site privilégié des *retards de maturation neuro-musculaire.*

Les conséquences fonctionnelles et les différentes façons de les surmonter sont alors expliquées aux parents (cf. p. 59).

Des examens complémentaires sont ensuite prescrits :

– un examen attentif de tout le corps, à la recherche de signes parfois simplement ébauchés, évocateurs d'autres lésions associées ;

– un examen sensoriel, portant sur la vue et l'ouïe ;

– une échographie permettant d'explorer le cerveau (à travers la fontanelle), mais aussi les viscères tel que le cœur et les reins ;

– des radiographies standard du crâne précisant l'état des sutures. Une incidence de profil de la face met en évidence la mandibule, la situation de la langue et ses rapports avec le couloir respiratoire.

Parfois enfin, malgré leur émotion, les parents veulent déjà connaître l'origine possible de la lésion. Si la fente est isolée, on peut parler d'accident du développement de l'enfant. Si d'autres anomalies sont associées, ou si les parents ou d'autres personnes de la famille ont présenté une anomalie, il n'est pas possible, dans ce premier entretien, d'aborder les mécanismes de la formation de l'embryon, de l'hérédité et de ses incidences statistiques (cf. p. 43) : on ne peut alors que souligner l'extrême complexité des causes toujours intriquées et reporter à une consultation ultérieure l'examen des antécédents familiaux, des circonstances particulières de la grossesse, la recherche chez les parents de déformations mineures jusque là inapparentes ou négligeables, les prélèvements éventuels destinés à l'étude des chromosomes...

Ainsi caractérisée par sa topographie, son désordre anatomique et fonctionnel, les signes associés et les antécédents familiaux, la malformation peut être identifiée avec une précision suffisante pour établir son pronostic de croissance dans une perspective thérapeutique.

Le traitement de l'anomalie ne peut être précisé dans tous ses détails : dans ces moments dramatiques, les parents ne peuvent tout entendre ni tout retenir. Seules les grandes lignes du traitement doivent être indiquées.

Le traitement poursuit un double objectif :

– rétablir la forme et la fonction de la région réparée,

– préserver les possibilités de croissance de la région réparée.

Ce projet thérapeutique, qui diffère en fonction du territoire concerné, se propose "d'intercepter" la malformation au moment le plus opportun ; il est spécifique d'une malformation donnée.

L'interception de la malformation

Le principe d'interception consiste à intervenir par un procédé thérapeutique, à un moment précis de l'évolution d'une malformation, dans le but d'en modifier favorablement le cours, en rétablissant au mieux la forme et le fonctionnement des structures altérées. L'interception ne se limite pas à une simple action chirurgicale : elle fait intervenir également des procédés orthopédiques et des techniques de rééducation.

Les possibilités de l'interception sont très variables :

– si les tissus ne sont que déséquilibrés, l'interception peut avoir lieu précocement et efficacement ; tel est le cas des synostoses ainsi que des fentes pour lesquelles il ne s'agit que de réunir ce qui est séparé et, en premier lieu, de rétablir l'équilibre musculaire ;

– si le tissu nerveux est normal mais les tissus osseux déficients en qualité ou en quantité (dysostoses), l'efficacité est limitée et il convient de retarder l'interception et de la moduler dans le temps en fonction de la lésion ;

– si le tissu nerveux est altéré, l'efficacité est réduite ou nulle et l'interception n'est pas obligatoire ; tel est le cas des malformations cérébrales où l'absence de matériel rend illusoire l'espérance d'une amélioration.

Les conditions de l'interception varient suivant la lésion.

– *Les fentes labiales et palatines* : réparer le plus tôt possible, avant l'âge d'un an, avec un minimum d'interventions. Actuellement, notre choix se porte vers les techniques qui permettent la réparation complète de la fente en un ou deux temps, en privilégiant :

• la qualité de la rééquilibration, donc du fonctionnement des sangles musculaires au niveau de la lèvre et du voile, la réparation du voile devant intervenir au plus tard au dixième mois de la vie ;

• la restauration de la séparation bucco-nasale et de son étanchéité, en limitant au maximum le risque de fistules.

Il importe de réduire au maximum les cicatrices en évitant de laisser des zones cruentées, sources de rétraction et de fistules du palais osseux.

Deux cas particuliers justifient des gestes spécifiques :

• la fente unilatérale large peut bénéficier d'un geste précoce sur la lèvre, dont l'effet orthopédique se fera sentir sur l'alvéole et les cartilages du nez, avant leur maturité ;

• la fente bilatérale peut nécessiter deux, voire trois temps opératoires. Parfois une étape orthopédique, réalisée à l'aide d'un appareillage endo-buccal, peut s'avérer utile pour réduire la projection toujours excessive du prémaxillaire (portion de l'arcade gingivale isolée par les deux fentes et renfermant deux ou quatre incisives).

Au traitement primaire succède un contrôle annuel ou bisannuel de l'évolution dentaire, de l'acquisition du langage, de l'audition et de l'état de l'oreille moyenne, enfin de l'état et de la forme de la cicatrice. Cette surveillance est renforcée lors des périodes critiques et des temps forts de la croissance que sont :

• le changement des habitudes alimentaires et le passage de la succion à la mastication, vers la troisième année ;

• le changement de dentition, à 7 ans ;

• la poussée de croissance para-pubertaire de la mandibule, entre 11 et 13 ans.

– *La voûte du crâne* : elle bénéficie jusqu'à l'âge de 3 ans de l'expansion du cerveau. Ce précieux auxiliaire, particulièrement actif au cours de la première année, est mis à profit par le chirurgien pour obtenir un remodelage satisfaisant de la voûte, par exemple après le traitement d'une crâniosténose.

– *Le maxillaire* : sa croissance, prolongée jusqu'à l'adolescence, fait intervenir une multitude de facteurs tels que la respiration, la déglutition et l'éruption dentaire. À long terme, elle impose de moduler dans le temps les gestes thérapeutiques en fonction du type et du site de l'altération.

– *La mandibule* : seul os mobile de la face, elle est soumise au rôle primordial des muscles, en l'occurrence ceux de la mastication et de la langue. Sa croissance se termine entre 16 et 18 ans, après un pic para-pubertaire sous influence hormonale.

Il faut savoir enfin que le résultat du traitement d'une fente, comme de toute anomalie faciale, comporte une variable individuelle inéluctable : les conséquences d'un même geste, réalisé chez des individus tous différents, sont tributaires de l'héritage génétique, des formes faciales des parents et de la qualité des activités musculaires quotidiennes lors de la nutrition, de la respiration, de la parole et de la mimique. Un visage inerte ou figé amoindrit la vie des tissus.

L'origine de la malformation

ROSINE CHANDEBOIS, CHARLES AUFFRAY

À LA SUITE D'UNE ÉCHOGRAPHIE ou devant le berceau de l'enfant atteint, les parents cherchent à comprendre. Si un tel accident s'est déjà produit dans la famille de l'un ou de l'autre parent, ils ont tendance à l'imputer à la transmission d'un *mauvais gène* – deux mots qui risquent fort d'aggraver leur désespoir. La malformation résulte-t-elle d'un défaut de la structure donc du fonctionnement des gènes ou des chromosomes transmis par les parents, ou bien de facteurs extérieurs affectant l'embryon, ou encore de ces deux types de causes ?

Les idées sur le rôle des gènes et des cellules dans le contrôle du développement ont évolué avec les progrès de la recherche.

On a d'abord pensé que les gènes fournissaient la *recette* pour créer l'architecture du corps de l'individu, puis pour la maintenir, en faisant abstraction de l'influence du fonctionnement de l'organisme et de l'importance des mécanismes de son développement. Puis on s'est aperçu que l'action des gènes est indissociable de celle des cellules dont ils font partie : les erreurs des premiers se répercutent sur le comportement des secondes. Cela a conduit à changer le regard porté sur les malformations.

Mais que sont les gènes ? Ce sont des segments d'une molécule d'ADN, un acide nucléique, utilisés *pour contrôler la fabrication des protéines*. Les protéines sont des molécules biologiques dont le rôle est primordial dans la production des autres types de molécules biologiques (acides nucléiques, lipides, sucres) et l'édification des cellules. Chaque molécule d'ADN est le composant principal d'un chromosome ; chaque type de chromosome étant représenté en deux exemplaires dans les cellules du corps. Avant de se diviser, une cellule en fabrique une copie conforme afin de doter les deux cellules-filles du même matériel génétique. Lors de ce processus de copie, il arrive qu'une erreur se produise au niveau d'un gène, et que cette *mutation génique* modifie la structure de la protéine correspondante, ou que celle-ci, bien que normale, soit fabriquée en quantité excessive ou insuffisante. Il arrive parfois que la structure même des chromosomes ou leur nombre soient affectés, celle des gènes restant normale.

L'enfant n'hérite pas directement des gènes, c'est-à-dire du génotype de ses parents : il en est doté comme on récolte un numéro à la loterie. En effet, les chromosomes dont il est porteur ne sont pas des copies exactes de ceux de ses progéniteurs. Ils sont constitués lors de la formation des cellules sexuelles qui se rencontreront lors de la fécondation pour donner naissance à l'enfant, ceci par une recombinaison de gènes provenant des chromosomes hérités des parents de ses progéniteurs. De ce fait, il existe un nombre incalculable de génotypes possibles dans l'espèce humaine ; il dépend du hasard qu'un gène défectueux ayant déjà provoqué des malformations chez des individus de générations antérieures passe ou non dans le génotype d'un individu de la génération suivante, et donc qu'il se manifeste par une malformation.

Des malformations visibles découlent de ces différents types d'anomalies dans le patrimoine héréditaire – qu'elles soient d'ordre quantitatif ou qualitatif – parce qu'elles altèrent le comportement de certaines cellules impliquées dans la mise en place de l'organisation d'une partie de l'embryon, soit leur prolifération, soit leurs déplacements, soit la vitesse de leur différenciation, etc.

Quelle que soit la nature de la malformation, l'accident initial se produit à un stade plus ou moins avancé d'*un développement qui avait commencé de manière parfaitement normale*.

De nombreux agents : rayons, chocs thermiques, ultrasons, produits chimiques et même de simples stress mécaniques sont susceptibles de modifier de la même manière le comportement des cellules de l'organisme en voie de développement. Les répercussions de ces différents événements peuvent être amplifiées, minimisées ou annihilées par l'intervention d'autres gènes ou d'autres facteurs externes. *Ainsi, dans le cas où l'hérédité semble évidente, le dérèglement initial relève plus sûrement d'une accumulation fâcheuse de circonstances défavorables que d'une cause unique* : le fœtus porteur d'un gène défectueux se serait peut-être développé normalement sans l'intervention d'un facteur inopiné, dépourvu d'effet sur d'autres individus, comme la prise d'un médicament par la mère ou un simple stress intervenu au cours de la vie intra-utérine.

Si l'observation confirme le caractère apparemment anodin de l'accident initial, elle soulève cependant un paradoxe de taille : pourquoi les malformations présentent-elles des degrés de gravité si différents, allant d'une petite curiosité anatomique à un handicap sévère qui peut tuer avant la naissance ? Cela, bien sûr, dépend en partie de la nature des gènes qui déterminent l'accident initial *mais cela tient surtout* au fait que, pour construire l'embryon, les cellules doivent modifier et diversifier leurs activités en échangeant continuellement des informations, et en conservant la mémoire des progrès réalisés. Ainsi, toute anomalie structurale, quelle que soit son origine, est appelée à s'aggraver parce que les cellules dont le comportement est initialement faussé viennent fausser à leur tour le travail d'autres cellules tandis que se propagent, telle une rumeur, les informations qu'elles délivrent.

Les cellules secondairement touchées sont donc des cellules parfaitement normales, qui auraient réagi normalement à des informations normales, et les malformations les plus graves ne sauraient être attribuées, comme on l'a longtemps cru, à des catastrophes génétiques, c'est-à-dire à des bouleversements considérables dans les génotypes.

Face à cette situation, que peut la médecine ? Dans les cas où la malformation s'y prête, l'acte chirurgical postnatal est le premier recours. Mais chaque partie de l'organisme possède son taux de croissance particulier du fait même de l'extrême diversification des propriétés cellulaires qui crée une organisation invisible, ce qui détermine le changement progressif de l'apparence de l'enfant à mesure qu'il grandit. Or tout accident du développement fausse cette organisation invisible, qu'il n'est pas possible de réparer : nous ne sommes donc pas assurés de la normalité de la croissance de la partie malformée.

Étant donnés les progrès que la biologie a permis d'accomplir dans le domaine médical, on serait tenté de croire que la chirurgie réparatrice est appelée à être supplantée par de nouvelles techniques qui seraient plus performantes : n'y aurait-il pas moyen de corriger les gènes impliqués dans la plupart des malformations ? La réponse est négative. Certaines maladies héréditaires telles que la mucoviscidose ou les myopathies sont dues au défaut d'un seul gène. Ce défaut affecte progressivement le fonctionnement des poumons dans le premier cas, des muscles dans le second. On espère, si l'on parvient à inoculer dans les cellules atteintes une version saine du gène défectueux et à l'y faire fonctionner, obtenir une restauration du fonctionnement normal de ces cellules, et éventuellement une guérison complète de la maladie, ce qui constituerait une véritable *thérapie génique* : il sagit ici d'une déficience physiologique. Il n'en va pas de même pour les malformations : les gènes mutés ne se manifestent qu'à des stades critiques du développement, lors de la mise en place du plan général de l'organisme ou de la structure d'un organe, provoquant des déformations irréversibles qui s'étendent à des cellules normales induites en erreur. Par ailleurs, à supposer que l'on ait réussi à déterminer, pour tel type de défaut, le stade exact où la malformation s'introduit, la composante du comportement cellulaire initialement faussée et le facteur susceptible de la normaliser, il n'en resterait pas moins impossible de prévoir si la malformation apparaîtra, puisque les particularités du génotype entrent en jeu. En cherchant à normaliser le développement, on courrait le risque de provoquer d'autres malformations, qui pourraient être pires.

Puisque la biologie et la médecine ne peuvent éviter les séquelles d'un accident du développement, il est impérieux d'apprendre à considérer les malformations autrement. Ces accidents sont la rançon d'une "chiquenaude" dans les activités cellulaires qui fait "dérailler" le développement de l'organisme. *Les parents – la mère surtout – n'en sont nullement coupables : ils sont la rançon des prodiges de précision déployés pour que le petit embryon devienne l'enfant, prodiges combinés aux hasards de l'hérédité, sans lesquels l'enfant n'aurait pas sa personnalité unique.*

L'anesthésie et ses risques

JEAN-JACQUES TOURNIER, NICOLE CHANCHOLLE

La consultation

La consultation d'anesthésie est généralement l'occasion du premier contact avec l'hôpital ou la clinique. Elle doit avoir lieu précocement, dès que la décision d'opérer est prise. Elle est obligatoire depuis 1994. Ses intérêts sont multiples : dans le contexte d'une chirurgie itérative, l'instauration de la confiance est un atout indispensable au bon déroulement des interventions. Le médecin doit répondre à la légitime demande d'information, de la part du patient et de sa famille, afin d'obtenir leur consentement éclairé. C'est en effet un véritable contrat de soins, oral et tacite, qui s'établit entre soignant et soigné. Les parents se déchargent, momentanément, d'une partie de leur responsabilité sur le médecin, qui l'accepte.

L'examen clinique de l'enfant permet d'amorcer une relation directe avec lui. Grâce à la découverte de certaines données (allergie, malformation associée, état infectieux....), des complications peuvent être prévenues, et la sécurité améliorée. Dès l'âge de 4 ou 5 ans, l'enfant exprime lui-même ses craintes : les piqûres (qui provoquent parfois une terreur sans rapport avec la douleur occasionnée), la séparation (se retrouver seul dans un milieu qui lui semble hostile), la douleur au réveil, la peur de s'éveiller pendant l'intervention.

Il veut connaître les détails du déroulement de l'opération. Il veut savoir, et il en a le droit. Des choix peuvent lui être offerts, concernant le mode de prémédication (comprimé, sirop, suppositoire ou injection) ou l'induction de l'anesthésie (par inhalation de gaz ou par perfusion intraveineuse). Ses décisions seront respectées. L'un choisit ainsi de respirer dans "le masque qui sent la fraise", tandis qu'un autre, déjà opéré, n'aime pas cette odeur et préfère la piqûre car "ça n'a pas fait mal, l'autre fois".

L'arrivée en clinique

À la fin de la consultation, une visite dans l'établissement permet de faire la connaissance des locaux et du personnel. Les jeunes patients découvrent la salle de jeux, leurs parents visitent la salle de réveil. L'arrivée dans le service, la veille de l'intervention, s'en trouve facilitée.

Chaleureux et personnalisé, l'accueil atténue l'aspect ingrat des inévitables formalités d'admission.

La prise de sang est un moment redouté. Cette épreuve reste souvent, à distance, le plus mauvais souvenir de l'enfant, et parfois de ses parents. Elle n'est plus, actuellement, systématique, et n'est pas toujours nécessaire pour une opération bénigne. Cependant, pour dépister une anémie ou un trouble de la coagulation sanguine, pour connaître le groupe sanguin, cet examen reste parfois indispensable. Il peut être réalisé sans douleur grâce à l'application sur le point de ponction, une heure auparavant, d'une crème anesthésiante.

L'enfant voit ensuite défiler des blouses blanches (chirurgien, anesthésiste, puéricultrice, radiologue...), mais son principal souci est de vérifier qu'il y a bien dans sa chambre un lit pour sa maman. Qu'il soit rassuré : la présence de celle-ci est non seulement autorisée, mais vivement souhaitée.

La préparation

Au moment de l'anesthésie, l'estomac doit être vide : les réflexes laryngés étant diminués, son contenu pourrait être inhalé, à l'occasion de vomissements ou de régurgitations, entraînant pneumopathie ou, au pire, asphyxie. Le principe du jeûne est remis en question par certains, car même après six ou huit heures sans alimentation, le vide gastrique n'est pas toujours assuré et l'acidité pourrait même se trouver augmentée. Si le jeûne complet est toujours préconisé chez l'adulte et le grand enfant, les positions sont plus nuancées pour le nourrisson. La prise d'eau sucrée est en général autorisée, trois heures avant l'intervention.

La présence des parents

Certaines équipes admettent les parents en salle d'intervention. Nous n'avons, quant à nous, pas franchi ce pas, tant leurs réactions nous semblent imprévisibles en cas d'incident. Une étude récente montre, chez certains parents assistant à l'opération de leur enfant, des modifications cardiovasculaires dangereuses, consécutives à une trop forte charge émotionnelle.

La séparation est parfois difficile, lors du départ pour le bloc opératoire. Elle est facilitée par l'administration d'une prémédication par voie orale (sirop ou comprimé) ou rectale (suppositoire ou mini-lavement). Les petits moyens, la musique, un jouet familier, sont souvent d'une aide précieuse.

L'intervention

À son arrivée dans la salle, encombrée d'appareils mystérieux, l'enfant a du mal à reconnaître les soignants dans leur étrange accoutrement, masque, calot, pyjama. La lumière intense, les odeurs, le bruit des instruments que l'on installe, le bip-bip des moniteurs de surveillance – toutes ces nouveautés sont perçues comme autant d'agressions.

L'anesthésie est donc réalisée sans attendre, par perfusion intraveineuse – la piqûre est presque indolore, mais toujours redoutée – ou par inhalation de gaz dans un masque parfumé ou une sucette reliée à un ballon, dont l'odeur un peu âcre n'est pas toujours appréciée. Le jeune patient perd rapidement conscience. Dans la chambre, l'attente commence. Des nouvelles rassurantes sont les bienvenues, au cours d'une intervention qui peut être longue (entre une et trois heures pour une fente labio-palatine). L'anesthésiste reste présent durant toute l'opération, prêt à réagir au moindre incident.

La période de réveil est une phase délicate, durant laquelle des accidents peuvent encore survenir. C'est pourquoi elle a lieu dans une pièce spécialement équipée, la salle de surveillance post-interventionnelle ou salle de réveil. Les parents y sont souvent admis, afin d'améliorer le confort du jeune patient. Ce n'est que quelques heures après la fin de l'intervention que le retour à la chambre est autorisé, quand l'anesthésiste a constaté la bonne récupération des fonctions vitales.

Les suites opératoires

Les parents reprennent en charge leur enfant avec soulagement, mais aussi avec inquiétude. Si pour l'équipe médicale, l'essentiel du travail est accompli, les journées de convalescence paraissent parfois bien longues à la famille. Après la joie intense éprouvée lors du réveil, cette période de surveillance, entre les quatre murs de la chambre, constitue une épreuve difficile. Il n'est pas rare d'observer, au troisième ou quatrième jour, des crises de larmes de la maman – accentuées, dans le cas de la chirurgie néonatale, par la dépression qui suit fréquemment l'accouchement. Des incidents peuvent, en outre, survenir : le sommeil est souvent agité durant les premières nuits ; la température peut s'élever, sans que cette poussée banale soit inquiétante. La respiration est parfois perturbée, s'agissant d'une intervention qui intéresse la bouche, le nez ou le palais ; il faut savoir que le nouveau-né respire normalement par le nez et qu'une simple obstruction entraîne donc une gêne importante. On comprend la nécessité d'une surveillance rigoureuse.

L'alimentation, surtout chez le nourrisson, est au centre des préoccupations des parents et des médecins. Elle peut commencer dès que le réveil est complet, quelques heures après la fin de l'intervention. Si elle est jugée satisfaisante, la perfusion est enlevée rapidement, mais le retour à la normale est parfois retardé par des nausées ou des vomissements.

Lors de certaines interventions crânio-faciales lourdes, les suites opératoires se déroulent dans une unité de soins intensifs. Le réveil est alors souvent différé et la ventilation artificielle poursuivie quelques heures, voire quelques jours. La charge de travail des équipes soignantes et les impératifs de sécurité limitent la présence des parents à quelques heures par jour.

L'ablation des points de suture marque le jour de la délivrance. En pratique, on n'hésite pas, chez les petits, à pratiquer une brève anesthésie afin de rendre la séance indolore.

Les principes de l'anesthésie

L'anesthésie comporte schématiquement trois composantes : le sommeil, l'analgésie, le relâchement musculaire. *Le sommeil* est obtenu par des drogues administrées par inhalation ou par perfusion intraveineuse ; de la simple sédation à la narcose profonde, il permet le confort du patient pendant l'opération. Bien que quasi-systématique chez le petit enfant, il n'est pas obligatoire pour tous les types d'intervention et peut être remplacé par une anesthésie locale ou loco-régionale. *L'analgésie* supprime les influx douloureux et protège des réactions excessives liées au stress chirurgical ; on utilise soit des dérivés puissants de la morphine, soit des anesthésiques locaux qui sont injectés au niveau du site opératoire (anesthésie locale) ou d'un tronc ou d'un plexus nerveux (anesthésie loco-régionale). *Le relâchement musculaire* est parfois souhaitable, nécessitant des drogues de la famille des curares (myorelaxants).

Ces différents médicaments sont combinés entre eux en fonction des impératifs de l'intervention. Pour une chirurgie de la lèvre, par exemple, on peut envisager d'associer anesthésies générale et locale, alors qu'une intervention sur la main sera pratiquée sous anesthésie loco-régionale.

L'administration de ces produits entraîne certains inconvénients. Les mouvements respiratoires sont abolis ou peu efficaces, car la commande centrale ainsi que les muscles, notamment le diaphragme, se trouvent déprimés. Il faut donc avoir recours à un appareil de ventilation artificielle, le respirateur, afin d'insuffler les poumons. Par ailleurs, en cas de pénétration de corps étrangers (saignements, vomissements...), les voies aériennes sont menacées d'obstruction car leurs réflexes protecteurs (toux, déglutition) ne fonctionnent plus. On préfère donc les rendre étanches grâce à l'intubation, qui consiste à installer dans la trachée un tube qui les relie directement au circuit du respirateur. Durant l'anesthésie, l'oxygénation, donc la vie, dépend entièrement de la machine – et de son pilote.

La perfusion intraveineuse mise en place, souvent au niveau d'un membre, permet d'apporter au patient à jeun des éléments vitaux (eau, glucose, électrolytes). C'est par cette voie que sont administrées les drogues anesthésiantes, mais aussi les médicaments rendus nécessaires par l'état de l'opéré (antibiotiques, antalgiques...), et que sont compensées d'éventuelles pertes sanguines.

L'arsenal de l'anesthésiste comprend encore toute une batterie d'appareils de surveillance qui mesurent, en permanence, les paramètres essentiels : pouls, tension artérielle, température, tracé électrocardiographique, oxygénation du sang, gaz carbonique expiré. L'équipement minimal requis a été fixé par décret en 1994.

La douleur

Les parents, comme l'enfant, redoutent la douleur, élément inévitable de la période opératoire. Qu'en est-il au juste ? Les cellules d'un tissu endommagé libèrent des substances dites *algogènes* qui vont exciter des terminaisons nerveuses. Les messages libérés par ces stimulations sont transportés jusqu'à la moelle épinière, le long de fibres nerveuses de faible calibre et de deux types différents, ce qui explique que l'on ressente une douleur aiguë, précise, localisée, puis secondairement une sensation plus sourde et diffuse. Après différents relais dans le tronc cérébral, les informations sont transmises au cortex. Au cours de ce trajet s'établissent de nombreuses connexions, responsables notamment de la composante émotionnelle de la souffrance. Aussitôt alerté de la lésion, l'organisme met en marche des systèmes de lutte contre la cause de l'agression (fuite, protection...) et contre les effets de la douleur, en fabriquant des substances antalgiques, les endomorphines.

On sait, à l'heure actuelle, que les structures nécessaires à la douleur sont en place très tôt, bien avant la naissance. Il est donc certain que le nouveau-né peut souffrir, mais sa douleur est souvent difficile à évaluer car les signes en sont peu spécifiques : cri, agitation, rougeur, tachycardie traduisent également la faim ou la colère ; en revanche, un visage figé, une baisse de vigilance peuvent exprimer la souffrance. L'observation attentive du comportement du nourrisson, sa mimique, ses pleurs, sa motricité, ses attitudes, permet d'affiner cette appréciation. Des indications précises ont ainsi pu être recueillies, permettant d'établir des scores précis. Si l'enfant est plus grand, on peut lui demander d'évaluer lui-même sa douleur : il la note de 0 à 10 sur une échelle visuelle, ou bien il choisit, sur une planche, un visage plus ou moins triste, auquel il s'assimile lui-même.

Tout au long du séjour, naturellement, on s'efforce de limiter la douleur le plus possible. Prises de sang et perfusions sont rendues indolores par une crème anesthésiante ; les pansements douloureux, l'ablation des points de suture sont réalisés sous anesthésie légère. Du simple paracétamol à la puissante morphine, l'éventail thérapeutique permet de s'adapter aux situations les plus diverses. Les antalgiques, prescrits systématiquement, sont donnés précocement et à intervalles réguliers, sans attendre la survenue de la douleur ; pour éviter une piqûre supplémentaire, ils sont administrés par voie orale, rectale ou grâce à la perfusion déjà en place. Lors d'interventions douloureuses, on propose à l'enfant, dès 7 ou 8 ans, une analgésie auto-contrôlée : il s'injecte lui-même de petites doses d'antalgique en pressant un bouton.

La douleur n'est jamais totalement absente, mais les médicaments l'atténuent notablement. Avec l'aide de la famille, l'équipe soignante s'attache à en déceler les signes, parfois peu évidents. La séparation entre parents et enfant est limitée au minimum imposé par la sécurité, car leur présence améliore le confort affectif du jeune patient et constitue un élément important du traitement de la douleur.

Les risques

L'anesthésie devient de jour en jour plus sûre. La mortalité, estimée à 1 pour 13 000 actes il y a quinze ans, est de l'ordre de 1 pour 30 000 dans les études les plus récentes. Les complications touchent plus souvent des sujets âgés ou affaiblis, subissant des opérations lourdes, alors que le risque est aujourd'hui très faible pour un enfant en bonne santé.

Ces progrès sont dus à divers facteurs. Les nouveaux médicaments anesthésiants sont moins toxiques. Des moyens de surveillance perfectionnés permettent de détecter plus tôt les incidents. La loi, enfin, impose des règles de sécurité plus sévères : la consultation pré-anesthésique et le passage en salle de réveil sont devenus obligatoires, l'équipement des salles d'opération est soumis à des normes strictes.

Certaines complications, liées aux drogues, sont devenues rares. Les produits actuels sont bien tolérés, s'ils sont utilisés dans les règles. Les phénomènes d'allergie sont un peu plus fréquents, mais leur traitement, bien codifié, est efficace dans la plupart des cas. Les médicaments le plus souvent mis en cause sont les curares.

Le risque hémorragique est faible. Seules quelques malformations crânio-faciales sévères nécessitent parfois l'administration de produits sanguins. Bien qu'aujourd'hui très sûre, la transfusion sanguine suscite de grandes inquiétudes chez les parents et les médecins, et tout est mis en œuvre pour l'éviter. La transfusion autologue programmée (mise en réserve de son propre sang en vue de l'intervention) est irréalisable en période néonatale, et peu envisageable chez le petit enfant (avant 8 à 10 ans). Le don dirigé de parent à enfant, illégal en France, est réservé à des indications médicales exceptionnelles (groupe sanguin rare).

Les complications graves sont souvent d'origine respiratoire. Cette fonction vitale se trouve menacée à la fois par l'anesthésie, qui diminue la ventilation, et par l'acte chirurgical, en raison du risque d'obstruction mécanique lors d'une intervention portant sur la bouche, le nez ou le palais. L'interruption du passage de l'air entraînant une asphyxie rapide, toute faute technique est donc, là plus qu'ailleurs, interdite. La mise en place de la sonde d'intubation dans la trachée peut se révéler difficile pour certaines dysmorphies faciales, comportant par exemple une petite mâchoire, la langue trop en arrière, une raideur du cou. Par ailleurs, ces enfants sont fréquemment sujets aux rhinopharyngites, otites, bronchites ; or l'état inflammatoire des voies aériennes entraîne une hyper-réactivité bronchique qui favorise la survenue de complications respiratoires. C'est pourquoi l'anesthésiste ne doit pas hésiter à reporter l'intervention d'un enfant trop enrhumé.

C'est chez le nourrisson de moins d'un an que les complications, essentiellement d'origine respiratoire, sont les plus fréquentes. Durant la période néonatale, c'est-à-dire le premier mois de la vie, on ne pratiquait, jusqu'à une date récente, que des interventions urgentes, nécessitées par des affections mettant en jeu le pronostic vital. Ces opérations lourdes, sur des enfants souvent prématurés ou en détresse, présentent encore un risque élevé. La situation est différente quand il s'agit d'une chirurgie de surface, n'entraînant pas de perturbation prolongée des grandes fonctions. Dans le cas des fentes labio-palatines, l'intervention ne se révèle pas plus périlleuse à trois jours qu'à trois mois, à condition d'en exclure les enfants présentant des maladies surajoutées.

Des facteurs humains, enfin, peuvent être à l'origine d'accidents. Une étude a été réalisée à l'université de Stanford, en Californie, sur la base de données américaines et australiennes relatives à des patients sains opérés, par exemple, du genou. L'objectif était d'identifier l'origine des erreurs humaines en matière d'anesthésie, et surtout leurs racines profondes dans la gestion des institutions hospitalières : par exemple, au-delà d'un certain état de fatigue, les médecins ne sont plus capables de faire face à une situation entièrement inédite. Or le risque d'accident anesthésique est presque entièrement lié à des erreurs humaines attribuables, la plupart du temps, à des erreurs de gestion du personnel, susceptibles d'être corrigées : entraînement aux situations rares sur simulateur, renforcement de la surveillance des internes, mise à l'écart des praticiens “à risque”, raccourcissement de la durée des gardes, etc.

Toutes choses égales par ailleurs, il semble préférable de réduire le nombre des opérations et donc de faire plus de travail lors de chacune d'elles, dans la mesure où le risque de l'anesthésie, même faible, ne reste pas négligeable. Quoi qu'il en soit, ceci ne saurait constituer un obstacle à une intervention chirurgicale nécessaire. Le cours même de l'existence impose des choix entre les risques encourus et les bénéfices escomptés.

Intervenant épisodique, l'anesthésiste n'en est pas moins un maillon indispensable de l'équipe soignante qui met en œuvre l'alliance thérapeutique avec la famille. La confiance instaurée dès le départ facilite le déroulement des interventions. Ici, plus qu'ailleurs, le médecin doit aller au-delà du travail purement technique auquel les contraintes scientifiques et médico-légales le confinent de plus en plus. Ici, plus qu'ailleurs, la sécurité doit être plus chaleureuse, l'efficacité plus humaine.

Les troubles fonctionnels

A.-R. CHANCHOLLE

Les difficultés de la différence

La malformation d'un enfant saute aux yeux dès sa naissance. Aux questions angoissées des parents – qu'est-ce qu'il a ? que faire ? faut-il l'opérer ?– l'accoucheur, la sage-femme, le pédiatre, le chirurgien répondent aussitôt.

Très vite ensuite – et même avant la naissance, lors de l'échographie – les parents veulent savoir comment apporter au bébé les meilleures conditions de vie, de développement : "Que faire jusqu'à l'opération ? Quelles précautions prendre ? Sera-t-il guéri par l'opération ou faudra-t-il une rééducation ?" Tous les parents posent ces questions : sous leur apparente simplicité, elles sont difficiles et demandent de longues réponses, à méditer patiemment.

De même qu'il répare les conséquences d'un accident ou d'une maladie, le chirurgien peut souvent corriger la malformation, en réunissant les deux parties divisées du voile du palais, en séparant deux doigts soudés, en redressant le pied bot, en modelant au plus près du normal l'organe inachevé. Mais est-ce comparable à la maladie ou à l'accident ? Prenons l'exemple de Pierre, 8 ans, qui vient de se casser la jambe. Jusqu'à l'accident, il marchait, courait, sautait. Dès que l'os est consolidé, Pierre à nouveau, et comme avant, marche, saute, court ; tous les parents qui ont vécu un tel accident l'ont constaté. En effet, Pierre n'oublie pas en quelques semaines qu'il savait marcher avant la fracture, et dont l'habitude ne se perd pas. Ici point besoin de rééducation, sinon brève et légère.

Différentes sont les malformations et leurs conséquences. La formation d'un organe conditionne son fonctionnement : pour s'exercer normalement, la fonction a d'abord besoin d'une forme normale. L'organe inachevé ou déformé ne permet qu'un usage différent, incomplet, dès la vie intra-utérine et jusqu'à l'opération souvent tardive.

À l'organe reconstruit, il manque ce long temps d'apprentissage normal et inné, quasi-automatique, qui aurait donné à la fonction toute sa compétence acquise dans des situations diverses : jusqu'à l'opération, l'enfant ne peut y satisfaire correctement. Cet apprentissage défectueux ne peut être remplacé, sitôt après l'intervention, par un usage normal qui demande du temps et de la patience.

Par ailleurs, la perturbation ne se limite pas à l'organe, elle atteint d'autres fonctionnements qui lui sont liés : par exemple, parler et respirer sont simultanés ; la gêne de la parole modifie la respiration. De la lésion d'un seul organe découle une maladie générale, *un trouble fonctionnel*, au sens fort de ce terme souvent incompris, qui nécessite une rééducation globale. Il faut donc aider l'enfant à oublier les difficultés anciennes, à rattraper le temps perdu ; il faut lui donner le temps de s'adapter à la brusque nouveauté de son corps, d'en apprendre le bon usage... et l'agrément.

La rééducation : quand et comment ?

La situation varie avant et après l'opération. Alexandre, qui n'est pas encore opéré de sa fente palatine, doit assurément téter – mais comment ? Au sein, au biberon, avec quelle tétine ? Faut-il le tenir dans les bras, le bercer ? Une fois opéré, Alexandre tète, crie, babille différemment. Son voile du palais, clé du modelage vocal, n'a pas les mêmes effets sonores avant et après l'intervention ; la gorge modifiée tâtonne, explore le nouveau passage de l'air, des vibrations, des sons ; ceux-ci s'ordonnent mieux, avec l'aide judicieuse de l'orthophoniste et d'une mère avisée.

Avant l'opération

Il ne faut en aucun cas essayer de rééduquer l'organe malformé lorsqu'il est encore incapable d'accomplir sa fonction normale. Au cours de cette période d'attente, dès la naissance et quelle que soit la malformation, l'enfant s'habitue à utiliser au mieux toutes ses ressources pour compenser la gêne due à l'organe malformé, ressentie dans tout son corps. Apprentissage quotidien, qui ne peut être aidé que par les parents, et en premier lieu la mère, à chaque instant présente. Son but est de préserver toutes les fonctions, toutes les compétences qui ne sont pas directement entravées par la malformation, mais qui pourraient en être affectées.

Pour ce faire, il faut connaître les fonctionnements normaux du corps à ses débuts, la manière de les respecter, conforme à la logique de la vie. Une mère sait immédiatement ce qu'il faut à son nouveau-né : vivre avec lui les premiers mois de sa vie, lui chantonner des berceuses, lui parler, lui répondre car il sait tout dire... sans nos mots, mais avec ses gestes.

Cette façon de vivre est contrariée de nos jours par certaines nécessités telles que la reprise rapide du travail et le manque de temps qui s'ensuit. Parfois aussi, il est difficile de s'occuper du nouveau-né malformé : parce qu'il ne peut pas prendre le sein, parce qu'il est hospitalisé loin de sa mère, parce qu'elle-même est troublée, ne sait plus...

Certains enfants s'adaptent à tout, ce qui n'empêche pas la survenue, plus tard, de conséquences néfastes. D'autres en revanche, plus sensibles ou plus fragiles, doivent être élevés au mieux de ce qu'exige la pure et simple biologie, fondée sur les connaissances précises en matière d'anatomie et de physiologie.

Après l'opération

Sitôt l'intervention réalisée, commence la rééducation de l'organe à présent capable de fonctionner normalement. Cet apprentissage peut être long et difficile. Si, avant l'opération, les parents pouvaient s'en charger, par la suite, il nécessite les conseils, la surveillance et la technique de praticiens de multiples spécialités : coordination motrice, orthophonie, orthoptie... La psychothérapie, en ce cas, apporte parfois une aide précieuse, mais ses indications et ses choix s'avèrent des plus délicats.

Il appartient ensuite aux parents de poursuivre l'éducation entreprise avant l'opération sans s'arrêter à certains défauts résiduels souvent temporaires, d'autant mieux résolus qu'ils se manifestent dans un concert fonctionnel désormais doté de tous ses instruments. Si le recours à tel ou tel spécialiste s'avère encore nécessaire, à certains moments et pour certains traitements, ce sont les parents qui restent, tant qu'il le faut, les soutiens constants et quotidiens de l'enfant.

Tous les parents en sont capables, à condition de savoir et de comprendre comment vit normalement un enfant, quelles sont les difficultés provoquées par la malformation.

Les fonctions normales

L'enfant tire du corps maternel tout ce qu'il faut pour construire ses cellules, tissus et organes qui donnent forme au corps. Durant les huit premières semaines de la grossesse, les différents organes apparaissent et se groupent en appareils propres à remplir les grandes fonctions de la vie : respiratoire, digestive, locomotrice.... Les premiers mouvements apparaissent lorsque la taille du corps n'est que de 20 mm. Quatre mois avant de naître, le bébé tète déjà son pouce, boit du liquide amniotique dont il perçoit le goût sucré ; il urine ; il sent une pression, même très faible, sur le visage, la paume des mains, la plante des pieds ; il entend la voix et les bruits du corps maternel. La croissance, à ce stade, est intense : des milliards de cellules naissent et meurent, 20 000 cellules nerveuses apparaissent à chaque minute pendant la grossesse et plus encore au cours des dix-huit premiers mois. Avec les mouvements naissent des sensations qui les perfectionnent.

Les fonctions sont liées entre elles : le nouveau-né respire *et* sent, tète *et* goûte, bouge sa tête vers ce qu'il veut voir et entendre, avance ses mains pour toucher. Tout le corps vit, en même temps.

Certaines fonctions, certains apprentissages sont successifs, l'un préparant l'autre : ainsi, l'enfant tète *puis* mâche avec les mêmes muscles qu'il utilisera plus tard pour parler. Le geste bien fait, sans effort, lui donne une satisfaction dont le souvenir agréable stimule et améliore la répétition. L'enfant qui fait bien aujourd'hui fera bien demain.

Il y a un temps pour tout, et il faut du temps pour tout.

Le visage

La première fonction du visage vient de son apparence : c'est grâce au visage que les autres nous reconnaissent. Tous ses traits forment un assemblage unique qui est le signe de nous-mêmes. Il nous livre au jeu familial des ressemblances et dit nos origines : les yeux de la mère, la bouche du père...

La face est aussi le carrefour des grandes fonctions de la vie : respiration, nutrition, parole, sensations. L'air qui entre et sort par le nez, l'aliment qui entre par la bouche se croisent dans la gorge ; nous percevons en même temps les odeurs et les saveurs.

Respirer

La respiration par le nez climatise l'air inspiré qu'elle réchauffe ou refroidit, assèche ou humidifie, condition indispensable au bon fonctionnement des poumons. L'efficacité de cette climatisation est assurée par le ralentissement de l'air et ses turbulences à travers les cornets disposés en chicanes : les odeurs ont ainsi le temps de stimuler les capteurs de l'odorat. D'ailleurs, jusqu'à six mois, le nouveau-né ne respire bien que par le nez.

Se nourrir

L'alimentation est pour l'enfant une activité si importante qu'il garde jusqu'à douze mois le nom de *nourrisson*. Mammifère parmi les mammifères, le nouveau-né doit être nourri au sein... autant que possible. Ce mode naturel de nutrition correspond en effet à la logique de l'anatomie de l'enfant et à la physiologie de son visage. Les muscles des lèvres et de la mimique faciale, des joues, de la langue – qui en comporte dix-sept ! – du palais, de la gorge et du cou concourent avec finesse et puissance à extraire le lait du sein maternel, à le maintenir en bouche pour le goûter, à le mêler à la salive – là commence la digestion –, à le déglutir sans qu'il fasse fausse route vers le nez ou les bronches.

Ces gestes sont effectués à un rythme personnel qui influence nos moindres actions et dont nous avons tous l'expérience : l'un finit son repas avant l'autre qui, en revanche, marche plus vite... De la même façon, le nouveau-né tète, s'arrête, recommence à son gré. Demain, il répondra plus ou moins vite à l'éducation comme à la rééducation. À chacun son temps...

Tous ces mouvements sont d'autant plus efficaces qu'ils sont stimulés par le goût varié du lait, où se retrouvent les saveurs de l'alimentation maternelle. Le nourrisson les perçoit grâce aux papilles qui, jusqu'à un an environ, tapissent l'intérieur de la bouche et ne persistent, plus tard, que sur le dos de la langue : c'est un vrai gastronome ! La richesse de son goût est alors la plus importante des stimulations sensorielles, et les corpuscules du tact qui bordent la lèvre supérieure lui permettent de reconnaître le sein et de nuancer l'activité des muscles faciaux concentrés sur la couronne labiale. Le cerveau ne connaît alors et ne mène à bien que la tétée : le nourrisson ne sait ni ne veut se nourrir autrement. Que reste-t-il de cette richesse dans le lait industriel, et le caoutchouc de la tétine ?

Le lait maternel s'appauvrit à mesure qu'apparaissent les premières dents, qui blessent le mamelon. Le système nerveux change progressivement le tétée, instaure la mastication et modifie la déglutition, créant une physiologie nouvelle adaptée aux nourritures solides dont la bouche recherche la consistance. Inutile d'imposer au nourrisson des bouillies ou des purées mixées : le broyage annihile la saveur et réduit le repas à une simple déglutition. Appauvrissement sensoriel, mollesse des mouvements, bouillies hyper-caloriques, défaut de croissance feront la parole floue, et le corps obèse. En mangeant bien, je prépare ma langue et ma bouche à la parole ; avec l'aliment d'aujourd'hui, je mâche et goûte les mots de demain. Faute de quoi, à la bouillie alimentaire du nourrisson, succède chez l'adolescent une imprécise bouillie verbale... et l'enveloppe graisseuse de l'obésité.

Entendre

Le voile du palais participe à l'audition. Les mots qui sortent de nos lèvres sont des ondes vibrantes qui se propagent dans l'air, parviennent au pavillon de l'oreille, suivent le conduit auditif et atteignent le tympan, qui vibre alors comme la membrane d'un tambour – à condition que ses deux faces, externe et interne, soient soumises à la même pression. Sa face externe est exposée à la pression atmosphérique. Sa face interne, enfermée dans l'oreille, ne reçoit la même pression que par un conduit, la trompe d'Eustache, ouverte à l'air de la gorge par la contraction du voile du palais : en déglutissant, vous sentez de l'air arriver dans l'oreille.

Parler

En cinquante mois, après le *babil* des premiers sons, l'enfant construit sa parole sur sa respiration et la perfectionne grâce au jeu nutritif puis expressif de ses muscles faciaux. Le voile du palais permet aux vibrations vocales de résonner différemment dans le nez ou dans la bouche. Avec les lèvres, les joues, la langue, il *articule* les vibrations, faisant ainsi des sons et des mots.

Grandir

La croissance osseuse de la mâchoire supérieure, des parois et des cavité nasales qui en sont solidaires, de la mandibule et des dents dépend, en majeure partie, du jeu subtil des pressions de l'air dans les fosses nasales, des pressions et tractions musculaires de la bouche, des contraintes vibratoires des sons... et ce, dès le premier cri. La respiration, la nutrition et la parole contribuent activement à la croissance du visage.

Solidarité des fonctions du visage et du corps

Les fonctions du visage sont solidaires entre elles et avec les mouvements de tout le corps. Cette solidarité est fondée sur la loi première du fonctionnement musculaire : tout muscle a besoin d'un point fixe, ou *insertion osseuse*, pour accomplir un mouvement précis et puissant. Les muscles faciaux trouvent ce point fixe sous la base du crâne, qui doit à son tour être stable par rapport à la colonne vertébrale, au bassin, aux membres inférieurs – et par eux, au seul appui fixe de l'homme : le sol. L'action des muscles de la face repose donc sur la coordination parfaite de l'ensemble des muscles présents dans l'organisme.

Mouvements de la tête et du visage, des membres supérieurs et inférieurs mettent en jeu des os articulés et des muscles, certes différents, mais agissant de concert autour d'un axe central, la colonne vertébrale, et sur l'appui du sol. Si l'on demande à quelqu'un de se tenir debout immobile, puis de parler, on observe que, 300 millisecondes avant qu'il prononce la première syllabe, les muscles de son mollet se sont contractés ; l'électromyographie atteste cette vigilance de l'ensemble du corps qui prépare, permet et contrôle toute action locale. Cette coordination motrice, et les sensations qui en résultent et s'y associent, est ordonnée par le système nerveux central, clé de tous les fonctionnements. Cette capacité, dite *fonction intégrative*, explique que *toute réponse fonctionnelle à une situation extérieure ou intérieure est globale et s'intègre dans l'unité de l'être vivant.* Elle permet de comprendre le normal et d'évaluer les troubles fonctionnels avant d'entreprendre leur rééducation.

Troubles fonctionnels

Il s'agit, d'une part, des troubles locaux affectant une fonction déterminée et, d'autre part, des troubles généraux qui peuvent en résulter.

Troubles locaux

Troubles de la respiration : toute déformation nasale perturbe la respiration, entrave l'effort physique, favorise rhinites et trachéo-bronchites. La réparation parfaite est très difficile à obtenir.

Troubles de la nutrition : la division labiale fend la peau, la muqueuse et le muscle, empêchant l'enfant de fermer complètement la bouche ; il peut néanmoins être nourri au sein, dont la souplesse s'adapte à la fente labiale. En revanche, la division labio-palatine ne permet pas – ou rarement – l'allaitement au sein par suite du défaut d'étanchéité de la bouche, que le voile du palais ne peut fermer au fond de la gorge : l'aspiration devient difficile, faute d'une dépression suffisante de la cavité buccale. Pendant la tétée, le lait peut pénétrer dans les fosses nasales et être parfois rejeté par le nez dont il irrite la muqueuse ; l'air est dégluti en plus grande quantité. Ces difficultés sont aggravées lorsque, pour faciliter la succion, on commet l'erreur d'utiliser une tétine largement trouée, qui emplit trop et trop vite la cavité buccale.

Troubles de l'audition : la division palatine ne permet pas la contraction efficace des muscles du voile qui, de ce fait, ne peuvent ouvrir la trompe d'Eustache ; faute d'aération, l'oreille moyenne produit alors une sérosité qui s'accumule derrière le tympan et provoque une otite séreuse, responsable d'une baisse de l'acuité auditive. Elle est traitée en même temps que la fente du voile et doit être longuement surveillée ensuite, jusqu'à guérison. Néanmoins, les troubles auditifs ne sont pas toujours présents et varient d'un enfant à l'autre et d'une période de la vie et l'autre, suivant les conditions climatiques (ils sont plus importants durant l'hiver).

Troubles de la parole : la fente du voile du palais laisse toutes les vibrations vocales résonner dans les cavités nasales. L'enfant non traité ou mal traité nasonne constamment et, de ce fait, la langue, les lèvres et les joues, bien qu'intacts, articulent les mots de façon souvent imprécise.

Troubles de la croissance : la perturbation des pressions aériennes nasales et buccales et de toutes les actions musculaires altère la croissance du visage, dont les os et les cartilages ne peuvent être modelés correctement.

Troubles généraux

Les difficultés fonctionnelles locales, en cas de malformation, ne suppriment cependant pas les fonctions elles-mêmes. Indispensable à la vie, la fonction contraint le corps à s'accommoder de l'organe défectueux.

L'enfant respire, se nourrit, saisi ses jouets et marche – mais il le fait différemment, et les conséquences qui en découlent ne s'effacent pas sitôt après l'intervention correctrice. L'effort constant, la vigilance permanente, indispensables pour compenser la difficulté, ne permettent pas la coordination motrice, source de bien-être. Alors apparaissent dystonie et hypertonie, dont les effets peuvent se faire sentir à distance de la lésion initiale. Combien de nuques douloureuses et raides, rançon d'une phonation forcée et malhabile... Au dix-huitième siècle déjà, Buffon remarquait qu'"une seule partie modifiée, dans un tout aussi parfait que le corps,... suffit pour que tout se ressente de cette altération". Ces troubles s'aggravent avec le temps, faute de surveillance et de traitement.

Enfin, si l'enfant réussit à vivre en négligeant ses difficultés – habitude, indifférence ou habileté à les compenser –, l'entourage familial, et surtout la société, remarquent ces différences qui suscitent au moins la surprise, au mieux la compassion, au pire la moquerie. L'enfant souffre des autres plus que de sa lésion.

En-dehors du visage, d'autres régions du corps peuvent être malformées : de la main (elles seront examinées plus loin), du pied, des organes génitaux, de la peau, dont les traitements et l'évolution sont si particuliers qu'ils ne peuvent être envisagés ici. *Mais quelle que soit la malformation, l'enfant atteint bénéficie des approches exprimées dans ce livre.*

N'oublions pas enfin que, dès le début et pour longtemps, chaque enfant réagit de façon singulière à la donne de la vie et aux soins prodigués. Le médecin prévoit ce qui *peut* advenir – mais il n'est pas infaillible, et nul n'est assuré du lendemain. Il faut donc agir, en permanence, comme si les difficultés de l'enfant étaient destinées à perdurer, et comme si elles pouvaient être prévenues ou adoucies par notre action : tel est presque toujours le cas.

Gestes et mouvements

MARIE-MADELEINE BÉZIERS

LORSQUE L'ENFANT présente à sa naissance une malformation, par exemple une division palatine, le chirurgien intervient pour reconstruire la forme et la fonction. De leur côté, les parents mettent tout en œuvre pour donner au nourrisson les meilleures conditions de vie et de développement. Pour s'adapter à cette déficience et pallier les inconvénients qu'ils pourraient rencontrer, ils ont besoin d'être aidés.

Il importe, en premier lieu, que les parents considèrent leur bébé comme un tout au lieu de se focaliser sur la lésion, car cela leur permettra de *mieux l'aider à développer l'ensemble de ses aptitudes.* Ils doivent connaître les procédés les mieux adaptés, *les moyens pratiques et les choses simples à faire* pour que l'enfant se développe harmonieusement ; ils doivent savoir que certains gestes spécifiques de relation et de bien-être sont nécessaires au nourrisson et gratifiants pour eux, quand ils voient ce qu'ils apportent à leur enfant.

L'organisation des mouvements de l'enfant influence tout son comportement et, par ce biais, il est possible de remédier à beaucoup de petits désagréments. Sa première motricité oriente son futur développement psychomoteur et relationnel. Attentifs à ces premiers mouvements, les parents découvriront qu'ils sont sources d'émerveillement et d'informations.

Dès le premier jour, le nouveau-né s'exprime par ses mouvements et nous révèle ainsi ce qu'il est en train de vivre : tout ce qu'il ressent, tout ce qu'il perçoit, il le traduit dans ses gestes. Par exemple, dès qu'il entend la voix de sa mère, dès qu'il l'aperçoit, son corps entier participe à cette rencontre : il s'agite de la tête aux pieds et tourne les yeux vers elle, dans l'attente d'une réponse.

La première motricité et les sensations qui l'accompagnent intègrent tout en même temps, que ce soit la relation à la mère, le climat affectif ou l'environnement. Toutes ces perceptions s'inscrivent dans le bien-être, et serviront de bases à l'expérimentation des gestes plus élaborés. En observant la motricité du nouveau-né, on peut voir si tout va bien ou si quelque chose le gêne et, sachant comment elle est structurée, on peut lui donner son sens exact.

Regardons le nourrisson dans son berceau. Il est très actif, il bouge, tout son corps est en mouvement, ce qui fait dire au danseur indien Savitry Nair : "Regardez bouger un bébé : il danse tout naturellement." Les petits mouvements qui parcourent son corps ne sont ni fortuits ni désordonnés : ils relèvent du système complexe de la *coordination motrice*, structure de ses gestes futurs, qui donne au corps la juste tension musculaire, facteur d'équilibre. Spontanément, le bébé regroupe son corps vers l'avant, il rapproche son bassin et ses jambes de son thorax et de sa tête ; il s'enroule ; il amorce aussi déjà des mouvements de rotation en opposant épaules et bassin. Il passe et repasse toujours par ce schéma d'enroulement, par exemple quand on le prend dans les bras : il se niche et, tout naturellement, il "s'enroule", ramenant ses mains devant son visage.

Tous les gestes du nourrisson sont déclenchés et ordonnés par un mécanisme très spécifique de l'ensemble de son organisation articulaire et musculaire, dont les mouvements s'effectuent sur des enroulements et sur des oppositions de rotations, bases mécaniques fondamentales de ce que nous appelons la coordination motrice.

La position de regroupement est primordiale pour réussir à bien se redresser. En effet, dans son développement, les gestes du nourrisson vont s'organiser en avant : pour regarder ses mains, tendre les bras à sa mère, rapprocher sa tête de sa main pour se tirer en avant en s'enroulant puis, prenant appui sur cet enroulement, s'asseoir, se redresser, se mettre debout et marcher.

Que se passe-t-il quand un bébé a des difficultés ? Quelle que soit la cause de son inconfort ou de sa souffrance, le mal-être de l'enfant se traduit, outre ses plaintes, ses cris et ses pleurs, par une position caractéristique "en extension" : il rejette tête et bras vers l'arrière et se raidit. On a du mal à le tenir, il glisse des mains, donne des coups de reins ; la moindre émotion, agréable ou désagréable, aggrave encore cette position. Son mal-être augmente aussi du fait que, de lui-même, il ne peut changer sa situation ni communiquer avec sa mère comme il le voudrait : il souhaite ce contact, il attend tout de l'autre, mais son corps ne lui permet pas cet échange.

Ce sont nos mains qui vont atténuer les gênes et les malaises du bébé qui ne peut trouver seul la position propice à son bien-être, et lui permettre de prendre une position de confort, c'est-à-dire de retrouver l'enroulement. Durant les premiers mois, le nourrisson dépend entièrement de l'adulte : on conçoit donc à quel point il importe de connaître les gestes adéquats pour prendre l'enfant, le porter, le tenir, en particulier pour la tétée et le bain, afin de lui faire intégrer une bonne coordination de ses mouvements et de lui donner une image mieux organisée de son corps.

La tétée

Pour l'enfant atteint d'une division labio-palatine, l'allaitement au sein est impossible ou très difficile, et la tétée au biberon est rendue particulièrement délicate du fait qu'avant sa naissance, il n'a pas eu l'expérience d'une succion correcte, sa lèvre n'étant pas fermée et sa langue passant dans la fente du palais.

L'orthodontiste, dans un premier temps, pose une plaque sur la voûte palatine. Le chirurgien fermera la lèvre. Le nourrisson doit s'adapter à cette nouvelle configuration, à de nouvelles sensations buccales et gustatives, et modifier en conséquence la succion qu'il exerçait au cours de la vie intra-utérine : d'où l'importance de tout mettre en œuvre pour faire fonctionner ce mécanisme au mieux et dès que possible, en évitant de prendre de mauvaises habitudes.

Le bon déroulement de la tétée dépend à la fois du biberon, de la position du bébé dans les bras de sa mère et du confort de leur installation. Le biberon doit être muni d'une tétine non pas trouée, mais fendue, qui ne laisse pas le lait s'écouler seul facilement (au risque d'inonder la bouche et de gêner la déglutition et la respiration), mais oblige l'enfant à téter activement, à son rythme. La tête et la nuque bien tenues favorisent la coordination des muscles qui se croisent entre la bouche, la langue, le cou et la nuque, ce qui provoque chez le nourrisson qui tète bien un léger hochement de la tête. Le puissant mouvement de succion, fait de pressions et de dépressions qui modèlent la région buccale et le visage, diffuse aux bras, aux mains et tout le long du corps, jusqu'aux pieds. La tétée n'est pas un acte passif, bien au contraire : elle représente pour le nourrisson, dont tous les sens sont en éveil, un véritable travail qui mobilise toute sa musculature ; il est donc essentiel que son corps soit installé dans une position correcte.

Les troubles de la succion entraînent fréquemment des contractions néfastes des muscles du cou, de la nuque et des épaules, qui empêchent l'enfant de bien placer sa tête et de ramener ses mains vers le biberon. Afin qu'il puisse exercer son activité dans les meilleures conditions, il convient de procéder, avant la tétée, à quelques manipulations des épaules, du dos, de la nuque et des bras. L'enfant ainsi habitué à nos mains, mis en confiance, accepte mieux que l'on touche son visage, zone très sensible chez lui. Les manipulations très douces du visage, en réharmonisant les tensions, procurent une détente et incitent les muscles à se contracter efficacement. Ceci est particulièrement important pour les muscles qui entourent la bouche : leur juste coordination aide l'enfant à s'adapter à la tétine. De plus, le travail des muscles de la région buccale favorise toujours la respiration nasale.

Pour une installation confortable, la maman s'assied de préférence sur un siège bas, le dos bien calé, les coudes appuyés sur les bras du fauteuil ; le bébé est placé en enroulement dans ses bras, la tête maintenue stable au creux du coude ou de la main, les pieds en appui. Une telle position permet à l'enfant de mieux goûter toutes les sensations liées à la tétée, d'établir par le regard un échange intense avec sa mère, d'écouter sa voix qui l'encourage, de sentir la chaleur de son corps, sa main dans la sienne, d'apprécier le lait chaud et sucré qui comble sa faim et d'entendre le bruit de son propre corps : tout cela en même temps contribue à son bien-être.

Le bain

Tout jeu moteur permet au bébé d'exercer son agilité, favorise son aisance et enrichit donc sa psychomotricité. Il aime bouger, il ne faut pas l'en priver.

Le bain est, dans la journée, un merveilleux moment de plaisir. Les difficultés d'alimentation sont occultées, la mère et l'enfant peuvent donner libre cours à leur fantaisie. La maman parle à son bébé, lui dit ce qui se passe, le rassure grâce à la précision de ses gestes. En diminuant la pesanteur du corps, l'eau facilite les mouvements, permet d'augmenter leur ampleur et fait mieux percevoir au nourrisson l'image globale de son corps.

La stimulation sensorielle

D'une façon générale, la stimulation sensorielle est facteur de plaisir et de connaissance et se fait au mieux et au plus simple en permettant à l'enfant des manipulations, des expérimentations, l'observation de la nature, des animaux.

Il a besoin d'inspecter, d'explorer, de palper les objets de différentes formes, tailles, matières. Il parvient ainsi à connaître les dimensions, les profondeurs, les distances, le dedans, le dehors, le plat, le creux, le rond, le doux, le rugueux, la texture des feuilles, des branches, des légumes, des fruits, etc. Toutes ces explorations donnent au bébé une dextérité manuelle qui enrichit sa personnalité, en même temps qu'il apprend à regarder tout ce qui l'entoure ; à écouter les sons, les bruissements, les murmures, les bourdonnements, le clapotis de l'eau ; à écouter *et* sentir le vent, la pluie ; à observer le contraste des couleurs et de la lumière, le déplacement des nuages, du soleil, le vol des oiseaux, des insectes ; à humer le parfum des fleurs, à apprécier les aliments selon leur température et leur consistance, etc.

En ouvrant ainsi l'espace sensoriel à leur tout-petit et en partageant ses découvertes, les parents passent de réels moments de bonheur. Ils tireront grand profit de ce temps accaparé habituellement par les multiples autres tâches journalières.

En cas d'hospitalisation

L'enfant ne peut qu'être rassuré s'il retrouve, dans les mains et les gestes de ses parents, ce qu'il a vécu et ressenti avec eux. Des manipulations douces de l'ensemble de son corps dans le sens de sa coordination motrice l'aident à moins ressentir sa lésion.

S'il s'avère nécessaire de maintenir ses bras par des manchons, il importe que les parents favorisent les mouvements et les sensations de son corps, grâce à différents moyens : ramener souvent ses bras vers l'avant en baissant ses épaules et continuer dans le sens de la coordination jusqu'aux doigts ; prendre sa main pour lui faire toucher son autre bras tout au long, puis le reste du corps, la jambe en partant de la hanche, mobiliser chaque orteil, l'amener à attraper son pied pour le monter jusqu'au front, le genou fléchi puis tendu, une jambe, puis l'autre, puis les deux ensemble, etc. Tous ces petits mouvements agissent sur sa respiration.

La relation entre la main et la bouche est le mode de connaissance privilégié de l'enfant : aussi, de ce bébé qui ne doit pas porter les mains à sa bouche, faut-il occuper les mains afin qu'il développe au maximum ses facultés motrices et perceptives, et qu'il évite ainsi une trop grande fixation sur la région buccale.

S'il est vrai, d'une façon générale, que tenir la main de l'enfant en difficulté, qui va être opéré ou qui vient de l'être, est toujours pour lui d'un grand réconfort, il s'agit, en ce cas, de faire plus et de donner à ses mains une structure propre à faciliter la préhension : frotter la paume pour former une voûte, du poignet aux doigts et du pouce au petit doigt ; libérer le pouce en le dégageant des autres doigts, tourner chaque doigt en direction du pouce ; opposer le pouce aux quatre autres doigts et, tout en gardant la voûte creusée, mettre les deux mains de l'enfant en contact l'une avec l'autre, puis sa main contre celle de sa maman – toutes sortes de jeux que les bébés apprécient infiniment, et qui contribuent à développer leurs capacités manuelles et sensorielles.

Pour occuper l'enfant, des choses très simples peuvent susciter son attention et favoriser sa palpation. Son jouet préféré ne sera pas oublié mais il faudra aussi trouver des jeux inhabituels qui pourront le captiver. Certains petits objets apparemment insignifiants, mais très maniables pour de petites mains, apportent quantité de perceptions et de sensations :

– ficelles de différentes tailles et couleurs, aisées à tenir et à mouvoir ;

– ruban velcro lisse d'un côté et rugueux de l'autre ;

– petites graines dans un bocal, par exemple des grains de riz, que l'on voit et que l'on peut faire glisser entre les doigts ; on peut aussi, en s'amusant, lui faire toucher et différencier la rudesse du gros sel et la finesse du sel fin ;

– colliers de grosses perles qui roulent dans la main ;

– objets de différentes formes, dont l'index suit le contour, etc.

En inventant mille jeux insolites, pour le plus grand plaisir de leur enfant, les parents transformeront ce moment particulier de sa vie en un temps de relation et d'échange privilégiés, source d'enrichissement mutuel.

Il importe au plus haut point que les interventions chirurgicales destinées à transformer la vie de l'enfant lui laissent le moins possible de sensations de mal-être et lui permettent, au contraire, d'améliorer ses mouvements et de ressentir son corps de façon plus agréable.

Les souvenirs désagréables que lui laisse l'hospitalisation sont moins liés à la chirurgie proprement dite qu'à l'étrangeté de la situation, à la limitation momentanée de sa mobilité et à des positions inconfortables : l'enfant accepte difficilement toute entrave à ses mouvements. On peut y remédier en manipulant soigneusement son corps, en sollicitant les sens de la vision et du toucher qui, loin d'être perturbés lors de l'hospitalisation, ne sont que davantage en éveil : l'enfant tirera un grand bénéfice de toutes ces expériences.

Après une intervention sur la bouche

Les enfants ont besoin d'une kinésithérapie spécifique destinée à rééduquer l'ensemble de la région buccale : mouvements de la langue, des lèvres, des mâchoires. Le thérapeute doit veiller à ce que la mimique soit très expressive et à ce que l'enfant reste bien coordonné.

Quelle que soit la dysmorphie et la partie du corps qui en est atteinte, et parce que toute lésion locale a un retentissement général, une rééducation globale s'impose, fondée sur une étroite collaboration entre parents et personnel soignant.

La coordination motrice, en replaçant toutes les parties du corps dans un juste rapport, équilibre le tonus musculaire de l'enfant et lui apporte bien-être et sécurité. Elle permet aussi d'optimiser la fonction de tous les organes en facilitant la respiration, la tétée et la déglutition, donc la digestion et l'élimination, et atténue d'autant les conséquences de la lésion. L'enfant va être plus réceptif et bénéficiera au maximum des thérapies mises en jeu pour le traiter.

S'il n'est pas toujours facile de déclencher la coordination motrice chez un bébé alité, installé parfois dans une position peu fonctionnelle, l'expérience prouve à quel point elle est source de réconfort, en évitant bien des souffrances. Pour l'enfant, c'est une rééducation gratifiante car elle fait mouvoir son corps comme il l'attend, et comme il en a besoin. Elle lui procure satisfaction et bien-être. Il sera ainsi mieux préparé à acquérir par la suite davantage d'aisance.

Bien qu'elle ne puisse pas, naturellement, résoudre toutes les difficultés, la coordination motrice permet d'éviter bien des déficits moteurs ou psychomoteurs car l'enfant, gêné par son corps qui répond mal à son désir, se met parfois en retrait ou, au contraire, explose – ce qui peut être à l'origine de certains troubles relationnels, caractériels. La coordination motrice donne au corps structure et unité, favorise l'intériorisation, la concentration et la maîtrise de soi. Elle soutient l'enfant tout au long de sa croissance et l'aide à affronter les problèmes posés par de nouvelles interventions ou inhérents à la vie en société.

Le thérapeute de la motricité, médiateur entre le regard des parents et celui, plus rude, du monde extérieur, en redonnant par ses mains une meilleure fonction à la région buccale, aide l'enfant à intégrer sa nouvelle configuration dans son corps réordonné. En étant co-acteur et témoin de sa restauration, en partageant avec lui l'image de son corps réparé et en lui renvoyant cette image, il lui donne la possibilité de trouver son autonomie.

La parole

IRÈNE MAURETTE

PARLER, C'EST ÉMETTRE UN SON, le façonner en voyelle ou consonne, l'ordonner par rapport à d'autres en ensembles que peut comprendre une personne de même langue. Mots et groupes de mots portent le sens – informations, pensées – mais aussi l'humeur, l'émotion, grâce au rythme et à l'intonation. Chacun compose sa petite musique personnelle.

La voix jaillit du plus profond du corps, empreinte originelle et unique. Le souffle qui la nourrit crée voyelles et consonnes selon les cavités qu'il emplit, la mobilisation des muscles qui le sculptent. La voyelle tourbillonne dans la bouche, résonne dans la tête, la gorge, la poitrine, investit l'étage du nez, voile baissé, pour l'émission des voyelles nasales. Pour les consonnes, l'air, vibré ou non, est freiné, stoppé, roulé selon qu'il s'agit de constructives *(f, s, ch, v s, j)*, d'occlusives *(p, t, k, b, d, gue)*, de liquides *(l)*, de vibrantes *(r)* ou de nasales *(m, n, gn)*, outre les sons qui se situent entre voyelles et consonnes *(ui, woe, y(ill))*. La consonne est l'obstacle, le bronze, la voyelle, l'aventure, l'eau qui coule. Un mouvement, un son, puis deux, puis trois, s'accommodent l'un à l'autre. On les groupe, on les lie en une ou plusieurs syllabes, puis on recommence au fil des mots, au fil des phrases.

La bouche, le larynx, les poumons ne sont pas seuls en cause : quand le bébé crie, tout son corps est tendu, mais dès qu'il se met à gazouiller, il remue ses mains et ses pieds. Plus grand, il appelle, le corps bien planté. Chez l'adulte, épaules souples, tête dégagée, colonne vertébrale étirée entre nuque et bassin, les pieds bien au sol, le mot prend son élan au creux du ventre ; les mains s'avancent, ponctuent plus ou moins l'énoncé.

La parole naît dans ce jeu complexe des muscles et des os qu'ils maintiennent et manipulent. C'est un mouvement qui demande fermeté, ou *tonus*, et souplesse à la fois pour atteindre à la précision – du moins une certaine précision, car le but est d'atteindre l'oreille de l'autre et de s'en faire comprendre.

Les étapes de la parole

Dès le sixième mois de la grossesse, l'enfant perçoit la voix de sa mère ; bercé par la marche, il s'imprègne de ses cadences et de ses modulations. À la naissance, le cri n'a plus qu'à éclater : triomphe de l'air qui envahit les poumons et projette enfin la voix. Reflet des états physiologiques, du bien-être, du malaise, il devient peu à peu appel. À l'imitation des lèvres maternelles se glisse un son que l'enfant modifie peu à peu, prenant plaisir à jouer avec les multiples formes que crée sa langue au fil des rencontres. Jeu des muscles et de l'ouïe qu'il va plier, progressivement, à la parole commune.

Dès les premiers mois de la vie, à la faveur de la position couchée, apparaissent les voyelles de l'arrière-gorge, les *roulades* : *arrheu*, *agheu*, *agrreu*, *èèèè*, assorties de claquements de langue, de raclements, de bruits de succion, de halètements.

Entre 4 et 5 mois, la langue monte et s'avance, la lèvre s'arrondit et s'étire ; de *a*, *eu*, *è*, on passe à *o*, *ou*, *i*. Ces *variations vocaliques* (mouvements rapides de la voix, changement de voyelles) grimpent aux suraigus et basculent dans le grave, percent le tympan et deviennent murmures, s'éteignent et recommencent. Le bébé s'amuse des durées, des intensités, des successions de *aé*, *aï*. Le rire éclate, bouche grande ouverte. On va du gosier qui engloutit aux gencives qui se gonflent, à la dent qui perce. Un coup de rein, on se retrouve sur le ventre, tête dressée. Voici donc les vibrations du bout des lèvres, *m*, *v*, le *b* qui fait des bulles (grand moment de salivation), *w (oueu)* peut-être... Plus tard, explosent *meu*, *beu*, *peu : oplala*. La langue cherche l'incisive, *na*, *ta*, *atatta*, *tan*, parfois, elle se lève, joue avec la dent, *lll*, se colle au palais, *yeu*, *ia*, *djya*, hésite ; explosions, frottements, mouillures, les consonnes s'annoncent vers 5 ou 6 mois, s'installent entre 7 et 12 mois : *k*, *gue* est bien précis ; la sifflante *s*, la chuintante *ch* viennent bientôt, et le zézaiement, qui prolonge l'enfance et ne sait retenir encore son bout de langue.

Le dialogue entre la mère et l'enfant constitue l'un des éléments-clés de cette période, mêlant les stimulations vocales, les regards, les manipulations du corps de l'enfant et les réponses de son corps à celui de sa mère. Modulations, onomatopées, paroles tendres enveloppent le bébé en une sorte de halo sonore qu'il intériorise.

Entre 7 et 10 mois, c'est aussi le temps des litanies de syllabes qui se doublent, s'opposent, se répondent : *papa*, *papapapa*, *ga*, *agoeuga*, *agouga* ; on devine, on espère *maman*, *papa*.

Entre 9 et 11 mois, le ton monte, descend, remonte (double intonation), souvenir d'il y a un, deux ou plusieurs jours. Cela dure, dure, monologue pour soi, monologue à vide. Jasis, jeu vocal au timbre aigu, aux contrastes mélodiques et rythmiques d'où naît l'articulation. Au onzième mois, enfin, on tente le mot, mais le doigt tendu le supplante encore pour désigner ce que l'on désire.

À partir de 16 ou 18 mois, on sait faire *an*, parfois *bobon* (pour *bonbon*), on approche le mot-phrase : *toto*, par exemple, qui signifie *Papa arrive en auto*, ou *C'est l'auto de papa* ou *papa ; tat'a* pour *Tu l'attrapes, je l'attrape*... L'intonation s'installe, l'enfant demande, répond ; la phrase se constitue, deux, trois mots juxtaposés : *apa miaou (Le chat n'est pas là, Il n'y a pas de chat), majé tato (Le gâteau est mangé, J'ai mangé le gâteau).*

À trois ans, *moi* est déjà là quand l'enfant dit *je*. C'est alors qu'il chantonne les mots qu'il aime. Trois ans, quatre ans, cinq ans, il peut scander *Une souris verte qui courait dans l'herbe*, articuler avec précision les groupes *pr, tr, kr, fl*... même dans les ensembles un peu longs ; l'âge des chants et des contes commence.

La parole chez l'enfant porteur d'une fente

Au cours de la grossesse et avant la première intervention chirurgicale, les muscles et les organes nécessaires à la parole ont eu des mouvements et des points d'appui défectueux, voire inexistants. Aussi la fermeture de la fente ne signifie-t-elle pas toujours que l'articulation s'établira correctement de manière spontanée. Cependant, dans la plupart des cas, tout se passe bien, surtout si l'on a pris la précaution d'informer la mère et le reste de la famille de ce qu'il faut apporter à l'enfant, en soulignant les éléments qu'il convient de privilégier pour obtenir un bon résultat.

Dès la naissance du bébé, l'orthophoniste s'attarde auprès de lui, commence à lui parler : même s'il ne comprend pas les mots prononcés, l'enfant se souvient de la voix, de la mélodie, et pourra s'y référer plus tard. La mère est également prise dans cette sorte de dialogue : elle apprend les timbres qui calment, les termes qui dénomment et dédramatisent, mais aussi les mouvements et les sons qu'elle proposera à son enfant.

La plupart des parents s'inquiètent de savoir si le langage se constituera sans difficulté, mais il arrive que certains s'étonnent : la fente est refermée, parler n'est pas immédiat. Apparemment, il est aisé pour l'enfant d'explorer ce nouvel espace, de mouvoir lèvres et voile après quelques hésitations. Aussi ne vient-on chez l'orthophoniste que de temps en temps, pour faire le point :

– gérer les intervalles entre les interventions : il ne faut pas se hâter, mais respecter le rythme de la nature ;

– s'assurer du bon développement de l'enfant ;

– corriger quelques maladresses, souvent un *ch*, *j* ou *s*, *z* qui se placent mal : le maxillaire n'est pas toujours parfait et les appareils dentaires, nécessaires mais encombrants, provoquent quelque gêne dont il faut s'accommoder au mieux, avec l'aide de l'orthodontiste – sans oublier que bien des enfants dépourvus de fente sont également astreints à porter bagues et fils. Parfois, vers quatre ou cinq ans, les mots se télescopent : cela n'a rien à voir avec la division palatine, c'est un trouble de la parole manifesté par la répétition saccadée de syllabes ou de mots, ou par le blocage, bégaiement dit *physiologique* que l'on observe chez des enfants à l'esprit très vif, désireux de tout dire à la fois, et qui disparaît lorsque la maturité articulatoire est atteinte ; les conseils de l'orthophoniste sont alors nécessaires, surtout si l'anomalie persiste au-delà de six mois ;

– enfin se dire *au revoir* : tout traitement a un terme.

D'autres difficultés, plus sérieuses, peuvent se présenter. L'enfant nasonne : ce peut être le fait d'un voile trop court dont le défaut a pu être temporairement masqué par une fermeture sur végétations, ou d'un voile peu ou pas contractile, même s'il est long ; en phonation l'air passe par la narine, et le chocolat aussi... parfois, le nez est obstrué. La fuite nasale diminue quand on pince les ailes du nez, mais au prix d'un effort et d'une vilaine grimace. Il y a nasillement si la réduction provient d'une contraction pharyngée ; si la cloison nasale est déviée, c'est un sifflement qu'on entend.

Dans d'autres cas, on constate un ronflement dû à la présence de petites mucosités entre nez et pharynx lors des *f*, *s*, *ch* : on souffle, on ronronne ; c'est difficile de se moucher. Parfois, l'enfant parle avec le fond de la gorge : il pousse, il force, le corps tendu ; la voix est voilée, éraillée. Ou bien, au contraire, le dos arrondi, toujours enrhumé, l'oreille souvent emplie de sérosité, bouche ouverte, langue, joues, lèvres pas très mobiles, sa parole est de la vraie bouillie : il a du mal à passer de *m* à *b*, de *a* à *an*, il salive beaucoup, ne parvient pas à avaler convenablement.

L'espace buccal, où la langue se meut, peut aussi être trop étroit du fait d'une voûte palatine anguleuse, de maxillaires décalés, de dents irrégulières ;

les points d'articulation restent alors confondus bien après l'âge habituel : *t* devient *k* ou vice-versa, le *r* est raclé, voire inexistant, de même que le *l* ; *s* devient *t*, avec parfois un déport de la mâchoire, *ch* fait un bruit de forge ; les *tr*, *kr*, *fr*, *pl*, *bl*... mettent du temps à apparaître ou se mouillent : *byeu*...

Il existe parfois des "coups de glotte" pour les *p*, *t*, *k*, des attaques vocaliques trop brusques, un souffle rauque pour les *s*, *ch* : ce sont là des consonnes de substitution, mises en place par un enfant avide de parler ou poussé par son entourage à articuler avant de savoir utiliser correctement les nouvelles possibilités que lui a procurées la chirurgie, ou avant même de le pouvoir, du fait notamment d'un voile trop court. Le "coup de glotte" résulte d'une séparation brutale des cordes vocales après une très forte occlusion, ou d'un contact de l'épiglotte avec la base de la langue ; le souffle rauque est dû à un forçage de l'air entre la base de la langue et la paroi pharyngée : la bouche reste ouverte, la langue est souvent contractée, rejetée en arrière ou aplatie sur le plancher buccal. Ces anomalies sont de moins en moins fréquentes grâce aux interventions précoces et aux conseils post-opératoires de l'orthophoniste.

Quelquefois il manque une syllabe au mot, la phrase est longue à venir. L'enfant ne dort pas bien, il chipote sur la nourriture. Il bouge sans arrêt, il se montre agressif, ou au contraire il se replie, "il ne participe pas", se plaint-on à l'école. Tel autre ne parle que dans le cercle de famille, refuse de se séparer de sa mère. Plus grand, il ne se trouve pas beau, son nez ne lui plaît pas, sa bouche garde une marque (de moins en moins visible cependant), sa voix manque de vitalité, d'expression ; il connaît des problèmes dans certaines matières scolaires, la lecture, l'orthographe, la géométrie... Il ne faut pourtant pas se leurrer sur la signification de tous ces signes de mal-être, qui ne sont pas, tant s'en faut ! particuliers aux enfants porteurs de fente.

Une telle situation n'en comporte pas moins un fondement physiologique. Il est en effet difficile de mobiliser correctement les lèvres et la langue quand les premiers appuis, les premiers mouvements ont été malaisés, erronés ou absents : l'enfant n'a pu téter le mamelon, entourer la tétine, caresser, avec sa langue, une voûte du palais lisse... Le langage découle en partie d'un bon apprentissage de la parole, et la fréquence des otites ne fait qu'aggraver le dommage en rendant floues les différences de phonèmes, ces petites unités de son qui forment les mots : *p/m/b*, par exemple, ou *a/è*, *ou/o*, *on/an*, *ch/j*... Quant aux difficultés mathématiques, *enlever*, *diviser* sont des mots qui, chez certains, exercent une résonance dans leurs corps, de même que les idées de symétrie et de construction. Projeter le son vers l'autre, s'affirmer par la voix, y prendre du plaisir n'est pas si facile quand on craint d'ouvrir la bouche et de laisser voir des dents mal rangées, séparées par une brèche.

Si la fuite nasale est importante, la grimace accentuée, le coup de glotte indélogeable, on recourt de nouveau au chirurgien ; de même, en cas de nasonnement permanent, de voix forcée, de rhume perpétuel, l'intervention de l'oto-rhino-laryngologiste est nécessaire, car l'engorgement de l'oreille fait chuter l'audition. En l'absence de chirurgie, l'orthophoniste peut être amené à réorienter la thérapeutique : prescription d'un enregistrement vidéo du voile du palais, rééducation de la trompe d'Eustache, écoute filtrée au casque, suivi plus rapproché...

Si la fuite est minime, le maintien légèrement contracté, l'attention auditive relâchée, la voix un peu grave, prononçant les *p*, *ch* avec un léger renvoi nasal, le rééducateur se charge du traitement, en accord avec le chirurgien qui décide du moment opportun pour procéder à la fermeture d'une fistule souvent responsable du souffle nasal – à moins qu'elle ne se ferme spontanément.

Naturellement, il faut rééduquer :

– la déglutition primaire : l'enfant doit cesser d'avaler comme un bébé, en poussant la langue sur les incisives ou entre les arcades dentaires ;

– l'articulation défectueuse liée à l'état des maxillaires ou de l'audition, compte tenu des interventions chirurgicales et orthodontiques ;

– le retard de parole et de langage, les troubles de la lecture, de l'orthographe, du calcul, de la spatialité ;

– les troubles de la voix liés à un mauvais soutien posturo-respiratoire : on rectifie l'attitude corporelle et la mobilisation des muscles de la respiration afin d'obtenir une émission vocale aisée et correcte.

Si l'enfant présente une hyperactivité, ou une anxiété particulièrement élevée, il faut recourir aux services d'un psychothérapeute ou d'un psychomotricien.

Rythme et teneur des consultations

Les visites ont lieu à intervalles réguliers, plus ou moins espacés selon les temps opératoires, l'importance des difficultés, l'anxiété. Elles commencent dès la découverte de la fente, se répètent à quelques jours, à 5 ou 6 mois (périodes chirurgicales), puis à certains moments-clés : 12 mois, 18 mois, 2 ans (début du langage), tous les ans, tous les deux ans, avant l'entrée au cours préparatoire, à 8-9 ans (évolution de la gorge), à l'adolescence.

On a signalé plus haut les raisons qui militent en faveur d'une consultation orthophonique lors des premières interventions sur la lèvre, sur le voile, alors que le bébé ne parle pas encore. L'expérience amène certains orthophonistes à proposer ces contacts précoces bien avant la première opération : la mère est incitée de la sorte à parler des difficultés qu'elle constate en matière d'alimentation ou de respiration et, une fois le voile réparé, elle sera mieux à même de favoriser, grâce aux gestes adéquats, l'installation de la parole.

Selon les équipes, deux types de démarches sont envisageables. Les uns préconisent l'attaque directe du trouble avec des exercices spécifiques, d'autres préfèrent une approche plus globale, sans pour autant sacrifier la technique. Notre approche s'inscrit dans cette deuxième optique.

Des exercices enregistrés sur cassette audio ou vidéo servent de lien, de mémoire de travail, de repère d'évolution – et d'histoire personnelle. Certes, il s'agit d'obtenir une élocution normale, mais aussi d'assurer par l'acte de parole la forme et le bon fonctionnement de ce qui a été réparé. On allie donc des postures, des mouvements ressentis à des sons articulés, mais pas n'importe lesquels : on choisit ceux qui paraissent les plus propices, sans s'opposer ni se contrarier. L'émission chantée ou fortement modulée est privilégiée car elle procure détente et plaisir, et crée la meilleure impression. On joue sur les contrastes fort/faible, rapide/lent, aigu/grave, les intervalles, les tenues, les passages d'un articulé à l'autre, leur combinatoire, les émotions qu'elle déclenche et qu'elle traduit... La voix chantée gère le souffle, joue avec les articulés, engrange le tout de façon inconsciente. C'est la voix des premiers dialogues entre la mère et l'enfant, ceux qui l'aident à se construire de la manière la plus simple, au fil des activités quotidiennes.

En cas de division palatine, il faut :

– corriger les défaillances de tonicité musculaire dues à la fente ou, parfois, à l'anxiété consécutive aux interventions ;

– stimuler les points du corps sur lesquels s'appuie l'articulation et les organes qui la produisent ;

– automatiser le fonctionnement correct ainsi acquis.

Grâce aux sensations agréables qu'ils procurent, ces mouvements, ces postures, ces sons forment la base d'un schéma corporel d'où naît une communication orale aisée, mais aussi une image de soi satisfaisante. La cavité buccale n'est plus seule en cause : c'est tout le corps qui se trouve impliqué. Le rôle des parents, dans cet apprentissage, consiste à préparer et à prolonger le travail technique ébauché par l'orthophoniste, en privilégiant tout ce qui peut améliorer la qualité du corps et de la parole.

Les mouvements articulatoires en jeu lors de l'alimentation sont rendus plus précis si le biberon est vite repris après l'intervention chirurgicale et si, dès le début de l'alimentation solide, on se préoccupe de varier les saveurs et les consistances. La prise alimentaire, chez l'enfant, s'accompagne souvent de grognements de plaisir, de *mniam*, de claquements de langue – une langue d'autant mieux déliée qu'on lèche comme un chat le fond de crème de son assiette, quand personne ne regarde, un *mniam* qui modèle la voûte et le maxillaire par les appuis labiaux et linguaux.

De même, la respiration ne peut qu'être favorisée quand on peut humer à loisir, par petits coups, les parfums de la maison et du jardin, puis expirer l'air lentement, de tout son corps, ou bien très vite, avec le *ch*, *ch* d'une locomotive ; canaliser le souffle sur la plume qui vole, la flamme qui ne doit pas s'éteindre, la soupe trop chaude... Et le jeu des bulles dans le verre, la “langue de belle-mère” qui se déroule et s'enroule... Et l'orangeade qu'on aspire avec une paille... Quand on est plus grand, on joue avec une sarbacane. Tout cela aère le nez et la gorge, éloigne les rhumes et améliore donc l'audition.

Le bébé laisse glisser son lait, savoure son petit-suisse ; c'est l'heure du dialogue, bercé par la voix maternelle, mi-chant mi-chuchotement, allant de l'aigu (qui structure, dynamise) au grave (qui réchauffe, sécurise). Par les contrastes, elle organise un espace d'écoute, une structure où l'on différencie nettement les caractéristiques d'un son ; par sa vibration continue, intense, elle enveloppe, elle lie, elle tisse ce qui sera parole. Toute gêne est abolie, l'alliance se reforme et l'enfant n'est pas seul à y trouver son compte.

N'oublions pas les berceuses de nos grands-mères, porteuses de tant de plaisir en évoquant les sons de la tétée ; *m*, *n*, *l*, *d*, *yeu* mobilisent la langue, les lèvres, le palais, *o* et *ou* rappellent le plein, le creux : *Dodo, l'enfant, do...*, *Néné petite, sainte Marguerite...*, *Soum, soum, béni, béni, béni...* en langue d'oc. La voix maternelle décontracte, mais peut aussi éveiller, tonifier si le rythme s'accentue. On s'endort, le corps blotti au chaud, bercé, enroulé au creux des bras. On se réveille avec les sauteuses : *À dada sur mon bidet...*, *Balim, balam...* On va de côté et d'autre, en haut, en bas, le rythme saccadé découpe la syllabe, fait ressortir la consonne, marque l'appui dans le corps... mais la mélodie rassemble le tout.

Ensuite viennent les jeux et chants de nourrice : *La petite bête qui monte... kirikiriki !... Je te tiens, tu me tiens par la barbichette...*, *Tape, tape, petite main...Un chat gris dormait, cinq petites souris...*, *Beau front, gros œil, nez de coin, coin, guéri, guéri...* On dénomme le visage, le corps, on manipule bras et jambes. On enroule, on déroule, on étire, on tapote ; doigts et langue différencient les mots, les voyelles et les consonnes qui les composent ; la mélodie qui les porte, les rythmes et les syllabes qui les ancrent, les gestes qui les accompagnent, tout cela met en place des repères sûrs, maintes fois répétés.

Formules anciennes que l'on peut renouveler, comme le fait l'orthophoniste, en créant des *formulettes* plus particulièrement dirigées vers tel ou tel point de la parole. Voyelles seules au début, puis consonnes en syllabes sont associées à des mouvements du corps, des membres : balancements, enroulements, appuis, ouvertures ou fermetures. On recherche les analogies de forme, enroulement du *o*, étirement du *i* ; de tension : appuis, mobilisations plus ou moins nettes selon que l'on prononce *ma*, *pa*, ou *ba*. On fait alterner émissions brèves et longues ; on chante sur deux notes avec une troisième qui clôt, vers le grave, ou interroge, vers l'aigu. C'est déjà tout un discours.

Dès qu'il en a la possibilité, *l'enfant répond, surtout si on lui en laisse le temps*. On commence, on attend... Un dialogue s'instaure, chacun l'enrichit de ses mimiques, de ses vocalises reprises et développées. La répétition assure le modelage des zones articulatoires, la tonicité des organes produisant ces sons, l'imprégnation de la mémoire.

Bouger, mais aussi sentir la chaleur du souffle, la vibration de la voix sur tous ces points sensibles que sont la paume des mains, la plante des pieds, la colonne vertébrale, le creux de l'estomac : cela détend et stimule à la fois, à condition de ne pas exagérer pour éviter l'excitation.

De 15 mois à 2 ans, on poursuit les jeux et chants de nourrice. C'est également l'âge des onomatopées, syllabes où se mêlent le sens et les sonorités : *broum, tuu, tuu, boum* accompagnent les jeux de petites voitures, de balles , de cubes qui dégringolent ; les premières chutes font *patapoum*, les cache-cache ont des *coucou* ; *miaou* et *oua oua* signalent l'animal familier.

En accord avec l'orthophoniste, on sélectionne les onomatopées qui fortifient lèvres, voile, langue, et assurent l'articulation, sans négliger le terme exact. L'enfant les utilisera inconsciemment dans le jeu – répétition bénéfique.

Entre 2 et 5 ans, le répertoire s'enrichit. Les premières rondes chantées sur quatre et cinq notes (quarte et quinte), proposent de courtes phrases ; aussi les articulés doivent-ils être plus précis, la tension musculaire et le soutien respiratoire accrus ; certains sons restent martelés : *Dansons la capucine...*, *Rondin, picotin...*, *Sur le pont d'Avignon, on y danse...* On passe rapidement de l'orale à la nasale, de l'avant à l'arrière ; jeux du voile, de la langue.

De même les comptines, ces formules enfantines chantées ou parlées qui servent à compter, à désigner, aident l'enfant à passer du chantonnement à la parole. Elles sont encore jeu articulatoire et rythmique, scandent la syllabe, mais se rapprochent de l'intonation normale : *Une poule sur un mur...*, *Pimpanicaille, roi des papillons...*

Ici aussi, on peut inventer de petites histoires regroupant consonnes ou groupes de consonnes tels que les *kl*, *pl*, *kr*, *tr*..., les *r* et *l* en fin de syllabe ; par exemple la fable de celui qui mange l'autre : on part du moustique et de son bourdonnement, on arrive au canard que l'on savoure après l'avoir plumé, cuit... Chaque événement est traduit en onomatopées ou en courtes phrases prises comme un tout *(L'as-tu vu ?)* et chantonnées sur quelques notes associées à des mouvements d'entraînement de l'articulé, du lié, mais aussi de dérivation de l'attention, de décontraction.

Enfin, les activités de cette période donnent lieu à des échanges (dînette, jeu de la maison, de la poupée...). Si la parole est encore trop maladroite, on imprègne, on entraîne sans imposer, sans faire ressortir les défaillances. Le vocabulaire, la syntaxe sont ceux du langage correct, mais on modifie légèrement l'intonation, l'articulation ; c'est un film au ralenti. On étire le son, on traîne sur la consonne, la voyelle. On les déguste, on reprend en écho. Tout cela à l'intérieur d'une mélodie qui permet à chaque articulé de s'installer – travail du temps.

L'enfant se sent soutenu, non jugé. On agit de même en feuilletant des livres avec lui. On développe une mémoire corporelle qui servira de base à la vraie lecture à haute voix.

À 6, 7, 8 ans, on puise dans les chants folkloriques, les airs traditionnels aux structures lentement expérimentées par les générations ; quelques auteurs actuels ont renoué avec cette recherche langagière. L'enfant peut alors chanter à pleine voix, seul ou accompagné : la bouche s'ouvre, les pieds se plantent, le souffle monte du fond du corps, applique le voile, la langue va aisément d'une articulation à l'autre, vite, lentement ; elle s'appuie, elle effleure, l'oreille entend. On se sent bien avec les autres. On est comme eux et chacun a son histoire.

Et puis, pourquoi pas le théâtre ? Le mot doit passer, toucher l'autre. Le muscle se tend, l'articulé se précise sans y penser, et ce mot dit ce qu'on ne peut avouer.

À nous les moyens techniques... Certains ne s'entendent pas parler, alors que l'audition n'est plus en cause, que les mouvements articulatoires ou vocaux sont facilités grâce à la correction chirurgicale, orthodontique ou orthophonique. L'enregistrement de la parole au magnétophone et son écoute simultanée mobilisent l'attention, créent cette *boucle audiophonatoire* qui permet une autocorrection... ainsi que cela se pratique pour l'apprentissage des langues étrangères.

Qu'en est-il des instruments de musique ? La flûte, par exemple, permet de gérer le souffle, de contrôler lèvres et joues, de vérifier par l'oreille ; on peut même s'attaquer au saxophone, au trombone – sous réserve que cela n'exige pas trop d'effort : une discussion entre le chirurgien et l'orthophoniste s'impose. Les percussions permettent d'évacuer le trop-plein de tonicité, d'agressivité, obligent à moduler les pressions ; les deux mains sont mobilisées, les épaules détendues. On peut y adjoindre la voix : chanter librement les notes que font naître les doigts sur le piano entraîne à la justesse vocale.

La pratique d'un sport, d'un jeu de plein air tonifie sans contracter, fait baisser la tension, l'hyperactivité, l'agressivité même, et contribue à l'aisance d'un corps un peu gauche qui veut cacher une cicatrice jugée trop visible.

Pour les plus jeunes : ne pas hésiter à grimper, ramper, marcher pieds nus sur le sable, dans l'herbe ; pratiquer la natation (attention aux oreilles), les jeux de quilles qui canalisent la colère, l'expression corporelle (toutes les rythmiques), le cirque, le mime...

Pour les plus grands : se mêler aux sports collectifs tels que le football, le rugby, où l'on se défoule, où la coordination avec l'autre, la précision du geste sont essentielles ; de même pour le basket, le volley, qui favorisent les étirements et appuis sur les membres inférieurs, tout comme l'escalade.

L'aviron développe le souffle, la natation aussi – et qui dira le bonheur de l'eau sur la peau... Le pas du cheval nous fait ressentir le nôtre. Le patin règle l'équilibre, les appuis au sol... et aussi le vélo ; le karaté et les autres arts martiaux enseignent la maîtrise du geste, la souplesse du corps, libèrent la tension dans le respect de l'autre. Et n'oublions pas notre vieille *savate* – la boxe française, qui dénoue bras et jambes.

Et puis encore, la terre glaise qui détend et recrée l'objet en ses formes les plus harmonieuses ; le pliage qui restitue la structure symétrique, celle du corps et celle de la géométrie. Ce sont là des choses banales que tout un chacun peut pratiquer ; elles ne relèvent pas d'une technique particulière. L'enfant meurtri y puisera amplement sans avoir l'impression d'être si différent.

Les dents

VALENTIN & CATHERINE LESNE

LE CHIRURGIEN se doit d'informer les parents d'un enfant porteur d'une fente labio-palatine qu'il aura besoin d'un orthodontiste car ses dents, lorsqu'elles évolueront, seront certainement mal placées ; comme tant d'autres enfants, il devra porter un appareil d'orthodontie. Les résultats du traitement, parfois spectaculaires, l'enthousiasmeront mais il traversera des périodes de découragement. L'absence d'une dent est pénible à supporter et risque de provoquer des réflexions malvenues.

Il ne faut pourtant pas douter du résultat final : les vides laissés seront comblés ; l'enfant aura des dents alignées et un joli sourire. Il faut toujours garder à l'esprit que le résultat esthétique demeure la priorité, et que le soutien des parents est indispensable : s'ils sont confiants, l'enfant le sera aussi.

Qu'est-ce au juste qu'un orthodontiste ? C' est un chirurgien-dentiste qui a reçu une formation spéciale et dont l'art est de corriger, dans certaines limites, la position des maxillaires et de redresser les dents : il pratique l'orthopédie dento-faciale et l'orthodontie.

Par dérive étymologique, le terme d'*orthopédie* désigne l'art de corriger les difformités du corps d'un enfant à l'aide d'un appareil ou d'un traitement. L'orthopédie dento-faciale se propose de stimuler ou de freiner localement la croissance des bases osseuses maxillaire et mandibulaire. Par exemple, chez le nourrisson porteur de fente, l'orthopédie néonatale déplace les fragments du maxillaire supérieur. Chez l'enfant plus âgé, les indications concernent plutôt les décalages sagittaux, c'est-à-dire la correction d'un maxillaire positionné trop en avant ou trop en arrière par rapport à l'autre. Les appareils sont tantôt amovibles, tantôt fixes. La thérapeutique est particulièrement efficace à la période pubertaire, coïncidant avec la plus forte croissance.

L'orthodontie, de son côté, procède à un déplacement dentaire en remodelant l'os alvéolaire sous l'effet d'une contrainte mécanique. On sait depuis deux mille ans que les dents se déplacent si l'on applique des forces sur leurs couronnes, mais ce n'est qu'au milieu du vingtième siècle que l'essor des techniques a permis de maîtriser ces mouvements.

Que le traitement soit orthopédique ou orthodontique, il repose sur un diagnostic préalable établi grâce à un examen clinique minutieux et à l'étude de documents complémentaires. Cet examen comprend l'estimation de l'état dentaire, de l'état du parodonte (les tissus qui entourent la dent) et de l'hygiène ; on analyse également l'engrènement des arcades dentaires entre elles, ainsi que les fonctions buccales, la positon de la langue, la tonicité des lèvres et des muscles.

Les documents complémentaires comprennent les moulages, les photographies du visage et des dents et les radiographies. Les films dentaires fournis par la radiologie conventionnelle donnent une image précise des couronnes et des racines, l'orthopantomogramme offre une vue d'ensemble des arcades maxillaires, les radiographies du crâne, de profil, de face ou sous d'autres incidences, montrent le niveau où siège l'anomalie. Actuellement, on recourt aussi à la tomodensitométrie (scanner) et à l'IRM (image par résonance magnétique).

Avant toute décision, l'orthodontiste se doit de consulter le reste de l'équipe médicale qui entoure l'enfant : le chirurgien maxillo-facial, qui coordonne le plus souvent l'ensemble du traitement, l'orthophoniste, le chirurgien-dentiste, le pédiatre, l'otorhinolaryngologiste et parfois le psychologue. La multiplicité des intervenants, qui se complètent mutuellement, ne doit cependant pas être ressentie comme une lourdeur thérapeutique, mais plutôt comme l'enchaînement logique de gestes dont la finalité est la réhabilitation collective d'un visage et de son expressivité.

La relation avec l'orthodontiste débute dès que l'enfant possède toutes ses dents temporaires, c'est-à-dire vers l'âge de 3 ans, et se poursuit jusqu'à la fin de la croissance, selon des modalités variables selon les cas : on peut traiter, par exemple, dès 4 ans, lors de la denture temporaire, ou plus tard, vers 6-7 ans, après évolution des premières molaires définitives, ou encore vers 9-10 ans, après l'arrivée des incisives, et enfin vers 13 ans, en denture définitive. Tout au long de ces différentes étapes, émaillées de progrès et de difficultés, des explications sont fournies aux parents, notamment à chaque changement d'appareillage – mais l'enfant reste seul avec le praticien en salle clinique, autant par mesure d'hygiène que pour améliorer leur relation. Que les parents se rassurent : si les visites chez l'orthodontiste doivent se renouveler à peu près toutes les 4 à 6 semaines, la pose ou l'activation des appareils ne sont pas douloureuses : l'effet de "serrage" constaté au niveau des arcades dentaires n'est que passager et cède aisément avec les antalgiques. Ces phases de traitement, en général courtes, à l'exception de la dernière, alternent avec des périodes de surveillance où un contrôle bisannuel est suffisant.

Les orthodontistes s'accordent pour souligner que la participation active des parents, en matière d'hygiène, conditionne la qualité esthétique des résultats. Il importe d'habituer l'enfant à nettoyer soigneusement ses dents dès leur apparition, en lui montrant les gestes appropriés. Le brossage, trois fois par jour, est destiné à éliminer complètement les débris alimentaires et surtout la plaque dentaire microbienne, responsable des caries et des maladies du parodonte. Le port d'un appareil rendant les soins plus compliqués, le praticien montrera les gestes efficaces et indiquera les instruments indispensables : brosse à dents, fil de soie et brossettes interdentaires, hydropulseur – sans oublier la pâte dentifrice : outre son rôle lavant et abrasif, le fluor qu'elle contient possède un pouvoir antibactérien et augmente la résistance de l'émail.

Les difficultés orthodontiques rencontrées chez l'enfant porteur de fente sont liées au fait que le désordre dentaire se superpose au défaut osseux.

Les anomalies de position sont fréquentes mais, en dépit de leur caractère spectaculaire, ce sont les moins graves. Les canines et les incisives peuvent être en rotation ou éloignées de leur emplacement habituel.

Les anomalies de nombre sont liées à la largeur originelle de la fente du palais primaire (portion du palais la plus antérieure). Elles se manifestent par l'absence, la présence ou le dédoublement de l'incisive latérale du même côté. Si la fente est très large, l'incisive latérale souvent n'existe pas ; si la fente est étroite, son dédoublement est fréquent, et chacune des berges peut contenir l'un des germes dédoublé. Par ailleurs, l'absence d'une ou plusieurs prémolaires n'est pas rare.

Les anomalies de qualité sont les plus perturbantes, l'émail peu minéralisé offrant une moindre résistance à la plaque dentaire. Parfois, la dent présente une forme atypique, riziforme (en forme de grain de riz), ou très courte et coudée, ce qui nécessitera par la suite une restauration prothétique ou l'extraction, dans les cas extrêmes. Les dents situées en bordure de la fente ont un os alvéolaire moins dense et leur racine est parfois dénudée ; la gencive y est épaisse et de mauvaise qualité. Enfin, la chronologie d'éruption est perturbée, ce qui complique le calendrier des traitements.

Au niveau osseux, le défaut provoque des anomalies dans les trois sens de l'espace. La fente unilatérale divise le maxillaire supérieur en deux fragments inégaux, un grand et un petit. La portion d'arcade dentaire située sur ce dernier est souvent orientée vers l'intérieur (endo-alvéolie) et remontée dans sa partie antérieure.

En cas de fente bilatérale, le maxillaire est divisé en trois parties : deux fragments latéraux et un fragment médian antérieur. Les portions d'arcade dentaire situées sur les secteurs latéraux sont orientées en-dedans et vers le haut ; la partie antérieure est soit projetée en avant, soit au contraire en arrière des incisives inférieures, ce qui favorise l'installation d'une prognathie mandibulaire (menton en avant) pendant la croissance.

Dès la naissance et durant la première année de la vie, l'orthopédie néonatale accompagne la réparation chirurgicale primaire. Une empreinte du maxillaire supérieur est prise et une plaque en résine est réalisée à partir des moulages ; elle est placée durant les premiers jours et portée jusqu'à la fermeture du palais secondaire ; elle peut être supprimée avant ce délai si l'enfant la rejette. Sa conception est différente suivant le protocole chirurgical et évolue selon les besoins.

Si la fermeture chirurgicale de la lèvre est effectuée en période néonatale, la plaque recouvre l'ensemble du palais, favorise la succion et évite les déformations secondaires. Si l'intervention est prévue à l'âge de 4-6 mois, la plaque obture la communication de la bouche et du nez, empêche l'interposition linguale à l'intérieur de la fente et améliore la nutrition. Dans tous les cas, si la fente est étroite, on peut ajouter un vérin sur l'appareillage pour assurer l'expansion d'un fragment.

Dans les formes bilatérales, le chirurgien choisit de fermer un côté puis l'autre, ou les deux à la fois. La plaque d'obturation de la communication bucco-nasale est donc changée à chaque étape opératoire.

Si le fragment médian antérieur est déplacé vers l'avant, il est possible de le rétracter préalablement à la première intervention, faite vers le quatrième mois : soit au moyen d'un dispositif fixé au palais sous anesthésie générale, trois semaines plus tôt, soit par un système élastique extra-oral appliqué à l'avant du fragment, avec appui occipital à l'arrière.

En denture temporaire, de 3 à 5 ans, il faut éviter l'aggravation d'un éventuel trouble de l'occlusion. Les mauvais contacts dentaires qui provoquent des glissements mandibulaires sont supprimés par meulages. Si l'appareillage est nécessaire, il est essentiellement d'expansion et fixe, le petit fragment étant situé à l'intérieur. Cette période de traitement est courte, six à neuf mois au plus.

À cet âge, toutes les parafonctions, comme les habitudes de succion du pouce, d'un doigt, d'une sucette ou l'interposition linguale, ont un effet néfaste sur le développement de la dentition. Il faut donc les dépister et pousser fermement l'enfant à les abandonner, en déployant toutes les ressources offertes par l'imagination pour lui proposer d'autres centres d'intérêt.

En dentition mixte, avec l'arrivée des dents de six ans, il faut souvent élargir l'arcade maxillaire afin de donner un espace plus important pour les mouvements de la langue : c'est une aide précieuse apportée à l'orthophoniste, en s'assurant que les appareillages orthodontiques n'entravent pas la rééducation de la phonation : il est essentiel que l'enfant acquière la maîtrise de la parole.

L'apparition des incisives définitives est parfois ressentie par l'enfant, et par les parents, comme un rappel de la malformation initiale. La dysplasie (anomalie du développement) de l'incisive centrale du côté de la fente, sa rotation et sa situation en arrière des incisives inférieures imposent souvent un traitement orthodontique. L'alignement antérieur est réalisé par un appareillage multi-attaches collé sur les dents temporaires et définitives. La lèvre supérieure, réparée par le chirurgien, doit être soutenue par un repositionnement correct des incisives. Par ailleurs, un bon engrènement des arcades dentaires obtenu durant cette période facilite les étapes ultérieures du traitement et favorise une croissance harmonieuse.

Sur la dentition mixte, il est indispensable d'agir vite, avec des systèmes peu encombrants. Les progrès de la technologie des matériaux, attaches et fils, permettent des poses rapides pour de courtes durées, de 6 mois à 1 an, renouvelables plusieurs fois en cas de besoin.

Si l'orthodontiste n'intervient pas, il importe de surveiller les éruptions dentaires afin de décider d'éventuelles extractions de dents temporaires, de choisir le moment opportun pour les gestes ponctuels et de motiver l'enfant pour l'hygiène et les soins dentaires : ceux-ci, précoces et associés à l'obturation préventive des sillons (rainures de la dent), sont en effet indispensables. Il faut éviter aussi la perte prématurée des dents temporaires, génératrice de migration des dents voisines. Inutile, néanmoins, de s'inquiéter d'un léger retard dentaire : chaque dent évolue à un âge moyen, les variations individuelles sont importantes et l'âge dentaire ne correspond pas forcément à l'âge civil ; l'éruption peut être tardive, mais normale.

D'autres protocoles thérapeutiques prévoient, vers l'âge de 10-12 ans, avant l'arrivée des canines définitives, une greffe osseuse secondaire au niveau de la fente. En ces cas, l'orthodontie ne débute qu'une année avant l'intervention, donc assez tardivement par rapport aux autres protocoles ; elle s'effectue au moyen d'un appareil d'expansion rapide et se poursuit jusqu'à l'établissement de la denture définitive.

En denture définitive, de 12 à 15 ans, l'importance des décalages squelettiques est estimée à l'aide de documents radiologiques ; on détermine alors si la correction est réalisable par l'orthodontie seule, sans l'aide de la chirurgie.

S'il existe une dysharmonie entre la dimension des dents et la taille des maxillaires, sa valeur est prise en compte dans le plan de traitement et l'on peut envisager l'extraction de certaines dents définitives. Les dents placées en situation ectopique par suite de perturbations éruptives sont tractées sur l'arcade, ce qui demande six à dix-huit mois ; leur extraction n'est pratiquée qu'exceptionnellement. Les décalages des arcades dentaires antéro-postérieurs, transversaux et verticaux, s'ils n'ont pas été déjà pris en charge ou s'ils ont récidivé, sont corrigés par un appareillage multi-attaches concernant toutes les dents.

Le repositionnement des maxillaires par la chirurgie est décidé quand le pronostic avec une correction orthodontique seule est défavorable. L'intervention est alors programmée pour la fin de la croissance : vers 16 ans chez la fille, 17 ans et demi chez le garçon. La préparation orthodontique débute douze à dix-huit mois auparavant, avec un multibagues qui aligne les arcades dentaires et leur donne des formes congruentes (adaptées l'une à l'autre). Les axes des dents sont modifiés, ce qui provoque une aggravation provisoire du décalage, mais permet au chirurgien de repositionner les arcades dentaires en bonne occlusion et les maxillaires dans le meilleur équilibre facial, afin d'obtenir stabilité et esthétique. Ensuite, l'orthodontiste améliore les contacts dentaires pour assurer la qualité du résultat.

Une contention est indispensable à la fin du traitement orthodontique, qu'il y ait eu chirurgie des maxillaires ou non. Même si le traitement a été correctement conduit, il existe des récidives limitées et il faut du temps pour s'assurer d'une bonne stabilité. Lorsqu'une incisive est absente au niveau de la fente, un appareil amovible, en résine ou en métal, sur lequel est fixée une dent de remplacement, est installé afin de conserver l'espace ; cette contention est portée jour et nuit pendant cinq à six mois, puis le jour seulement, jusqu'à la réalisation, en fin de croissance, d'un bridge (prothèse fixe, en forme de pont). Ces dispositifs sont renforcés par des attelles collées sur les faces palatines des dents pour éviter la réapparition de leur rotation.

La reconstitution prothétique par le bridge ou par simple couronne sert de contention transversale. Son retentissement esthétique et occlusal étant important, il est indispensable de rechercher la plus grande qualité. On doit toutefois signaler que cette restauration finale, onéreuse, n'est pas prise en charge totalement par les assurances.

Les principes et les techniques de l'orthodontie, chez les enfants porteurs de fente, sont les mêmes que chez les autres patients, mais le contexte est plus délicat et le suivi beaucoup plus long. Pour garantir l'efficacité des soins, le praticien met en œuvre tous les moyens techniques dont il dispose, mais il doit pouvoir compter sur le soutien affectif des parents, qui s'avère déterminant pour la réussite du traitement.

La main

JULIEN GLICENSTEIN

DIRIGÉ VERS LE VISAGE DU NOUVEAU-NÉ, le premier regard des parents l'identifie et cherche en lui la filiation et la ressemblance. Le second regard est empreint d'inquiétude : le bébé est-il complet, a-t-il tous ses doigts et ses orteils ? En effet, 6 à 7 % des enfants naissent avec une anomalie congénitale, visible ou non, et quelques-uns avec des anomalies multiples.

Un enfant sur 600 naît avec une malformation souvent mineure du membre supérieur ou de la main, n'altérant pas la fonction. Dans quelques cas cependant, un sur dix, l'anomalie est inesthétique (dysmorphose) ou diminue même les possibilités d'utilisation du membre. Cette situation est imputable à trois sortes de mécanismes :

– *un mécanisme malformatif*, à l'origine d'un mauvais développement des tissus de l'embryon ; de nombreux facteurs sont alors en cause : anomalie génétique, trouble du métabolisme... ;

– *une déformation*, d'origine interne ou externe : destruction par obstruction d'un vaisseau sanguin, compression par un élément extérieur au fœtus ;

– *une perturbation* causée par une infection, un traumatisme ou un médicament. Cette dernière éventualité a été dramatiquement illustrée dans les années soixante par l'apparition de nombreuses malformations des membres chez des enfants dont la mère avait absorbé de la thalidomide au début de la grossesse.

Un enfant sur 200 naît avec des malformations multiples causées par une anomalie affectant le patrimoine héréditaire, c'est-à-dire une altération susceptible de se transmettre selon les lois de la génétique d'une génération à l'autre, ou chez un autre enfant du même couple. Lorsque les anomalies affectent non seulement la main, mais la face ou un viscère comme le cœur, il est indispensable de consulter un généticien – bien que, dans la plupart des cas, le chirurgien puisse établir, dès la première consultation, si l'anomalie est accidentelle, génétique, c'est-à-dire familiale, ou chromosomique.

Un chef-d'œuvre de la nature

La main du nouveau-né, si petite, si fine, si fragile, serrant le doigt qui la stimule, est un des chefs-d'œuvre de la nature. Son élaboration a été longue, sa fabrication n'a duré que quelques semaines. Elle n'est utilisable qu'un an après la naissance.

Une longue histoire

L'histoire de la main débute il y a 350 millions d'années, à la période dévonienne, avec l'apparition de poissons à nageoires palmées, ou *crossoptérygiens* ; ces nageoires dessinent deux plis cutanés qui parcourent la région ventrale du corps. Ensuite, à partir de ce double pli, se forment deux excroissances dans les régions abdominale et thoracique, qui donneront les nageoires paires des poissons primitifs. Lorsque les poumons remplacent les branchies, les nageoires se transforment en organes aptes à la déambulation.

Dès l'apparition des tétrapodes et des reptiles primitifs, la structure des membres est déterminée : humérus, cubitus, radius, os carpiens et os distaux ébauchant des doigts. Le nombre et la longueur des segments osseux diffèrent de ceux de la main humaine, mais son architecture y est déjà contenue.

Pendant les dizaines de millions d'années de l'évolution des vertébrés, des modèles de membres assez différents apparaissent, adaptés à des fonctions précises : déambulation, prédation (griffes), vol (ailes), reptation.

Le membre supérieur se modifie dans les différentes espèces en s'adaptant aux conditions de survie locales : il devient aile chez la chauve-souris, patte qui écrase et tue chez les carnivores, nageoire du dauphin, sabot du cheval, patte excavatrice de la taupe, et surtout organe aux multiples usages chez l'homme. Une étape supplémentaire est franchie avec la transformation du pouce qui change de position, ce qui bouleverse et accroît ses possibilités fonctionnelles. L'opposition du pouce s'est individualisée chez les primates en trois étapes successives : rapprochement du pouce contre la paume (adduction), écartement (abduction, antépulsion) et rotation (pronation), amenant la pulpe du pouce face à celle des autres doigts.

Fonctions de la main et développement du cerveau ont évolué parallèlement. Le zinjanthrope, qui vivait il y a un million d'années, pouvait fabriquer des outils, mais n'avait qu'un petit cerveau de 600 cm^3 environ. Les capacités d'utilisation de la main s'accroissent progressivement chez les ancêtres de l'homme actuel, comme le volume du cerveau.

Calendrier de fabrication

Vingt-six jours après la fécondation, alors que l'embryon n'a que 4 millimètres de long, un petit bourgeon apparaît de chaque côté du tronc, précédant de vingt-quatre heures celui qui va donner le membre inférieur. Ce bourgeon se développe rapidement, forme le bras et l'avant-bras qui apparaissent avant la main ; celle-ci ressemble d'abord à une palette. Dès le trente-sixième jour, la main est segmentée ; les trois doigts du milieu se forment d'abord, puis les doigts latéraux quelques jours après. Dix à douze jours plus tard, les doigts sont déjà bien différenciés et le pouce diverge du reste de la main. La formation et l'allongement des doigts sont induites par une couche cellulaire qui recouvre la palette (crête ectodermique apicale) : à cinq endroits, le tissu profond, ou mésenchyme, se développe et le doigt grandit ; entre ces noyaux ectodermiques, un processus programmé de destruction cellulaire permet la séparation. Une anomalie de l'un ou l'autre de ces processus (induction mésenchymateuse, mort cellulaire) est à l'origine d'une malformation (absence de doigt, doigt supplémentaire ou dédoublé). Le squelette du membre se différencie à partir d'ébauches cartilagineuses ; les muscles apparaissent aussi *in situ*.

Au quarante-huitième jour suivant la conception, tout le squelette de la main – à l'exception des troisièmes phalanges – est en place. Au cinquantième jour, la différenciation des éléments de la main est terminée. Les pièces osseuses, d'emblée séparées, se réunissent par des articulations ; les plis de flexion des doigts et de la paume s'impriment avant les mouvements des doigts, qui apparaissent dès que les muscles sont présents.

À la huitième semaine de la vie intra-utérine, la main est formée. Seuls se développent encore les mouvements, la myélinisation des nerfs qui dure jusqu'à l'âge de 2 ans, les ongles qui n'atteignent le bout des doigts que chez l'enfant à terme. La main grandit, le squelette s'ossifie avant et après la naissance.

Dès la septième semaine de la vie intra-utérine, le squelette cartilagineux de la main commence à s'ossifier. Le processus se déroule selon un calendrier précis et complexe. Les phalanges et les métacarpiens sont ossifiés avant le carpe ; lorsqu'une main est malformée, il existe habituellement un retard d'ossification sur le côté sain.

La taille de la main augmente rapidement pendant les quatre premières années de la vie. Sa longueur double pendant les deux premières années, et double encore jusqu'à la fin de la croissance (16 à 17 ans chez le garçon, 15 à 16 ans chez la fille).

Fonctions de la main

L'adulte n'a pas, sans réflexion, conscience des différentes fonctions de sa main : il lui semble qu'il a toujours pu les utiliser. Certes, taper à la machine, jouer du piano, voire simplement faire des nœuds, nécessitent un apprentissage, mais les différents actes de la vie quotidienne sont assimilés presque automatiquement. L'enfant atteint d'une malformation de la main – si celle-ci n'est pas trop importante – s'adapte avec une remarquable facilité, que l'on ne peut comprendre qu'en sachant l'importance de la projection de la main, au niveau des circonvolutions cérébrales. L'ensemble cerveau-main est indissociable. Les organes des sens, capteurs spécialisés de la douleur, du chaud et du froid, envoient des informations au cerveau par l'intermédiaire des nerfs sensitifs ; les ordres du cerveau sont transmis aux nerfs moteurs qui provoquent les différents mouvements des doigts, en particulier les prises. La prothèse la plus perfectionnée renvoie moins d'informations au cerveau qu'une main malformée ou mutilée : chez certains blessés de guerre, aveugles et mutilés des deux mains, la prothèse interdit toute vie active et leurs moignons sensibles, employés pour la préhension, s'avèrent beaucoup plus utiles.

Les enfants malformés ayant toujours un revêtement cutané sensible et des récepteurs cérébraux adaptés à leur malformation, il n'y a pas de gêne fonctionnelle importante dans la plupart des cas. Seules les anomalies bilatérales ou très étendues viennent perturber considérablement la vie sociale et la fonction :

– à la naissance, l'enfant n'attrape rien volontairement, mais il serre la main au contact d'un objet (réflexe de *grasping*) ;

– à 3 mois, il essaye d'attraper, mais la prise volontaire n'est possible qu'au contact ; elle se fait, poignet fléchi, avec la partie cubitale de la main, sans utilisation du pouce, et ce sont les trois derniers doigts qui serrent le plus fort ;

– à 4 mois apparaît la première prise volontaire : après contact, la main se referme sur l'objet et le rapproche du corps ou de l'autre main ; le pouce n'est toujours pas utilisé ;

– au cinquième mois, la prise s'améliore (prise palmaire) ; l'objet est tenu avec les doigts et le pouce rapproché ;

– au septième mois, le pouce se place en opposition, le poignet en rectitude ; l'objet est toujours serré par les doigts ;

– au huitième mois, la prise digitale se fait par le bout des doigts ;

– au neuvième mois, le poignet se redresse ;

– à 10 ou 12 mois, l'enfant pince l'objet entre le pouce et les pulpes de deux doigts, et peut le jeter.

L'enfant porteur d'une malformation de la main modifie les schémas de préhension. L'utilisation de la main a plus d'importance que la forme anatomique. L'étude des prises est particulièrement importante :

– *dans la prise de force*, l'objet est serré entre les doigts repliés et la paume, la contrepression étant assurée par le pouce en adduction (rapproché des autres doigts) ;

– *dans la pince latérale*, l'objet est tenu entre la pulpe du pouce et la face latérale de l'index ;

– *les pinces de précision* se font avec le bout des doigts, la *pince palmaire* entre la pulpe du pouce et de l'index (ou du médius), la *pince distale* entre les extrémités pulpaire ou inguéale des doigts ; les doigts se répartissent autour des gros objets cylindriques et ronds ;

– enfin, *la pince en crochet*, où l'objet est soutenu par les doigts repliés, avec ou sans utilisation du pouce, est une forme de préhension plus grossière.

L'activité de la main ne se limite pas aux prises : mouvements de frappe (piano...), mouvements complexes, avec contrôle de la direction, de l'intensité, de la vitesse (écriture...).

La consultation

Dès qu'ils ont constaté une malformation légère ou importante, les parents souhaitent consulter un ou plusieurs spécialistes, chez lesquels l'enfant est amené quelques jours après sa naissance.

La première question qu'ils posent est : "Pourquoi ?" S'agit-il d'une anomalie héréditaire, transmissible ? Résulte-t-elle d'une "faute" commise pendant la grossesse (prise de médicament, radiographie, contrariété...) ? Le chirurgien doit faire preuve alors de douceur et de sincérité. Inutile de se lancer dans une explication trop technique qui ne ferait qu'accroître la détresse des parents. Le plus souvent, ceux-ci connaissent déjà les anomalies transmissibles pour en avoir observé chez divers membres de la famille ; en ce cas, l'anomalie est acceptée comme un signe de reconnaissance, en particulier par le père lorsqu'il est atteint de la même malformation. Le contexte est différent s'il n'existe aucun précédent familial et si l'anomalie risque de se reproduire – ou se reproduit, chez un autre enfant du couple : celui-ci est alors remis en cause dans sa finalité, dans sa capacité de reproduction.

Même si le chirurgien, appuyé sur son expérience, affirme que l'anomalie est accidentelle et qu'elle n'a que très peu de chances de se reproduire, il est difficile de rassurer complètement des parents anxieux, peu enclins à tenter l'aventure d'une nouvelle grossesse. Par ailleurs, si l'anomalie est définie comme accidentelle, d'autres questions apparaissent : quelle erreur a été commise pendant la grossesse ? Est-elle imputable aux autres, au médecin qui a prescrit des médicaments ou une radiographie au début de la grossesse, à l'entourage ou à la future mère – chute, effort, fatigue, frayeur ? Ces causes supposées sont très souvent évoquées, mais jamais établies. Parmi les médicaments susceptibles d'exercer une action tératogène, seule la thalidomide, utilisée au début des années soixante aux États-Unis, au Canada et en Allemagne comme tranquillisant au début de la grossesse, a été responsable d'une véritable épidémie de malformations des membres, mais elle n'a pas été prescrite en France. À l'heure actuelle, aucun autre médicament ne peut être incriminé.

Que faire pour l'enfant ? Il existe de nombreux types de malformations de la main, certaines isolées, d'autres associées à des anomalies situées sur le même membre ou dans d'autres parties du corps, atteignant une seule main ou les deux. Les unes ne nécessitent aucun traitement, d'autres sont justiciables d'une intervention qui ne laisse que peu de traces, d'autres enfin resteront, avec ou sans opération, très inesthétiques. Néanmoins, si l'on excepte les malformations sévères, heureusement rares, les nouveau-nés atteints d'anomalies de la main ne sont pas handicapés. Dans la plupart des cas, on peut annoncer que l'enfant, avec ou sans l'aide de la chirurgie, utilisera ses mains pour tous les actes de la vie quotidienne. Une telle affirmation se heurte souvent à une réaction de scepticisme, voire d'hostilité chez les parents, qui ressentent un sentiment d'injustice, de frustration, et demandent réparation.

Quand et comment peut-on agir ? Habituellement, les parents souhaitent une opération très précoce, si possible unique et reconstructrice. Il faut donc, dès la première consultation, expliquer que la main ne sera jamais strictement identique, dans sa forme ni dans son fonctionnement, à ce qu'ils considèrent comme une main normale. Lorsque l'anomalie est importante et la main absente, en totalité ou en partie, les parents demandent souvent s'il est possible de greffer la main d'un enfant mort, comme on greffe maintenant un foie, un rein ou un cœur. Mais une telle demande ne traduit que la surinformation sélective fournie par les médias sur les possibilités de la médecine : les transplantations permettent bien de garder en vie des personnes atteintes d'une maladie mortelle, mais c'est au prix d'un traitement astreignant et même dangereux qu'il n'est pas question de prescrire pour une anomalie fonctionnelle, si disgracieuse soit-elle. De plus, ce type d'intervention est impossible car lorsqu'une main est peu ou pas développée, les tendons, les muscles, les vaisseaux sanguins et les nerfs, qui normalement lui permettent de fonctionner, n'existent pas. Enfin, comment pourrait être psychologiquement acceptée une main provenant d'un enfant mort ?

Le chirurgien ne peut accepter ce rôle de “recréateur”. Le miracle existe néanmoins : il ne consiste pas en une intervention spectaculaire, mais en l'adaptation remarquable de l'enfant à son anomalie.

L'examen permet souvent d'établir que la gêne fonctionnelle est faible et que l'enfant pourra utiliser sa main dans la plupart des actes de la vie courante : boutonner et déboutonner ses vêtements, tenir sa fourchette et son couteau, porter son verre à la bouche, procéder seul à sa toilette intime... L'enfant présenté comme handicapé est habituellement très habile : il adapte son mode de préhension, modifie ses prises, utilise au mieux les paumes, les poignets, les coudes.

L'enfant est moins gêné lorsque la malformation est unilatérale, mais l'atteinte des deux membres supérieurs est beaucoup plus invalidante s'il ne peut porter la main à la bouche ou à l'anus. Les anomalies majeures nécessitent la mise en place de *prothèses*, qui sont de deux sortes :

– les prothèses fonctionnelles sont destinées aux malformations très importantes ; bien que de plus en plus perfectionnées, elles posent des problèmes techniques qui sont loin d'être résolus en raison de leur absence de sensibilité tactile et de l'extrême difficulté à créer des mouvements fins et délicats ;

– les autres prothèses, destinées à masquer le membre anormal, présentent un aspect saisissant : la simulation d'un membre, d'une main, est réalisée de manière étonnante ; mais elles sont immobiles et insensibles et doivent être remplacées au fur et à mesure de la croissance. Enfin, les enfants ne les tolèrent pas et les enlèvent pour leurs jeux...

L'intervention chirurgicale

Les modalités de l'intervention doivent être soigneusement discutées avec les parents qui, surtout s'il s'agit d'un premier enfant, ne sont pas préparés à affronter une anomalie corporelle dont ils souhaitent la correction et la disparition le plus rapidement possible. Il revient au chirurgien d'expliquer avec patience que l'intervention – le plus souvent *les* interventions – ne permettra pas de "gommer" entièrement l'anomalie : son but consiste à donner à l'enfant les meilleures possibilités fonctionnelles, tout en améliorant aussi l'aspect de la main. Les parents, déjà inquiets de la souffrance du nourrisson, sont particulièrement réticents à l'idée d'un prélèvement sur une autre partie du corps (os, peau, orteil...), qu'il faut justifier.

Il existe un grand nombre d'anomalies de la main. Certaines ne sont pas justiciables d'une intervention chirurgicale, d'autres sont opérées une ou plusieurs fois, parfois dès les premiers mois de la vie. Jusqu'au dix-neuvième siècle, les ouvrages médicaux ne les mentionnaient que rarement et, le cas échéant, se bornaient à les décrire comme des bizarreries de la nature. Geoffroy Saint-Hilaire, le premier à se pencher sur ces anomalies, leur donna des noms construits à partir de racines grecques ou latines, comme *phocomèle* (membre de phoque), *syndactylie* (doigts accolés)... Cette terminologie, outre son caractère parfois déplaisant, ne permettait pas d'établir la classification indispensable pour comprendre les mécanismes en cause et comparer les résultats des traitements.

Si l'origine des malformations est parfois élémentaire, elle reste souvent mystérieuse, d'autant que plusieurs anomalies peuvent s'associer pour former un ensemble à chaque fois différent. La Fédération internationale des Sociétés de Chirurgie de la Main a défini les bases d'une terminologie descriptive et classé les anomalies en 7 catégories :

– *défaut de formation des parties* : une partie du membre ne se développe pas, dans le sens transversal ou longitudinal. Dans le premier cas, il en résulte une amputation congénitale qui peut affecter le doigt, la paume, l'avant-bras, voire le bras entier ; dans le second, un segment osseux est absent et l'on a affaire à une *main bote*, radiale si le radius est déficient, cubitale s'il s'agit du cubitus ; l'aplasie peut atteindre la partie centrale de la main ;

– *défaut de différenciation des parties* : on trouve dans ce groupe les fusions osseuses et l'absence de séparation des doigts (syndactylie) ;

– *duplication* : il existe un ou plusieurs doigts supplémentaires (polydactylie). En fait, il ne s'agit pas de doigts complets, avec toutes leurs fonctions, mais plutôt de dédoublement de certaines structures ; l'anomalie atteint le plus souvent le pouce ou le petit doigt ;

– *hypertrophie* : une partie du membre, voire la totalité, est développée de manière anormale (gigantisme) ;

– *défaut de développement* : il peut toucher l'ensemble du membre ou seulement une partie, en particulier la main ou les doigts (hypoplasie) ;

– *sillons constrictifs ou amniotiques* : cet ensemble d'anomalies, contrairement aux précédentes, n'est pas lié à une atteinte génétique et frappe le fœtus déjà formé ; l'étiologie le plus souvent admise est la formation de dépôts dans le liquide amniotique, à l'origine de sillons et d'amputations ;

– *anomalies squelettiques complexes*.

Les anomalies congénitales les plus fréquentes sont les syndactylies et les polydactylies.

La première consultation, si importante pour les parents, l'est encore davantage pour l'enfant. Le nourrisson ne doit pas être considéré comme un objet : les gestes, la voix du chirurgien sont un premier contact. En tenant l'enfant, en lui parlant, on ébauche une relation qui, si elle se noue, va durer longtemps et prendre quelquefois une tournure passionnelle. Beaucoup de choses sont dites alors, mais les parents désorientés, en quête du "meilleur" médecin capable d'effacer la blessure, n'en retiennent qu'une faible partie.

La consultation est répétée quelques mois plus tard, après que l'enfant a été examiné par d'autres chirurgiens. Le choix du praticien n'est pas toujours rationnel : les parents se décident à faire opérer leur enfant par celui qui propose l'intervention la plus précoce, ou qui semble maîtriser le mieux les techniques de pointe, ou qui a la plus grande expérience, ou qui exerce ses talents dans le centre de soins le plus accueillant...

La consultation doit s'achever en expliquant aux parents que leur enfant n'est pas le seul, que d'autres ont grandi avec la même anomalie ;

la rencontre, dans la salle d'attente, d'enfants opérés qui utilisent leur main avec adresse aide beaucoup les parents à accepter l'intervention.

La famille, puis le petit enfant attendent beaucoup de la chirurgie, mais les résultats ne sont parfois pas à la hauteur de leurs espérances. Par la suite, il arrive que, dans l'esprit de l'enfant, la toute-puissance du chirurgien se transforme en incapacité : l'intervention introduit une rupture dans la continuité harmonieuse de son existence, et n'aboutit souvent qu'à une déception à la mesure des espoirs secrètement entretenus. Or la finalité de la chirurgie est la création d'une main plus harmonieuse et plus utile.

Une observation personnelle vient illustrer le décalage entre la bonne volonté du praticien et le désir de l'opéré. J'avais opéré un enfant chez lequel l'absence du médius, ou *fente médiane*, créait une main très disgracieuse, "en pince de homard", et dont le père était porteur de la même anomalie : bien que n'ayant jamais été opéré, il se servait très bien de ses mains et se montrait réticent à l'idée de recourir à la chirurgie pour son fils. L'intervention eut lieu néanmoins, sous la pression de la mère, et le résultat fut, médicalement parlant, très satisfaisant. L'enfant revint régulièrement, en compagnie de sa mère, et je pris des photographies montrant qu'il utilisait "normalement" sa main pour écrire et dessiner. Par la suite, les parents ayant divorcé, je le revis cette fois en compagnie de son père et, en le regardant dessiner, je constatai qu'il utilisait son crayon comme lui, entre les doigts du milieu, et non entre le pouce et l'index, comme il me le montrait en présence de sa mère. Il souhaitait faire plaisir aux uns et aux autres, mais quelle était sa "vraie" main, celle du père ou celle du chirurgien ?

À l'issue des interventions, il faut que l'enfant puisse mener une vie normale. Or dès les premiers contacts avec la société, à la crèche, à l'école, il est l'objet de la curiosité de ses compagnons de jeu. Il revient alors aux parents de lui expliquer que, même s'il est différent des autres enfants, il peut faire les mêmes choses qu'eux. Si tel n'est pas le cas, si l'enfant a besoin d'aide pour manger ou aller aux toilettes, la situation est tout autre : il importe alors de dénouer cette dépendance avant l'école primaire. Le premier moment d'étonnement passé, les petits camarades admettent la différence et, très vite, l'enfant prend le parti de dissimuler son anomalie tout en manifestant une gestuelle si naturelle qu'elle finit par passer inaperçue.

La piscine, l'éducation physique sont des moments difficiles. Les enseignants ont alors un rôle très important auquel ils sont malheureusement mal préparés, ce qui les fait souvent naviguer entre l'hyperprotection (interdiction des jeux, de la récréation) et la démission pure et simple (refus d'assumer une quelconque responsabilité à cause du risque d'accident). À cette approche maladroite, l'enfant répond par une application extrême : c'est souvent lui qui écrit ou qui dessine le mieux dans sa classe, qui joue le mieux au ballon. Cela, le chirurgien peut le prédire aux parents incrédules dès la première consultation.

L'adolescence est une nouvelle période difficile. Néanmoins, plusieurs de mes anciens opérés sont revenus me voir à l'âge adulte et m'ont confié qu'en dépit de malformations souvent importantes, ils avaient réussi à surmonter toutes les difficultés. L'un d'eux n'avait qu'une seule main, ce qui ne l'empêchait pas de jouer très bien au tennis : pendant qu'il lançait la balle, il plaçait la raquette sous son bras atteint, puis, en une fraction de seconde, il la reprenait pour frapper avec précision. Un autre, qui n'avait aucun doigt, n'en était pas moins devenu un excellent pianiste de jazz, utilisant ses moignons avec une telle précision et une telle rapidité que nul ne s'en apercevait. Quant aux relations amoureuses, elles posent sans doute plus de problèmes aux jeunes filles qu'aux garçons : celles-ci cherchent davantage à dissimuler leur disgrâce et souhaitent souvent recourir à une prothèse.

Enfin, le regroupement dans des associations est parfois nécessaires. Dans certaines affections génétiques atteignant les mains ou d'autres parties du corps, les parents sont souvent mieux documentés que la plupart des médecins. Ils échangent des informations pratiques, se tiennent au courant des progrès de la recherche et de la thérapeutique. Les associations présentent cependant un inconvénient majeur, qui est de placer les familles dans un milieu fermé, restreint : or l'enfant doit vivre avec d'autres enfants, l'adolescent doit être indépendant.

Principales malformations

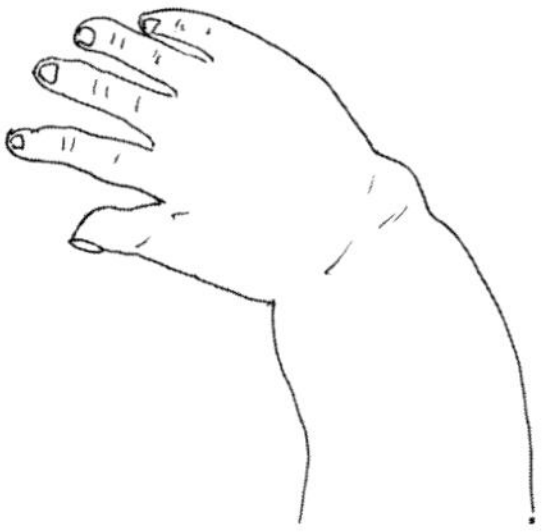

Figure 1 : Main bote.
L'un des os de l'avant-bras, ici le radius, ne s'est pas développé : la main est inclinée sur le poignet, l'avant-bras est plus court. La correction de cette anomalie, difficile à réaliser, consiste à placer la main dans le prolongement de l'avant-bras qui peut, dans certains cas, être allongé progressivement.

Figure 2 : Absence de développement du pouce.
Ce défaut est souvent associé à une main bote. Lorsque le pouce est absent, ou réduit à un fragment dépourvu de structures normales, la prise des objets se fait entre deux doigts, sans la précision de l'opposition. Le défaut est compensé en déplaçant et diminuant la longueur de l'index, transformé en pouce (pollicisation) ; la main opérée retrouve une meilleure fonction et un aspect plus harmonieux.

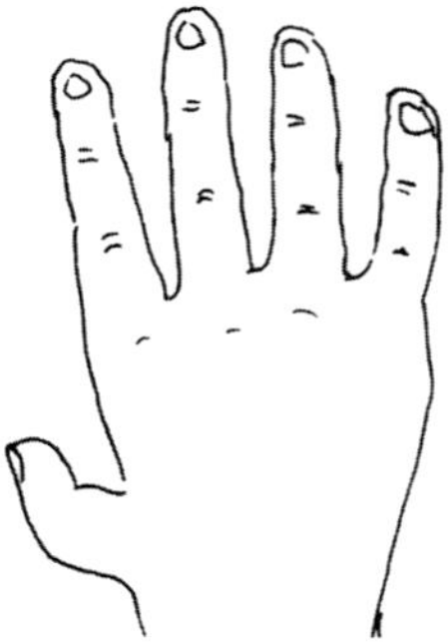

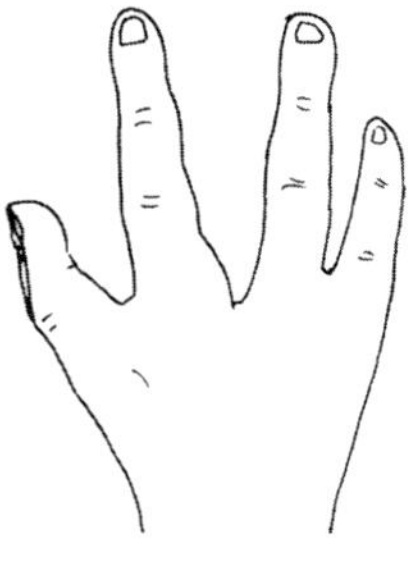

Figure 3 : Absence d'un doigt.
L'enfant utilise sa main normalement, en répartissant les fonctions entre les doigts restants. Si le doigt manquant est le médius, le rapprochement des doigts adjacents rend la main plus harmonieuse.

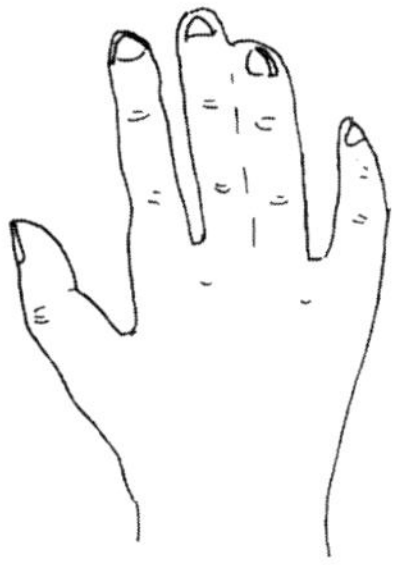

Figure 4 : Accolement d'un ou plusieurs doigts.
La syndactylie empêche d'écarter les doigts ou d'enfiler des gants. Cette anomalie, qui doit être corrigée par la chirurgie le plus tôt possible (dès l'âge de 9 mois, dans certains cas), nécessite habituellement une greffe de peau.

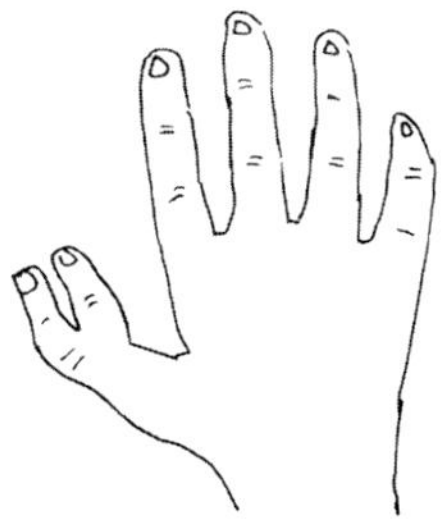

Figure 5 : Pouce dédoublé.
Il ne s'agit pas d'un doigt supplémentaire, mais d'une duplication du pouce. On utilise les éléments des deux fragments pour reconstruire un pouce unique.

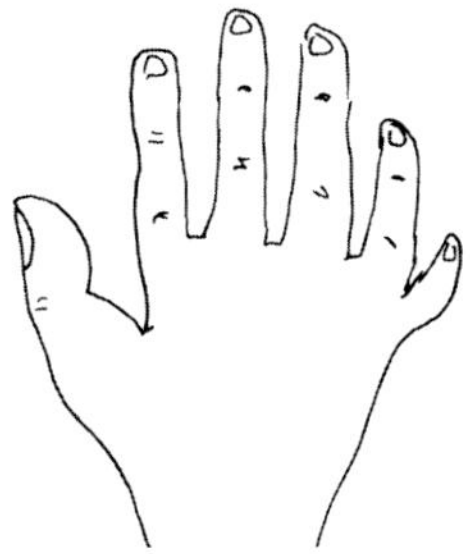

Figure 6 : Polydactylie.
On observe un petit doigt supplémentaire, souvent rudimentaire et relié à la main par un cordon. Cette anomalie minime, très fréquente aux Antilles, peut être corrigée dès la naissance.

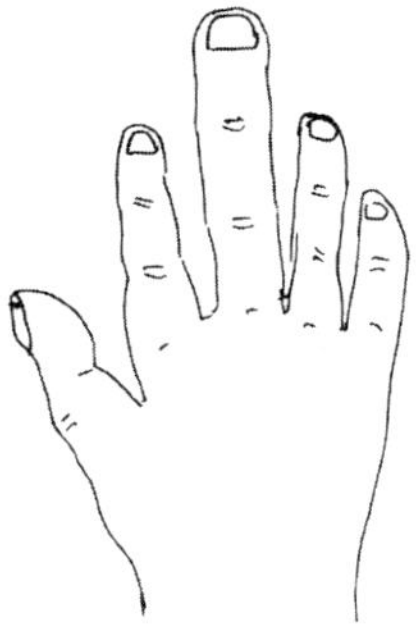

Figure 7 : Développement exagéré.
L'augmentation de la taille d'un doigt (mégalodactylie) ou de toute la main est une malformation congénitale très rare et difficile à traiter, car le doigt atteint est souvent peu mobile.

Figure 8 : Développement insuffisant.
Chez les enfants nés avec des doigts très peu développés, on peut envisager un transfert par microchirurgie d'un ou deux orteils destinés à remplacer les doigts absents. En fait, cette intervention est rarement effectuée car l'adaptation de l'enfant est souvent remarquable.

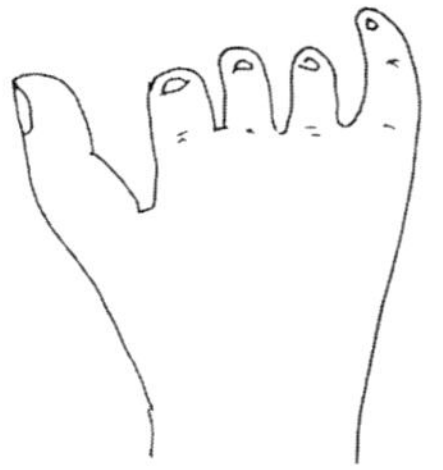

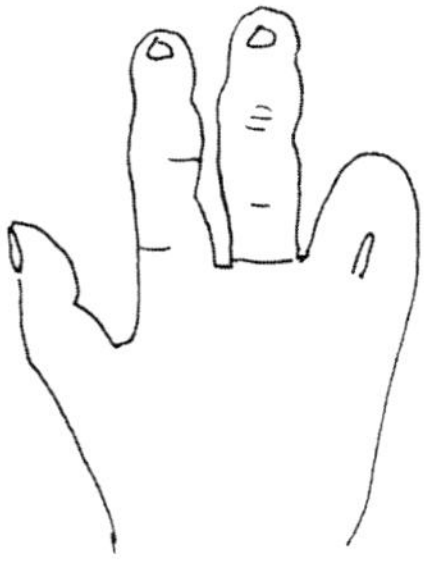

Figure 9 : Maladie des sillons congénitaux (ou brides amniotiques).
Cet accident congénital atteint le fœtus déjà formé. Il associe plusieurs anomalies : syndactylie, amputation de doigts ou sillons formant des dépressions sur les doigts et les membres. L'adaptation fonctionnelle des enfants est excellente.

Figure 10 : Camptodactylie.
L'un des doigts, habituellement le petit doigt, ne peut s'étendre complètement. Cette anomalie, apparue dès la naissance ou vers l'âge de 10 ans, peut être compensée, quand elle s'avère gênante, par la chirurgie ou le port d'attelles.

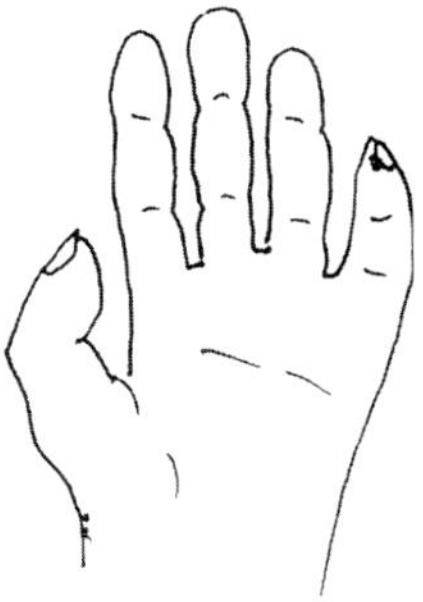

Figure 11 : Pouce à ressaut.
Il s'agit d'une anomalie bénigne, résultant d'un défaut de mobilité du tendon qui plie le pouce. La guérison complète est obtenue par de simples manipulations, voire une petite intervention chirurgicale.

La tempête apaisée

ANNE-MARIE RAJON

À propos de Jules et de quelques autres...

Jules promettait sans aucun doute d'être le garçon vigoureux que ses parents attendaient. Mais au moment de l'accouchement, au terme d'une grossesse normale, on découvre qu'il est porteur d'une fente labio-palatine. Quand elle évoque ce moment, sa mère parle d'abord du changement d'atmosphère qui s'est installé soudain dans la salle de travail : le brouhaha joyeux s'est transformé en silence pesant, la malformation venait d'être découverte... La maman se souvient aussi de l'indicible horreur qui s'est emparée d'elle à la vue du nouveau-né, qui lui paraissait monstrueux ; elle raconte sa répulsion instinctive, sa douleur de ne pouvoir la vaincre, sa souffrance de ne pas arriver à prendre le bébé dans ses bras malgré l'aide des sages-femmes. Elle évoque ensuite les paroles apaisantes de l'accoucheur qui, en recousant la plaie de l'épisiotomie, lui a parlé des possibilités de la chirurgie réparatrice. Longtemps après, parlant encore du mouvement de rejet qu'elle a éprouvé devant son enfant, elle avoue : “À ce moment-là, si j'avais été une bête, je l'aurais tué.” Pourtant, dans la nuit qui suivit la naissance, alors l'angoisse et la détresse se disputaient son cœur, elle se leva, regarda longuement le nouveau-né qui dormait dans son berceau et pensa que, quoi qu'il arrive, quels que soient les résultats de la chirurgie, tout cela n'aurait pas d'importance : cet enfant était le sien.

La découverte d'une malformation provoque toujours, chez les parents, des réactions dont la violence force l'attention. Ces manifestations ne sont que l'envers de l'attachement si singulier qui se noue entre parents et enfant, dû pour l'essentiel à la complexité des liens qui les unissent, tissés de ressemblances et de différences. Dans le lien de ressemblance, les parents considèrent le nouveau-né comme un double d'eux-mêmes, une sorte de prolongement. Cet enracinement constitue un nœud indispensable qui leur permet de s'attacher au bébé et de se reconnaître en lui. Il renvoie à l'amour de soi, à ce que l'on appelle *amour-propre* ou encore *amour narcissique.* L'amour-propre est le sentiment qui permet à chacun d'aimer ce qu'il est, ce qu'il a été et ce qu'il voudrait être. C'est un amour complexe et fragile, souvent prompt à se remettre en question et à demander réparation. Dans l'usage courant, le terme d'*amour-propre* a une tonalité péjorative, on l'emploie souvent pour parler de l'amour exclusif de soi-même ; cette disposition n'est cependant qu'une déviance du lien indispensable qui permet à chacun de s'attacher à l'autre et de se reconnaître en lui. L'amour narcissique est le nœud indestructible et inaltérable qui arrime un père et une mère à leur enfant, c'est la "peau commune" dans laquelle ils sont cousus ensemble. Même si, par la suite, les parents doivent le distendre pour que l'enfant acquière sa personnalité, ce nœud restera pendant toute la vie un ingrédient fondamental de leur attachement. En même temps que le lien narcissique s'installe un amour désintéressé, c'est-à-dire un amour plus intéressé par la différence que par la similitude, par l'autre que par soi : reconnaître progressivement dans l'enfant un être nouveau, distinct, est une source d'étonnement mais aussi de joie – et parfois de désarroi, car trop de différence peut dérouter et blesser. Ces deux formes d'amour ne sont pas antagonistes ; elles sont au contraire inséparables, se nourrissant l'une de l'autre et finissant par se fondre en un lien unique. C'est par le va-et-vient constant entre l'émerveillement de la similitude et l'étonnement de la différence que s'édifie progressivement l'identité d'un être.

L'apparition d'une malformation met à mal cette dynamique, brouillant de façon tumultueuse ce va-et-vient ; elle crée un écart irréductible entre l'enfant rêvé et l'enfant réel. Les liens d'identification sont rompus, l'étape de reconnaissance par similitude est supprimée. Pour les parents, l'anomalie est la représentation la plus inacceptable de l'altérité de l'enfant. Le rêve est anéanti, et tout projet interrompu. Devant ce drame surgit une douleur intense, signe d'une blessure profonde, qui va désorganiser les parents et rendre impossible pour un temps, et quelquefois pour toujours, la reconnaissance de l'enfant.

Pour aller plus loin dans la compréhension de ces réactions, il suffit de laisser la parole aux parents. L'histoire de Jules, dont la malformation a été découverte à la naissance, n'est qu'un exemple parmi d'autres. Tous les parents sont confrontés à une réaction de rejet vis-à-vis d'un nouveau-né aussi peu conforme à leurs désirs. "Tout s'arrête, dit une autre mère en parlant de sa fille née avec une malformation de la main. Je n'ai plus rien, je ne suis plus rien... Je ne veux pas m'en occuper... Je ne me sens plus ni fille, ni femme, ni mère, je ne suis plus rien..." Un autre couple avoue : "On a voulu mourir et que notre fille meure avec nous..."

La même douleur, la même violence s'expriment devant une anomalie découverte pendant la grossesse. "Ce jour-là, dit une mère, il m'est passé de tout par la tête... me foutre en l'air, m'avorter, accoucher et abandonner le bébé...", et elle ajoute : "Ces idées arrivent avant que je ne m'en aperçoive... Ça me fait mal de penser des choses comme ça, de dire des choses comme ça..." Une autre confesse : "J'ai tant désiré cette grossesse... et maintenant j'ai honte, honte de mes pensées : je souhaite que tout s'arrête, qu'il lui arrive quelque chose, qu'il meure ..." Et aussi : "En écoutant l'échographiste, j'ai pensé : il y a quelque chose qui ne va pas, l'examen dure trop longtemps. Puis tout à coup, ça a été l'horreur, l'horreur ... Le lendemain, je suis allée voir l'obstétricien, je lui ai dit : *Ce n'est pas possible, on arrête tout, je ne peux pas subir ça...* Puis, il y a eu les nuits blanches, l'impossibilité de penser à autre chose, de sourire...".

À la détresse suscitée par ces vœux de mort s'ajoute la peur d'avoir à assumer un enfant que l'on imagine souvent monstrueux. Une mère avoue dans un souffle : "Depuis que je sais qu'il a une division labio-palatine, je me cache, j'ai honte ; depuis deux mois, nous n'avons vu personne. Je ferme ma porte ; je n'aime pas qu'on me parle de cette grossesse, de ce bébé. Je ne peux plus poser la main sur mon ventre, j'ai arrêté tous les préparatifs... Nous ne cherchons plus de prénom... On ne sait plus comment l'appeler..." Écoutez encore les réflexions de cette mère, quelques semaines après la découverte à l'échographie d'une malformation faciale du fœtus : "L'accouchement me fait peur... Je ne sais pas comment je vais réagir quand on va me mettre le bébé sur le ventre... La tête qu'il va avoir, ça me fait peur." Elle poursuit : "Je ne pense qu'à cette malformation et à rien d'autre ; ça m'inquiète. Est-ce qu'il ne ressent pas ce que j'ai dans la tête ? J'ai l'impression que je le porte, qu'il est là, mais c'est comme si j'en faisais un peu abstraction : je le sens et, en même temps, c'est comme si je faisais quelque chose pour l'oublier... Je trouve cela très grave."

Ce sont le plus souvent les mères qui parlent, et expriment leur douleur. Elles portent témoignage de l'accablement du couple. Les pères, en général, réagissent différemment. Plus silencieux, ils éprouvent moins de désarroi, ou ne s'autorisent pas à le montrer : "Je suis moins inquiet qu'elle, dit l'un d'eux. C'est une inquiétude totale, mais je suis plus confiant. J'essaie de comprendre, de me renseigner. C'est important que l'on me donne beaucoup de renseignements...". Un autre affirme : "J'essaie de ne pas être négatif ; j'évite de m'inquiéter trop. À la naissance, il sera temps d'affronter le problème, au jour le jour..." Certains avouent ne pas comprendre les réactions de leur femme ; tous affirment ne pas ressentir l'événement comme elle. Ils sont cependant unanimes pour dire qu'il est normal que les vécus de l'un et de l'autre soient différents : "Ma femme le porte déjà, donc elle le ressent différemment, de façon plus personnelle. C'est elle qui a l'enfant dans son ventre, elle le sent bouger..." Dans la plupart des cas, le couple se sent plus uni dans cette turbulence et le futur père – c'est l'une des fonctions de la paternalité – se met au service de la mère : "C'est d'abord ma femme qu'il faut que je soutienne. C'est elle qui, pour le moment, en a le plus besoin..." Mais il serait faux de penser que la douleur rapproche systématiquement : les plus fragiles se heurtent, s'accusent, s'éloignent, ou simplement trébuchent.

Affronter la tentation d'une interruption de grossesse ou le rejet d'un enfant déjà né, et dépasser ces réactions, revient à traverser une crise existentielle qui n'est rien d'autre qu'un douloureux face-à-face avec soi-même. "Si j'avais été une bête, je l'aurais tué" – tel est le cri paradoxal d'une humanité qui nous force, au rebours des animaux, à faire face à la souffrance et à la différence, à les supporter et à les surmonter.

Les turbulences du traumatisme psychique

L'annonce d'une malformation, pendant la grossesse ou au moment de la naissance, constitue un traumatisme, une déflagration désorganisatrice du psychisme, qui rompt, pour un temps plus ou moins long, l'ensemble des liens établis – ou en train de s'établir – entre les parents et l'enfant. Le Japonais Kenzaburo OE, prix Nobel de littérature, exprime très justement ce qu'il a ressenti à la naissance de son fils, porteur d'une sévère malformation crânio-cérébrale. Sous le choc, il décide de l'abandonner et s'enfuit à Hiroshima, symbole de la destruction et de la douleur, seul lieu propre à refléter son anéantissement. Plus tard, alors que ce fils handicapé est devenu le centre de sa vie et de son œuvre, il écrit : "Hiroshima et la naissance de cet enfant sont étroitement liées à ma vie intérieure."

L'intensité du traumatisme dépend toujours de la capacité de tolérance de celui qui le subit : ainsi, certains parents pourront faire face à une anomalie grave tandis que d'autres, plus fragiles, s'effondreront devant une malformation minime.

Malgré son apparente homogénéité, chacun de nous est fait d'un tissu psychique dont la trame est d'inégale solidité. Le traumatisme, par sa déflagration, est un révélateur puissant des zones de fragilité. La malformation découverte chez le fœtus ou le nouveau-né dévoile et amplifie, comme par un effet de loupe, des réactions psycho-affectives qui ne se manifestent pas en temps ordinaire, *en temps de paix*. Les fibres les plus promptes à se disloquer sont celles de l'amour-propre, que l'enfant malformé met toujours à l'épreuve. Sous la pression de l'événement, on observe, selon les cas, un simple accroc, une déchirure ou un trou – une *perte de substance* psychique – dont la reprise sera plus ou moins complète et délicate.

On peut aisément comprendre l'impact sur l'amour-propre des parents des malformations visibles du visage ou des membres. Toutes les mères éprouvent pour leur enfant une fascination que l'on peut qualifier d'*éblouissement esthétique* : "Qu'il est beau ! C'est le plus beau ! Ce n'est pas parce que c'est le mien, mais c'est le plus beau !" À ce jeu de miroir, le nouveau-né, si beau dans les yeux de sa mère, la confirme à son tour dans sa beauté. Une mère à qui l'on demandait comment elle se représentait la division labio-palatine de son futur bébé (elle était enceinte de huit mois) a répondu spontanément : "Je me sens monstrueuse !" Cette remarque exprime avec beaucoup de justesse l'ampleur du mouvement identificatoire. L'idéalisation mutuelle mère-bébé – si nécessaire dès les premiers moments – passe par le regard. Son interruption, du fait de la malformation, peut gêner, entraver ou empêcher les premières interactions. Le rôle de l'entourage familial, social et médical, est essentiel. Il peut amplifier ce mouvement de répulsion – c'est le drame – ou, au contraire, aider à rétablir le contact.

À la blessure d'amour-propre s'ajoutent des sentiments d'incapacité, de culpabilité, de honte, qui se substituent au plaisir de se sentir parent. Cet auto-dénigrement est surtout le fait des mères. Sans exception, elles affirment porter la responsabilité de l'anomalie : "L'angoisse que je ressens vient du fait que les responsabilités sont en partie pour moi. C'est la mère qui fait l'enfant et, s'il y a un problème quelque part, on s'en veut ; on se demande ce qu'on a pu faire, ce qu'on a pu prendre comme médicament, ce qu'on a pu commettre comme imprudence... Qu'est-ce que j'ai pu faire de mal qui ait entraîné ce genre de chose ?" La mère de Jules disait, les larmes aux yeux : "Je suis une mère nulle, vraiment nulle." On voit s'exprimer ici, et avec quelle violence, les mouvements conscients et inconscients de culpabilité qui traversent toute grossesse. Les femmes sont promptes à s'accuser et à se sentir responsables. La prise d'un médicament, une imprudence physique, un surmenage, une dispute, une frayeur, le spectre d'une interruption de grossesse antérieure, voire un événement banal qui fait saillie dans la mémoire, servent d'explication et de support à cette culpabilité. Des liens imaginaires de cause à effet s'établissent, provoquant une souffrance supplémentaire. Les pères expriment moins volontiers cette culpabilité. Tous les couples, cependant, sont traversés par une révolte commune : "Pourquoi nous ? Pourquoi ce bébé-là ? C'est injuste... parce que ça nous arrive à nous, qui voulions tellement cet enfant !"

Le sentiment de culpabilité est souvent associé à un sentiment de honte. "La honte, dit une maman, il faut que j'en parle, parce que je l'ai éprouvée." La honte avouée, c'est celle de n'avoir pas été capable, en tant que femme, de *fabriquer un enfant normal*, d'avoir échoué là où on ne peut que réussir. Cette honte, liée à la blessure narcissique, est avivée par le regard et le jugement des autres ; elle est particulièrement aiguë pour les mères (les pères n'y font que rarement allusion) et leur fait redouter les réactions de l'entourage : "Que vont-ils penser ou dire ? Le regard des autres est sans tendresse..." Il y a aussi la honte accablante, souvent inconsciente et inexprimée, que la femme ressent vis-à-vis de ses propres parents : "Ils vont être déçus, ils attendaient ce bébé avec tant d'impatience !" Une mère avoue : "J'ai peur de la réaction de mon père : c'est son premier petit-fils et je ne suis pas capable de le lui donner aussi beau qu'il l'espérait."

La traversée de la crise : le paradoxe de l'humain

Toute crise débouche forcément sur une issue. Si l'ouragan que crée la découverte d'une malformation est normal et inévitable, l'essentiel réside dans la capacité des parents à faire face au drame initial et à se réorganiser sur le plan affectif. L'acceptation de la grossesse, la qualité de l'accueil du bébé et des premières relations que les parents vont nouer avec lui dépendent de la rapidité et de l'efficacité de la cicatrisation de leur blessure. Dans cette optique, le moment de la découverte de la malformation n'est pas dénué d'importance. Le diagnostic peut en effet être établi en deux circonstances bien différentes : pendant la grossesse, le plus souvent à l'échographie, ou après la naissance. Si le moment où l'on découvre l'anomalie n'amoindrit pas le choc, il conditionne cependant la nature des réactions.

L'échographie a radicalement modifié la perception de la grossesse et l'attente de l'enfant. Son objectif principal est de s'assurer du bien-être du fœtus, ce qui fait qu'elle est avant tout perçue comme l'instrument de dépistage d'une anomalie et l'investissement de l'enfant à naître est souvent lié à ses résultats.

Découvrir une anomalie, même bénigne, avant la naissance expose en effet toujours le couple – quelles que soient ses convictions personnelles – à la tentation de l'interruption de grossesse. À ce stade, la blessure narcissique peut envahir toute la scène sans qu'aucune réalité – celle d'un bébé bien vivant – ne vienne y faire barrage ; c'est une sorte de vague déferlante qui balaye tout sur son passage. L'interruption de grossesse est sollicitée à ce moment-là : "C'est trop tôt, remarquent certains, nous ne sommes pas prêts à affronter de telles difficultés..." Le ressort dramatique de l'échographie réside donc dans le choix qu'elle ouvre entre poursuite et arrêt de la grossesse.

Pourtant, un diagnostic effectué précocement au cours de la grossesse peut aussi permettre aux parents de se réorganiser psychiquement avant l'arrivée du bébé. Dans la plupart des cas, après un temps d'hébétement, on assiste à un mouvement de reprise psychique, dans le double sens de *remise en route* et de *raccommodage*. "Ça va mieux, dit une mère – elle est au huitième mois de grossesse et attend un garçon porteur d'une division labio-palatine bilatérale – on recommence à sortir, à recevoir des amis... et j'ai repris le dialogue avec lui ! Je lui parle à nouveau, je le touche à travers mon ventre... Il me répond ! Ma mère a repris le tricot et mon mari arrange la chambre (on avait arrêté tous les préparatifs...). On se surprend même à chercher un prénom sur le calendrier..." Une autre confesse : "Jusqu'à maintenant, je ne voyais qu'un monstre, une fente... Depuis quelques jours, je pense à lui différemment. J'aimerais qu'il ait les cheveux de son père et les yeux de sa mère ! Et puis, mon mari et moi, nous refaisons des projets..."

Progressivement – c'est le début de la cicatrisation – les parents se détournent de leur douleur personnelle pour orienter leur compassion vers le bébé : "Comment va-t-il supporter ce qui lui arrive ? Il faudra qu'il soit fort pour affronter une anesthésie, une intervention. Il aura mal... Nous, on n'a plus le droit de se plaindre, c'est à nous maintenant d'être assez forts pour l'aider et le soutenir." Presque tous, à l'approche du terme, reconnaissent :

“On est plus calmes, toujours inquiets, mais plus calmes... On pense surtout à lui, il nous tarde de faire sa connaissance...” Peu à peu, on le perçoit à travers ces paroles, le bébé n’est plus réduit à sa malformation. La précocité de la révélation permet de dégager l’enfant de son anomalie, en substituant à l’image d’un fœtus malformé celle d’un être souffrant qui a besoin de l’aide de ses parents.

Il ne faut cependant pas sous-estimer la longueur de l’attente et les angoisses qu’elle suscite. Le chemin est semé d’embûches : il y a des rechutes, la blessure est prompte à se rouvrir. “Quand je croise des bébés dans la rue, avoue une mère, j’ai aussitôt les larmes aux yeux...” Ne pas être confronté à la réalité de l’enfant favorise toutes les dérives de l’imagination : on pense au pire, à la monstruosité. L’enfant réel est seul capable de mettre fin à ces débridements fantasmatiques. La naissance, quel que soit l’aspect du nouveau-né, apporte toujours un soulagement : “L’angoissant, disent tous les parents, c’est l’incertitude, le doute, ne pas savoir...” Le regard allège l’angoisse, rassure toujours. Souvent, l’apaisement que ressentent les parents s’exprime par une exclamation de surprise : “Ce n’était que ça ! Ça ne valait pas la peine que je me fasse tant de souci...” Tous sont profondément émus ; la préoccupation intense qu’a suscitée ce bébé-là le leur a rendu plus proche, plus présent, paradoxalement plus familier, et la rencontre n’en est que plus émouvante. Une mère raconte : “Au moment de l’accouchement, je n’y pensais plus, mais au moment de le voir, ça me faisait un peu peur : c’était l’instant fatidique... Et puis finalement, ça s’est bien passé. Ça m’a fait un effet bizarre, mais je n’ai pas été choquée autant que je le craignais. Après, je me suis habituée tout de suite : le bébé dans les bras, ça dépasse tout le reste ; la fente, je n’y pensais pas de la même manière, le bébé passe avant tout et tout se passe normalement.”

Ainsi, le diagnostic anténatal a des effets à la fois positifs et négatifs dont le résultat dépend de la personnalité de chacun des parents, de leur histoire personnelle, de l’aide et du soutien qu’ils peuvent recevoir.

Dans l’ensemble, les parents assurent avoir trouvé un avantage pour eux et leur bébé dans une connaissance précoce, ce qui ne les empêche pas d’en analyser les inconvénients et d’exprimer quelques regrets : “Ça nous a en partie privés de toutes les joies de la grossesse et de l’attente d’un enfant.” Les mères surtout ont la nostalgie anticipée d’une naissance “qui aurait dû être une fête, une sorte de délire... et qui sera malgré tout assombrie”.

Quand la malformation est découverte à la naissance, le traumatisme risque d'entraîner dans ses effets désorganisateurs non seulement les parents, mais aussi le nouveau-né. Si le dilemme à propos de l'interruption de grossesse n'a plus lieu d'être, les réactions de rejet, exprimées ou non, n'en sont pas moins violentes et douloureuses. Les parents sont unanimes : à la souffrance d'avoir mis au monde un bébé malformé s'ajoute celle d'avoir éprouvé en sa présence un mouvement d'horreur et de rejet. “Ce qu'*a posteriori* je supporte le moins, dit une mère, c'est d'avoir eu envie de l'abandonner, de le supprimer, alors qu'il avait tant besoin de moi.” La présence du bébé, cependant, peut aider les parents à se ressaisir : il faut prendre des décisions, faire face, apporter des soins à un nouveau-né qui les réclame lui-même. “Qu'importe, dit la mère de Jules quelques heures après sa naissance, ce que sera le résultat de l'intervention : cet enfant est le mien...”

Finalement, si l'expérience permet d'affirmer que le choc est tout aussi violent et bouleversant pour les parents, quel que soit le moment où il se produit, il semble cependant que le dépistage anténatal constitue un avantage. Ceux qui ont appris le diagnostic avant la naissance reconnaissent que le temps dont ils ont bénéficié leur a permis de se ressaisir ; ceux que la malformation a surpris à la naissance regrettent souvent de ne pas avoir pu s'y préparer. “Pour nous, c'est clair, disent des parents, il faut savoir à l'avance le problème qu'a notre enfant pour pouvoir s'y préparer et y faire face.”

Le regard sur l'enfant

L'enjeu, pour la famille et les soignants, est d'éviter qu'au handicap physique de l'enfant s'ajoute un handicap psychologique. Les parents l'affirment souvent : “L'essentiel, c'est qu'il soit bien dans sa peau”, c'est-à-dire qu'il parvienne à se forger une personnalité harmonieuse. Pour chaque enfant, même dans les conditions les plus favorables, ce processus de personnalisation est aussi long que celui qui permet à un couple de devenir parents, à la fois complexe et ardu, traversé de difficultés qui peuvent infléchir sa trajectoire, susceptible d'évolutions, d'ajustements et de remaniements, aussi longtemps que dure la vie. La malformation, comme la maladie, ne fait que compliquer les choses.

Pour les parents comme pour l'enfant, les issues de la crise s'inscrivent dans un éventail de possibilités qui se déploie entre échec et réussite.

Pour tous, réussir, c'est accepter cicatrices et séquelles, situer la malformation à sa juste place, parvenir à tourner la page. L'échec, c'est de se figer dans un engourdissement douloureux qui englue progressivement tous les échanges et toutes les relations.

L'impossibilité de dominer leur douleur peut conduire les parents à ne voir que la malformation ou, au contraire, à refuser de la voir. Ces attitudes apparemment opposées ont les mêmes conséquences : la différence de l'enfant n'est pas acceptée, son altérité n'est pas reconnue. Dans le premier cas, l'enfant n'est regardé et *interprété* qu'à travers son anomalie. Sa différence lui est continuellement signifiée, en actes et en paroles. Il est souvent l'objet d'une quête incessante de soins auprès du corps médical, conduit de consultation en consultation, de spécialiste en spécialiste ; les demandes d'intervention réparatrice – mais de quelle blessure ? – sont nombreuses et le résultat n'est jamais jugé satisfaisant. Ainsi, les soignants, s'ils n'y prennent garde, deviennent, à la suite des parents, esclaves d'une impossible réparation dont l'enfant est l'otage. “Ce que je traque, dit une mère, c'est la séquelle... la séquelle de ma séquelle.” Dans d'autres cas, au contraire, l'anomalie est niée ; les difficultés qu'elle suscite ne sont jamais prises en compte. Ce déni, qui ne veut rien savoir de la réalité – “Mon enfant est comme les autres” – est un mécanisme de défense contre la souffrance, au service des parents plutôt que de l'enfant.

En fait, ces deux positions sont extrêmes. L'équilibre entre le père, la mère et l'enfant est parfois long à s'établir. Il faudra de longs mois à la mère de Jules pour qu'en se regardant dans un miroir avec lui, elle puisse dire dans un éclat de rire : “Voilà le bébé et sa maman !” et reconnaître pour la première fois dans le même temps : “Tu es le plus beau des bébés !” Il faudra près de deux ans pour qu'une autre mère puisse dire de son fils, porteur de la même malformation : “C'est un enfant superbe, splendide, plein de vie, heureux”, et fasse pour lui des projets d'avenir ; pendant de longs mois, elle n'avait pu le regarder. Cependant l'équilibre n'est jamais tout à fait stable, ni définitivement acquis, et nombreuses sont les embûches du parcours. Parfois, le regard se trahit parce que la douleur, subitement réactivée, envahit à nouveau la relation : “De temps en temps, dit cette mère, c'est plus fort que moi ; je le scrute ; je sens que j'ai sur lui un regard différent, et je suis sûre que c'est à cause de ce regard scrutateur, à la recherche d'une faille, qu'il a eu pendant longtemps des troubles du sommeil...”

Dans la plupart des cas, néanmoins, la malformation cesse peu à peu d'être le mur sur lequel viennent se heurter et se déformer toutes les tentatives de communication et de reconnaissance. Même si elle reste toujours présente, toujours préoccupante, elle cesse d'être envahissante et oppressante. Voici ce que disent des parents quelques mois après la naissance de leur fille, dont la division labio-palatine a été découverte et annoncée au cours de la grossesse : "On s'est bien adaptés. Quelque part, on sentait que ça se passerait bien ; on s'habituait à l'idée qu'il y aurait deux interventions ; nous n'avons pas eu d'énormes difficultés pour surmonter tout ça." La maman évoque la part active qu'a prise le bébé dans cette évolution : "J'ai compté sur elle et je ne me suis pas trompée ; je vois qu'en fait, elle est très forte pour subir tout ça et ça ne peut que la conforter dans sa force. Je pense qu'elle va très bien l'assumer parce que toute petite, déjà, elle est très positive... Tout ça dépend de l'enfant ; il peut donner des forces à ses parents aussi : si on a un enfant difficile, tout est plus difficile... On progresse avec elle, on vit avec ça, on s'adapte." Elle évoque les étapes de cette adaptation : "De la naissance à cinq jours [l'intervention], je m'y suis faite ; ça ne m'a jamais effrayée ; au début, c'est l'inconnu... On a tout à découvrir, on fait des essais pendant une journée, on apprend à lui donner le biberon, on s'adapte très vite. Après, quand elle est revenue avec un nouveau visage, on s'est encore adaptés et on n'y pense plus : ses cicatrices, on n'y fait plus attention..." À travers ces paroles, il est facile de saisir combien l'enfant tient une place active dans les processus de réparation, pour autant qu'on lui en laisse la liberté. Pour les parents, cette cicatrisation témoigne d'une souffrance surmontée et acceptée, à laquelle ils sont parvenus à donner un sens. Ce mouvement est une sorte de deuil réussi, de déception consentie : "J'ai l'impression qu'on n'a pas fini... C'est comme ça, il faudra s'y faire... Tout ce qui s'est passé, c'est quand même quelque chose de vivant qui sera toujours là, on ne peut pas l'effacer..."

Peu à peu, le nourrisson grandit. Quel que soit son handicap, l'entourage est forcé de reconnaître ses étonnantes capacités d'adaptation. Les parents souvent s'émerveillent : "On est bien obligés de reconnaître qu'il n'en souffre pas. Le regard des autres n'a pas l'air de le préoccuper. Il est joyeux, heureux de vivre !"

Pour mieux comprendre, continuons à suivre l'histoire de Jules à travers quelques épisodes de sa vie quotidienne. Après la turbulence des premières heures, ses parents choisissent une intervention précoce, au deuxième jour. Il sera opéré de nouveau à l'âge de six mois. Dans les premières semaines, toute l'attention de la famille est focalisée sur la bouche, désormais équipée d'une plaque palatine : souffre-t-il ? la plaque lui fait-elle mal ? le gêne-t-elle ? Tous scrutent son comportement, à la recherche d'une réponse. Dès la fin du premier mois, sa mère lui propose une sucette. Il l'utilise peu et porte plus volontiers d'abord son poing, puis deux doigts à la bouche. La maman commence par s'y opposer, craignant qu'il ne se blesse, puis, de guerre lasse, elle le laisse faire. Elle interprète ce comportement de façon restrictive : la plaque doit le gêner. Il lui faut trois mois pour reconnaître : "J'ai compris ! Ce n'est pas la plaque qui te fait mal... Peut-être que les doigts, c'est parce que tout simplement tu aimes ça !" Quelques jours après, elle finit par s'exclamer : "Les doigts, c'est meilleur !"

Jules perce sa première dent à quatre mois. Pour sa mère, c'est à la fois une source de fierté et d'inquiétude. Lui, comme tous les bébés du monde, met dans sa bouche tout ce qu'il peut attraper. Il salive beaucoup et n'arrête pas de perdre sa plaque. La maman est consternée ; elle l'amène chez le dentiste, qui avoue son impuissance. Elle finit par se rassurer : tous les nourrissons de sa connaissance sont aux prises avec les mêmes difficultés au moment de la poussée dentaire. Elle conclue : "Décidément, il faut que j'apprenne à faire des compromis !"

La plaque palatine est, pour cette famille comme pour toutes celles confrontées au même problème, une source permanente de préoccupation. Le bébé peut-il l'avaler ? s'étouffer ? Éprouve-t-il une gêne constante ? Comment va-t-il s'y habituer ? Il faut cinq mois à la mère de Jules pour se rendre à l'évidence : non seulement il n'est pas gêné par la plaque, mais au contraire il prend beaucoup de plaisir à jouer avec elle. Elle raconte : "Il devient coquin : il n'arrête pas d'enlever sa plaque, il la tète et s'en sert comme d'un chewing-gum ! Finalement, on doit reconnaître que nous, les parents, on est plus gênés que lui..."

Jules est nourri au biberon et, dans les premières semaines, la tétée s'avère difficile. Ces difficultés sont imputées à la fente palatine et au reflux nasal. Il faudra attendre sept mois pour que sa mère se rende à l'évidence : "Depuis l'intervention, il tète bien, il n'a plus de fuites... Pourtant, il ne veut toujours pas de lait : il préfère les légumes, les fruits, la viande. Au début, on croyait qu'il ne voulait pas de lait à cause de la malformation, mais on se dit maintenant que c'était peut-être uniquement par goût." On comprend mieux, à travers cette observation, combien le regard porté sur ces bébés-là peut être déformant et réducteur, et combien il leur faut de talent pour rassurer leur entourage et forcer sa confiance.

Les conséquences du traumatisme dépendent donc de la fragilité de chacun. La découverte de la malformation a suscité chez les parents angoisse, tristesse ou dépression. Même s'ils ont surmonté ces moments difficiles, l'inquiétude pour la santé du bébé reste vive et infiltre les premières relations qu'ils nouent avec lui. Tous expriment la même préoccupation : comment s'y prendre et comment se comporter avec lui ? Le risque, beaucoup le reconnaissent, est celui d'une surprotection liée à leur anxiété : "Il ne faudra pas que je la protège trop", dit une mère en parlant de sa fille. Une autre confie : "Il y a un côté protecteur qui se développe davantage. Je suis beaucoup plus sensible à certaines remarques. On me parle de son prénom : si on me dit qu'il est laid, je pense tout de suite que c'est elle qui est attaquée, qui est laide..." L'excès d'inquiétude peut entraîner les parents à mettre l'enfant dans un cocon et entraver ainsi ses activités spontanées. Il a fallu de longues semaines pour que Jules ait la liberté d'explorer sa bouche à sa guise avec les doigts. La plupart des mères reconnaissent combien il leur est difficile, voire impossible, de confier le bébé à l'entourage, de le laisser seul dans une pièce, de l'installer dans une chambre séparée. Les acquisitions motrices, en particulier la marche, suscitent aussi fréquemment de vives inquiétudes. L'anxiété maternelle peut également induire, à l'inverse, un excès de stimulation, par crainte de ne pas voir l'enfant se développer normalement ; celui-ci est alors sollicité en permanence et entraîné dans des activités qui dépassent les capacités de son âge.

Le bébé, de son côté, n'est pas inactif. Sa façon d'être a un impact important sur ses parents. Une mère l'exprime clairement : "Tout dépend de l'enfant ; il peut donner des forces à ses parents, et au contraire, quand il est difficile, rendre tout plus difficile..." Quand l'accord est harmonieux, il permet aux parents de s'adapter aux besoins de l'enfant sans le surcharger d'un trop-plein d'excitation qu'il ne peut assimiler. En retour, l'enfant peut se faire comprendre de ses parents : "J'ai compris, tu préfères tes doigts à la tétine ! disait la mère de Jules. Message bien reçu !"

Quand l'accord est perturbé par une attitude maternelle de surprotection, d'hyperstimulation ou de dépression, l'enfant exprime sa souffrance – et son refus – à sa manière, par des troubles du comportement ou des manifestations somatiques : coliques des trois premiers mois, spasmes du sanglot, cris et pleurs fréquents, insomnie, refus du biberon, vomissements... Ces dérèglements sont la conséquence du conflit entre des parents blessés par le traumatisme et un bébé vulnérable du fait de son anomalie.

Leur survenue n'est que l'expression d'un mal-être ponctuel. Ils n'engagent en rien l'avenir, à condition d'être reconnus et pris en charge de façon adéquate. Le danger, pour les soignants, est de méconnaître l'origine de ces dysfonctionnements et d'entraîner les parents et l'enfant dans un cercle vicieux où l'on ne fait que soigner le mal par le mal. Dans ce contexte, on mesure l'importance de l'environnement affectif et le rôle décisif qui lui revient.

Le rôle de l'entourage

L'environnement familial est fondamental. Dans la plupart des cas, l'une des premières préoccupations des parents, après l'annonce de la malformation, concerne la réaction de leurs propres parents. Celle-ci est déterminante. Différentes attitudes peuvent apparaître, selon la qualité de la relation qu'ils ont antérieurement nouée avec eux. Certains sollicitent immédiatement leur soutien pour trouver conseil et réconfort. Souvent, la famille et l'entourage proche se mobilisent auprès du couple qu'ils accompagnent dans ses démarches chez l'échographiste, l'obstétricien, le chirurgien. Grands-parents, frères, sœurs ou amis se montrent alors capables de surmonter leur émotion et d'oublier leur tristesse pour entourer les futurs parents. Ils peuvent même poser des questions à leur place et en reparler ensuite avec eux. Certains couples disent : "Heureusement qu'on les a ! Ils se montrent confiants, ils nous donnent du courage." D'autres préfèrent ne rien dire pour ne pas susciter d'inquiétude ; beaucoup redoutent, à tort ou à raison, une réaction d'angoisse qui, en retour, les accablerait davantage. "Ils seraient trop inquiets pour nous aider... Notre angoisse nous suffit."

Quelle que soit la position adoptée, un sentiment de honte, de culpabilité, de crainte de décevoir, est toujours exprimé : ne pas être capable de donner à sa famille un enfant normal est souvent une blessure profonde, surtout ressentie par les femmes vis-à-vis de leurs propres parents ; elle n'est avouée qu'avec beaucoup de réticence et d'accablement : "Je suis tellement déçue pour mes parents, ils étaient tellement impatients de voir leur petit-fils !" Certains rencontrent en effet des réactions hostiles : "Ma mère nous pousse à demander une interruption de grossesse", ou simplement un manque de compréhension et de compassion : "Ma mère a toujours éludé nos problèmes, elle coupe court..." ou : "Ma mère pense que ce n'est pas grave, avec elle il n'y a pas de place pour les sentiments..." Bien souvent, ces réactions ne témoignent en fait que de blessures antérieures qui se transmettent en cascade d'une génération à l'autre.

L'environnement social, le *regard des autres*, est bien souvent au cœur des préoccupations des parents dont le bébé est porteur d'une malformation. L'intensité de cette préoccupation ne fait que refléter la blessure d'amour-propre. Pour cette raison, avant la naissance, la plupart des parents prévoient d'interdire pour un temps toute visite à la maternité. "Je ne veux aucune visite, affirme une mère, je ne supporterai pas que l'on me dise qu'il est beau..." Une autre remarque : "D'habitude, quand un bébé vient de naître, on vient le voir à la maternité. On dit : *Oh le beau bébé !* Dans notre cas, les gens ne seront pas spécialement à l'aise, et moi non plus..."

Après la naissance, la crainte se modifie et se fait plus objective : "Nous, on n'y fait plus attention, mais les autres ? Ils manquent souvent de tendresse..." C'est en effet le regard des autres, appuyé, évasif, surpris ou trop curieux, qui peut être le révélateur du handicap. C'est un regard projectif, reflet de l'angoisse et de la peur que chacun peut ressentir à la vue d'un enfant malformé. Une mère dont le fils est porteur d'une division labio-palatine le souligne avec beaucoup de finesse : "Les gens... ça les marque dans leur peur à eux, ça les touche au plus profond d'eux-mêmes, ils se disent que ça peut leur arriver, et cette peur réveille quelque chose de positif ou de négatif, une espèce de répulsion..." Elle ajoute : "Ce sont les autres qui vous rappellent qu'il y a eu un problème... Alors on s'enferme un peu, on pose une barrière, c'est une façon de se protéger." Cette réflexion met en lumière une préoccupation constante de la part des parents : celle de se protéger, de se mettre à l'abri de blessures supplémentaires en relation avec une réaction sociale négative. L'état de choc et la souffrance que provoque le traumatisme créent toujours un décalage dans la relation aux autres et toute remarque, même la plus anodine, peut susciter de douloureux remous. "On choisit, dit une autre mère, à qui on a envie de parler, de se confier. On est surpris de voir à quel point le choc que nous avons reçu est révélateur de notre relation profonde aux autres. Il y a ceux à qui on fait véritablement confiance, et les autres... ceux qui ont du tact et ceux qui n'en ont pas."

Ultérieurement, la préoccupation sociale se focalise sur l'enfant. La famille s'inquiète pour son avenir : que se passera-t-il à l'école, avec les copains ? Comment supportera-t-il les cicatrices, les séquelles, quand il sera adolescent ? Sera-t-il facilement accepté ?

On peut essayer d'apporter des éléments de réponse à ces questions. Se protéger n'est pas s'enfermer, et c'est une démarche légitime et nécessaire que de ne pas s'exposer à plus de difficultés qu'on n'en peut assumer. Certains en éprouvent de la culpabilité. Il faut cependant se fier à son intuition et savoir organiser autour de soi un réseau affectueux et protecteur.

La question du *regard social* sur l'enfant porteur de malformation est plus complexe. On ne peut ni prévoir ni maîtriser la réaction des autres. L'extérieur peut être accueillant ou hostile, nul ne peut le déterminer à l'avance. Prenons une image. Quand le temps est incertain, qu'il peut devenir froid, hostile, pluvieux ou neigeux, une mère a deux solutions : soit elle garde l'enfant auprès d'elle, ce qui les met tous deux à l'abri, lui des intempéries, elle de l'inquiétude, soit elle le laisse sortir, chaudement vêtu. Bien à l'abri, il sera capable d'affronter le monde extérieur et ses aléas. Il en va ainsi de l'enfant exposé au regard des autres. Sa capacité à l'affronter est liée à la qualité de la réassurance affective que ses parents lui ont fournie et qui constitue pour lui une réserve de fond dans laquelle il pourra puiser toute sa vie. Celle-ci ne diminue en rien les difficultés extérieures que l'enfant peut être amené à rencontrer, mais elle lui permet d'y faire face avec une sécurité intérieure assurée.

En dépit de leur blessure, les parents vont devoir assumer la situation et prendre, plus ou moins rapidement selon les cas, des décisions de soins, d'hospitalisation et d'intervention, en particulier pour les divisions labio-palatines. Pour cela, il leur faut nouer avec les soignants des relations de confiance mutuelle et établir une *alliance thérapeutique* au service du nouveau-né. Dans le cadre d'un diagnostic anténatal, les premiers contacts avec les soignants commencent dès l'échographie. Les parents sont unanimes : ils attendent du médecin qu'il ne leur cache rien, qu'il n'omette rien, qu'il soit clair et précis dans ses explications et que, tout en manifestant de la sympathie, il ne projette sur eux ni angoisse, ni agressivité. La rencontre avec les différents spécialistes, chirurgiens, anesthésistes (dans le cas d'une intervention précoce) et pédiatres, est réconfortante dans la plupart des cas : "Le plus difficile, c'est de ne pas savoir", affirment tous les parents. Les objectifs de ces consultations sont multiples : préciser autant que possible le diagnostic ; évaluer les séquelles éventuelles, donner un pronostic fonctionnel. Le rôle du médecin est d'expliquer sans relâche, pour réduire la part d'angoisse liée à l'ignorance médicale de la famille. Il faut savoir multiplier les entretiens car l'émotion intense suscitée par le diagnostic brouille les capacités d'écoute des couples concernés. La douleur produit souvent une surdité psychique : "On n'a pas compris, on n'a rien retenu, on a oublié de poser des questions..."

Les parents ne peuvent se mettre au service de l'enfant pour le soutenir dans ses souffrances que si, de leur côté, ils sont suffisamment entourés et compris. La première mission des soignants et de l'entourage familial est donc de leur fournir sans relâche un étayage qui les aide à ranimer la confiance en eux qu'ils ont perdue, afin qu'à leur tour ils y puisent suffisamment de ressources pour accompagner le bébé. Tout manque de soutien constitue pour eux une blessure supplémentaire.

Soutenir, encourager, donner confiance ne veut cependant pas dire banaliser les événements. Il n'est de pire barrière au dialogue que celle qui consiste à opposer à l'angoisse et à la souffrance des parents une réassurance systématique. Une position trop délibérément optimiste peut être perçue comme une tromperie, un refus d'écouter, une attitude irrespectueuse, qui ne permet pas à celui qui est en face d'exprimer ses incertitudes et son angoisse. Les médecins le savent bien : pour soigner et panser une blessure efficacement, il faut d'abord en explorer les contours, en sonder la profondeur. Le premier accompagnement, la première aide que l'on doit proposer à ces pères et à ces mères, c'est de ne pas nier leur souffrance et de savoir l'accueillir.

Beaucoup de parents expriment la culpabilité qu'ils ressentent à ne pouvoir se défaire de la préoccupation que suscite le diagnostic. Une mère dit : "J'ai honte de mon inquiétude. C'est comme si je lui volais un peu de sa vie, comme si je refusais de penser à lui, de l'attendre. Mais je n'y peux rien, je ne peux penser qu'à ça !" À cela, on peut répondre que la malformation est semblable à un obstacle qui bouche la vue ; pour le surmonter, il faut d'abord l'explorer et se familiariser avec tous ses aspects.

Il arrive parfois que, fortuitement ou sur leur demande, les couples concernés rencontrent des familles touchées par un problème similaire. C'est une démarche intéressante, en particulier dans le cadre d'un diagnostic en cours de grossesse. En ce cas, en effet, les parents disent tous qu'ils sont pratiquement incapables de se représenter la malformation. L'absence de repères laisse libre cours à l'imagination : le pire est souvent envisagé.

Les images médicales sont décevantes, voire traumatisantes. Elles sidèrent par leur réalisme et sont vides de sens, d'émotions, de mouvements. Elles sont *dévitalisées*, au sens fort du terme, et risquent d'anéantir toute capacité de rêverie. La rencontre avec un enfant porteur de la même malformation apporte, dans la plupart des cas, un grand apaisement. Un couple qui vient de rencontrer un petit garçon de deux ans porteur d'une division labio-palatine s'écrie : "Quand nous l'avons vu aussi vivant, au côté de ses parents, tout est devenu plus simple. C'est comme si la vie avait repris en nous." Les rencontres de cette sorte ont une vertu de transformation : elles permettent de substituer à l'image caricaturale d'un fœtus malformé celle d'un enfant blessé mais vivant, capable de susciter chez ses parents tendresse et compassion.

Le recours à la psychothérapie

Si grossesse et naissance ne sont troublées par aucune difficulté, les processus psychiques de la parentalité, aussi complexes soient-ils, ne sont ordinairement ni envahissants, ni vraiment perceptibles. Mais quand survient un événement dramatique comme la découverte d'une malformation, les zones les plus fragiles de l'organisation psychique sont brutalement démasquées et s'imposent brutalement. Si cette turbulence n'est pas prise en compte, elle peut compromettre dangereusement l'investissement affectif de la grossesse, la qualité de l'accueil du nouveau-né, les relations précoces avec son entourage, puis l'organisation de sa personnalité, durant l'enfance et au-delà. Dans l'immédiat, elle réduit l'efficacité de l'alliance thérapeutique que le père et la mère doivent nouer avec les médecins. Prendre en considération cette désorganisation et la souffrance psychique des parents, c'est ranimer leur estime de soi défaillante, renforcer leur capacité soignante et favoriser leur première relation avec l'enfant.

La présence d'un psychothérapeute au sein des équipes obstétricales et médico-chirurgicales témoigne de la reconnaissance de la nécessité de soigner un être humain dans sa globalité, c'est-à-dire dans sa réalité tant corporelle que psychique, en refusant de réduire l'enfant malade et ses parents aux symptômes de la malformation. La restauration physique n'acquiert tout sons sens et son efficacité que si elle s'inscrit dans une dynamique de restauration psychique. Quand le chirurgien propose, pour une division labio-palatine, de reconstruire la lèvre et les narines dans les jours qui suivent la naissance, il espère, techniquement, obtenir des cicatrices de meilleure qualité. Ce faisant, il rend dans le même temps au bébé un visage normal. Souvent, les parents hésitent à imposer au nouveau-né anesthésie et opération : "On peut attendre, disent-ils, peu importe son aspect..." D'autres donnent un accord immédiat : "Le voir dans cet état est trop insupportable pour nous." Tous, implicitement ou explicitement, reconnaissent l'importance de cette transformation physique pour leur relation avec le nouveau-né. On sait combien le mouvement d'identification intense d'une mère pour son bébé passe par le regard et s'appuie sur l'image corporelle. Dès lors, on comprend combien le geste technique du chirurgien va bien au-delà de la restauration physique ; il répare en même temps le lien psychique d'identification d'une mère à son bébé, si nécessaire pour l'établissement de leur première relation. Il rend aux parents leur capacité d'*éblouissement esthétique*. Leur surprise et leur joie sont unanimes : "C'est une nouvelle naissance !" La chirurgie réparatrice est ici chirurgie esthétique dans tous les sens du terme.

Dans cette turbulence, la rencontre avec le psychothérapeute peut se faire à différents moments : avant la naissance si la malformation est découverte à l'échographie, à la naissance, voire plus tard, si l'enfant rencontre des difficultés au cours de son développement. Dans les deux premiers cas, c'est surtout avec les parents que se noue le dialogue. Le cadre des entretiens est souvent celui de l'urgence pour une famille en détresse, c'est-à-dire d'une rencontre inopinée, le plus souvent non sollicitée et sans lendemain. Désorganisés, souffrants, anéantis, les parents doivent trouver, face à ce qu'ils ressentent comme une *hémorragie de l'être*, des ressources qui leur permettent, selon leurs termes, de se ressaisir, de se reconstituer, de retrouver leur contenance. Cette réorganisation ne peut pas se faire sans aide et l'on a vu l'importance, à cet égard, de l'environnement familial. Le constat est unanime : "Heureusement que nous pouvons en parler, sinon on n'aurait pas pu résister..." Or ce n'est pas toujours possible, en particulier quand l'entourage affectif se sent aussi débordé que les parents par l'émotion et la détresse. Ces derniers se préoccupent d'ailleurs, souvent, de protéger ceux qui les entourent : "Ils se feraient trop de souci !" et de se protéger mutuellement : "Je ne peux pas en parler à mon mari... à ma compagne... Il ou elle est suffisamment triste comme ça." Il faut cependant que cette souffrance soit prise en considération, sous peine d'entraver la capacité des parents à prendre en charge le nouveau-né et de gêner l'*alliance thérapeutique* avec les médecins. En effet, s'il appartient à l'obstétricien, au pédiatre, au chirurgien, à l'anesthésiste, de comprendre et de prendre en compte, en toute humanité, la souffrance et le désarroi des parents, il leur est difficile de faire face à un anéantissement trop important. Souvent, ces derniers le reconnaissent : "Nous ne voulons pas encombrer le médecin avec ça... Il faut qu'il ait l'esprit libre pour s'occuper de notre bébé, et il a besoin de nous pour ça."

C'est dans ce contexte que se justifie la présence d'un psychothérapeute au sein d'une équipe soignante, au carrefour des réalités corporelles et des réalités psychiques. Il doit être l'*écouteur* et l'*accompagnateur* d'une réalité psychique à laquelle les parents n'ont pas l'habitude d'être confrontés et qui les surprend d'autant plus qu'elle s'exerce à l'encontre de leur propre enfant : violence, agressivité, désir de mort, de destruction, manifestations de rejet, honte, culpabilité intense. Le psychothérapeute peut alors les aider à comprendre le sens de cette violence, à la décoder, à en avoir moins peur et moins honte. "J'ai honte de ce que je pense, dit une mère, mais d'en parler me soulage. Ce que je vous dis, je ne pourrais le dire à personne, ni à mon mari, ni à ma mère, et je comprends aussi que je ne pourrais pas le dire à n'importe qui : ça peut faire peur et ça m'accablerait davantage... Ces idées dures, ça me soulage qu'elles aient pu sortir de moi." Une autre mère exprime tout aussi justement, deux ans après la naissance d'un enfant malformé : "Ce qu'il m'aurait fallu, c'est quelqu'un à côté de moi pour recueillir tout ça." *Tout ça*, ce sont des projectiles virtuels qui sortent de sa tête et qu'elle montre, geste à l'appui, en portant ses mains autour de son visage et en indiquant du doigt leur invisible trajectoire.

En prenant à sa charge la part blessée, disqualifiée et souffrante des parents, le thérapeute a un rôle protecteur – que l'on pourrait appeler sa *fonction paratonnerre* – à un triple niveau. Il protège d'abord les parents de leurs propres affects, souvent vécus comme trop destructeurs. Par là-même, il protège le bébé de leurs projections violentes : "Tout ce que l'on arrive à vous dire, ça nous évite de le lui faire subir", reconnaît une mère. Enfin, le thérapeute agit comme médiateur entre la famille et les médecins : ceux-ci, en effet, sont quelquefois déconcertés par certaines manifestations, et même par leurs propres réactions, quand ils se sentent à leur tour bouleversés devant des situations difficiles. Favoriser la compréhension des parents et des médecins renforce la qualité de leur alliance.

L'avenir

Pour les parents et pour l'enfant, la cicatrisation psychique du traumatisme et de la souffrance qu'il induit est longue et n'en finit jamais d'évoluer, de se remanier ; elle peut être atténuée jusqu'à l'oubli, ou ravivée selon les circonstances. Dans certains cas, la cicatrice reste à vif et la souffrance qu'elle provoque empêche de vivre. Il y a lieu parfois de consulter un psychothérapeute, soit à cause des difficultés liées à l'enfant : troubles du comportement (agitation, abattement, troubles du sommeil), difficultés scolaires, conflits prononcés avec ses parents, soit à l'occasion d'une décision de réintervention correctrice. Dans tous les cas, la qualité de la cicatrice psychique ne peut s'évaluer que longtemps après, dans les choix de vie, sur un plan relationnel, personnel, professionnel. Deux circonstances particulières constituent une sorte d'*épreuve du feu* qui éprouve véritablement la solidité de la cicatrice : la période de l'adolescence, puis celle où, à leur tour, ces enfants blessés deviennent parents. L'adolescence, comme la grossesse, est une crise de maturation qui fragilise celui qui la traverse. C'est une période de grande complexité dans laquelle l'amour-propre, porté à fleur de peau, est souvent mis à rude épreuve. La remise en question de tous les repères et de tous les liens provoque une zone de turbulence et de flou où l'adolescent à la recherche de points d'ancrage se préoccupe davantage du regard des autres. Or à la puberté, l'autre, c'est avant tout l'autre sexe, la fille ou le garçon dont le regard sert de miroir pour confirmer une identité, la parfaire ou au contraire la défaire quand elle est vacillante.

Au moment d'avoir un enfant se pose une question différente : la même malformation peut-elle se reproduire ? Si l'histoire se répète, l'enfant blessé devenu adulte est confronté à *un autre soi-même.* Il peut alors avoir une position extrême et demander une interruption de grossesse, qui ne fait qu'exprimer le rejet de lui-même ou l'excès des souffrances réitérées : "Nous ne voulons pas recommencer la même histoire." À l'opposé, confronté à la même malformation, certains l'acceptent, non sans souffrance ni difficulté, en toute connaissance de cause. Un père porteur d'une division labio-palatine, dont le futur enfant souffre du même handicap, nous a dit en regardant sa femme : "Je ne m'en suis pas si mal sorti que ça : je suis sûr qu'il aura la même chance que moi." En acceptant son fils, et sa différence, il témoignait d'une réconciliation avec lui-même.

TECHNIQUES

Formation et développement de l'enfant

MICHEL STRICKER, BERNARD RAPHAËL

L'ÉLABORATION DE LA FORME se déroule en trois périodes (fig. 1) :

– la première, ou *histogenèse*, correspond à la multiplication du matériel cellulaire puis à sa spécialisation en trois tissus essentiels ;

– la deuxième, ou *organogenèse*, voit la combinaison de ces trois tissus en ébauches qui évoluent dans l'espace et le temps pour organiser l'embryon ;

– la troisième, ou *morphogenèse*, débute dans l'utérus et se poursuit après la naissance pour élaborer la forme du fœtus, puis du nouveau-né.

L'histogenèse recouvre les trois premières semaines (fig. 2). L'œuf fécondé, résultat de la pénétration de l'ovule par le spermatozoïde, constitue la cellule initiale à partir de laquelle vont se définir l'embryon, puis le fœtus.

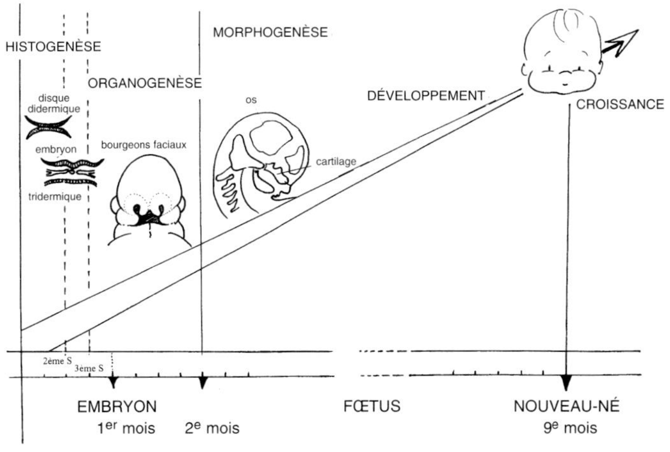

Figure 1. Schéma général de l'évolution : les grandes étapes du développement, de l'embryon au nouveau-né.

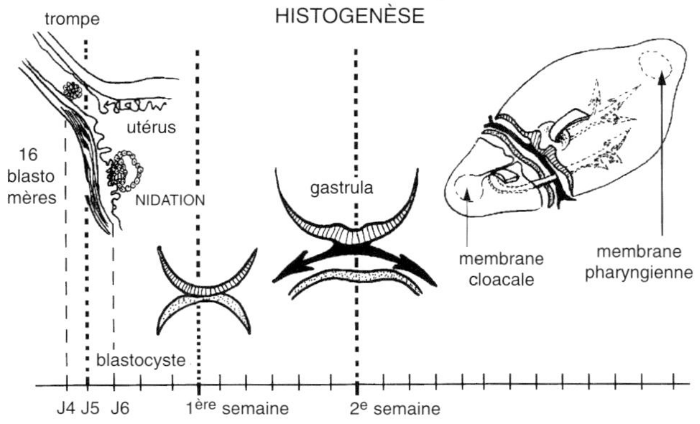

Figure 2. L'histogenèse : mise en place des trois feuillets de l'embryon.

Après la fécondation, qui a lieu dans la trompe utérine, l'œuf ou *zygote* atteint, en se divisant, la corne utérine où il s'implante au sixième jour (nidation). Sa division produit un agglomérat de cellules analogue à une mûre, la *morula*, sphère cellulaire qui, une fois creusée d'une cavité à sa partie ventrale, le blastocèle, passe ainsi au stade de *blastula*. Les cellules alors regroupées à la partie dorsale de l'embryon se différencient en tissu ; à ce stade, le disque embryonnaire comporte deux feuillets tissulaires, interne (endoblaste) et externe (ectoblaste). À la troisième semaine, le troisième feuillet tissulaire, ou *chordomésoblaste*, se met en place entre les deux premiers par migration cellulaire à partir du feuillet externe : l'embryon tridermique (à trois tissus) ou *gastrula* est édifié, et l'on aborde la deuxième période.

Au cours de l'organogenèse, qui se situe entre la troisième et la huitième semaine (fig. 3), l'embryon subit des modifications spatiales selon trois mécanismes fondamentaux :

– *enroulement* : l'embryon se courbe, par croissance cellulaire différentielle, selon ses deux axes, longitudinal et transversal. La croissance différentielle, plus rapide à la périphérie et intéressant les trois feuillets, transforme la plaque embryonnaire tridermique en gouttière, puis en tube ; elle établit un arrangement spatial des tissus entre eux, puis à l'intérieur de chacun ;

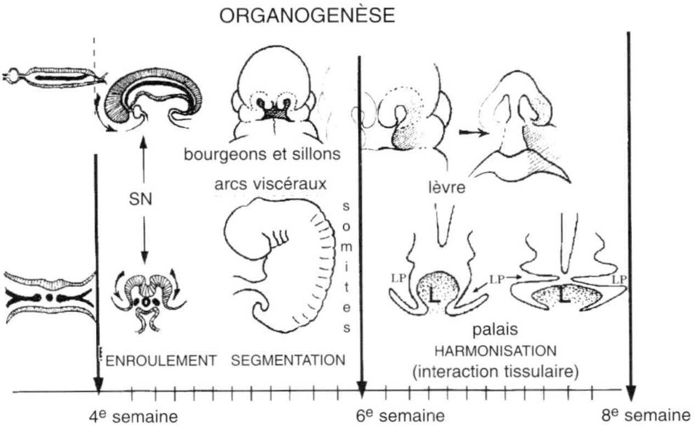

Figure 3. L'organogenèse : organisation spatiale de l'embryon. SN, système nerveux. L, langue. Lp, lames palatines.

– *segmentation* : le matériel tissulaire est réparti territorialement au sein de divers sous-ensembles : les bourgeons à la face, les arcs viscéraux au cou, les somites[1] à la partie moyenne de l'embryon ;

– *interaction tissulaire* : ce phénomène d'induction interactive, dont l'enchaînement est prévisible, est d'une grande complexité et d'une extrême précision. La confluence des différents sous-ensembles a lieu à ce moment, en particulier celle des bourgeons constitutifs de l'extrémité céphalique : l'embryon peut dès lors se structurer en fœtus.

Les trois mécanismes se succèdent et s'intriquent dans le temps et dans l'espace, et leur complexité les rend extrêmement vulnérables à certains événements extérieurs, parfois purement physiques, ainsi qu'à des rendez-vous manqués au cours de phénomènes biologiques en mouvement continuel.

La morphogenèse correspond au développement et à la croissance qui élaborent la forme du fœtus, puis du nouveau-né (fig. 4). Les tissus fondamentaux répartis dans chaque territoire, mais dorénavant unis dans la même enveloppe morphologique, donnent naissance aux structures auxquelles ils sont destinés :

1. Structures répétitives comportant chacune un équipement nerveux, vasculaire et musculaire.

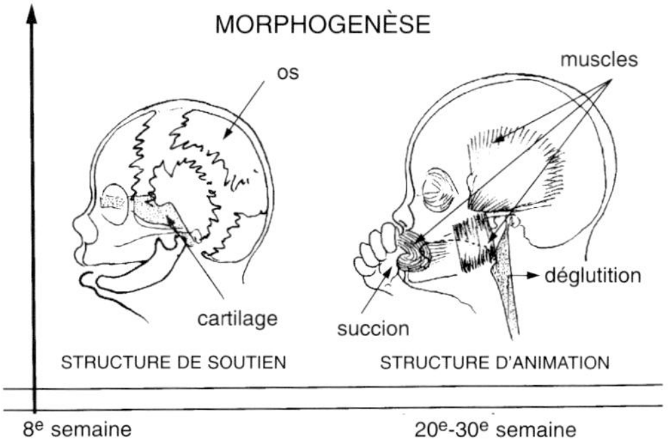

Figure 4. La morphogenèse : mise en place des structures de soutien et d'animation.

– *structure de soutien*, par ossification et chondrification du conjonctif,
– *structure d'animation* (sangles musculaires),
– *structures d'information* (réseau neuro-sensoriel).

Structures de soutien : le squelette ostéo-cartilagineux

La formation dut tissu osseux, puis des pièces osseuses (ostéogenèse), s'effectue :

– *soit directement* au sein du troisième tissu (le mésenchyme, issu du mésoblaste), par ossification membraneuse. Cette modalité spécifique de l'extrémité céphalique se rencontre à la voûte crânienne, à la face et à la clavicule ;

– *soit indirectement*, en passant par une étape transitoire de maquette cartilagineuse, l'ossification enchondrale. Cette modalité est le propre de la base du crâne et des membres ;

– *soit par un processus mixte*, à la fois enchondral et membraneux : c'est le cas de la mandibule.

L'ébauche cartilagineuse est très tôt en place et l'ossification débute à la huitième semaine, en premier lieu à la face. Une fois constituées, les pièces osseuses s'accroissent selon deux mécanismes :

– *un mécanisme actif* de multiplication des cellules jeunes des tissus cartilagineux et osseux ; cette modalité caractérise certaines localisations : à la base du crâne, les synchondroses (zones de contact entre deux pièces cartilagineuses) et, aux membres, les cartilages de conjugaison ;

– *un mécanisme passif*, permettant aux pièces osseuses d'augmenter leur dimension, de s'agencer entre elles grâce à des zones de jonction, les sutures, sortes de "joints de dilatation à rattrapage automatique" qui garantissent la mobilité, et donc la possibilité de croissance, sous l'effet d'une force ou d'une poussée (encéphalique, par exemple). Les sutures s'oblitèrent plus vite que les synchondroses et ces dernières, ainsi que les cartilages de conjugaison, gardent leur activité propre jusqu'à la puberté.

Après la naissance, les pièces osseuses poursuivent leur croissance en subissant des remaniements architecturaux dus aux contraintes de fonctionnement. *Ainsi, au niveau de la face, la croissance est influencée par l'activité musculaire, l'évolution dentaire et le comportement oro-facial.*

Structures d'animation : muscles et nerfs périphériques à l'extrémité crânio-faciale

La structuration musculaire du fœtus s'effectue selon une séquence céphalo-caudale, c'est-à-dire en commençant par la tête (fig. 5). Les muscles antérieurs de la langue apparaissent les premiers, dès la septième semaine, et toute la musculature faciale est en place à la douzième semaine. Les mouvements de la tête et du tronc, l'ouverture de la bouche, sont observés isolément à partir de la treizième semaine.

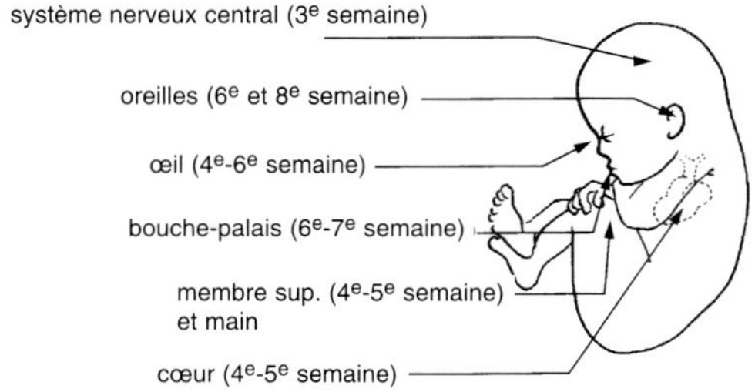

Figure 5. Les périodes du développement humain.

Structures d'information neurale et sensorielle

Le tissu nerveux provenant du revêtement externe (ectoblaste) s'individualise en plaque neurale qui se creuse en gouttière, puis s'enroule en un tube initialement ouvert à ses deux extrémités. Ces deux ouvertures ou *neuropores* s'oblitèrent, l'antérieure au vingt-sixième jour, la postérieure au vingt-huitième jour. La non-fermeture du neuropore antérieur est responsable de kystes et de fistules au dos du nez.

La partie antérieure du tube neural se dilate en trois puis cinq vésicules, avant de s'épaissir pour s'organiser en territoires qui prennent le contrôle des territoires mésoblastiques sous-jacents, préalablement segmentés en bourgeons et en arcs viscéraux à la fin de la période embryonnaire. Ainsi, le bourgeon frontal correspond au cerveau antérieur, le bourgeon maxillaire au cerveau moyen, le bourgeon mandibulaire au cerveau postérieur. En outre, une partie des cellules constituant le tube initial s'en détache en cours de route pour former deux cordons parallèles, les *crêtes neurales*, à partir desquelles un nouveau matériel cellulaire, *l'ectomésenchyme*, migre dans les bourgeons de la face et dans les arcs branchiaux ; il se joint au tissu intermédiaire pour déclencher la formation des organes de soutien.

Ainsi, de la cellule-mère au nouveau-né, un foisonnement d'événements concourent à l'élaboration de la forme : les cellules se multiplient et se différencient en tissus, les tissus se regroupent en organes, les différentes fonctions se mettent en place à mesure que les organes acquièrent leurs compétences et que se précise la maturation neuro-sensorielle (fig. 6).

À ce stade, le fœtus ne fonctionne plus seulement sur le mode végétatif, il est devenu capable de discrimination sensorielle :

– la perception auditive en basse fréquence existe dès la vingt-septième semaine ;

– la succion devient efficace et lui permet, à partir de la vingt-huitième semaine, de déglutir de grandes quantités de liquide amniotique dont il ressent les variations de saveur à la trentième semaine ;

– l'éclairage du ventre maternel est perçu à partir de la trente-quatrième semaine, et la stimulation lumineuse déclenche une accélération cardiaque.

À la trente-septième semaine, ce qui représente la limite officielle de la prématurité, le fœtus est "en état de marche". Dès lors s'établit une nou-

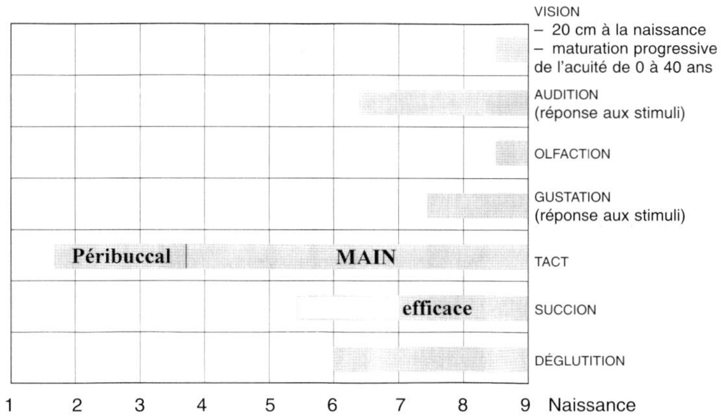

Figure 6. L'acquisition des fonctions sensorielles et végétatives.

velle relation interactive entre la forme et la fonction, entre le tissulaire et le dynamique, relation morpho-génétique qui se prolongera au-delà de la naissance. La dynamique d'évolution se trouve interrompue ou déviée par l'accident malformatif.

Anomalies de l'extrémité céphalique

L'acquisition de la forme, puis son achèvement par le développement et la croissance crânio-faciale, requièrent trois circonstances favorables qui se succèdent dans le temps :

– *une induction neuro-sensorielle* : le tube neural et ses expansions sensorielles induisent puis organisent leur environnement crânio-facial ;

– *une compétence tissulaire*, qui se manifeste d'abord, à l'issue de l'organogenèse, par la migration de cellules mésenchymateuses dans les bourgeons et la mortification de leur revêtement épithélial afin de permettre leur confluence. Seuls les tissus compétents sont aptes à recevoir l'incitation de croissance ;

– *une dynamique équilibrée*, soumise à deux impératifs : l'équilibre entre les structures constituées par ces tissus, la dynamique de fonctionnement appliquée à ces structures.

Ainsi se dessinent trois degrés de croissance :

– *les dysinductions*, à pronostic de croissance nul,

– *les incompétences tissulaires*, à pronostic de croissance réservé et variable selon le lieu et l'intensité,

– *les déséquilibres dynamiques*, à pronostic de croissance favorable, mais variable selon la topographie et le moment.

Au total, quel que soit l'accident, le moment, le lieu et la durée de l'impact malformatif conditionnent la gravité du pronostic. La précocité est synonyme de gravité par inhibition partielle ou totale d'un tissu, la topographie peut constituer un élément aggravant, dans certains territoires à expression sensorielle très riche, tout particulièrement dans la région centro-faciale.

Qu'elle interrompe ou non les structures de revêtement, la malformation induit un déséquilibre au sein des structures de soutien (os et cartilage) et plus encore au sein des structures d'animation (boucles musculaires). De ce fait, *le déséquilibre initial évolue en s'accentuant au fil du temps*. La malformation entraîne à la fois une altération de la forme, ou *dysmorphie*, et du fonctionnement, ou *dysfonction*, génératrice d'attitudes nocives qui peuvent compliquer la situation, en particulier au centre de la face, au cœur du triangle sensoriel, région où l'on voit, où l'on sent, où l'on respire et par laquelle on s'exprime.

L'approche évolutive distingue donc, pour une malformation donnée :

– *le désordre morphologique visible*, ou *dysmorphose*, sachant que le semblable n'est pas toujours le même : ainsi, toutes les fentes d'aspect identique n'ont pas, à traitement égal, le même pronostic ;

– *la dysfonction prévisible*, résultat de la dysmorphie ;

– *l'évolution imprévisible* de l'altération malformative au fil de la croissance et du traitement.

L'évolution interactive de la triade dysmorphie-dysfonction-dyscroissance fluctue selon l'individu :

– selon son morphotype, qui résulte de son patrimoine génétique familial (on ressemble, quoi qu'il arrive, à sa famille),

– selon sa capacité d'adaptation, qui dépend des compétences de son système nerveux central.

Cependant, la main et la région crânio-faciale se révèlent fondamentalement différentes :

– la main malformée se dissimule, la face ne peut se soustraire au regard ;

– la dysfonction de la face, vue sous l'angle de la nécessaire adaptation, est nocive, alors qu'elle s'avère le plus souvent bénéfique à la main.

L'extrême variabilité des malformations crânio-faciales dans leurs expressions cliniques impose une classification qui ne saurait se limiter à un catalogue descriptif des désordres et de leur topographie. Il s'agit, au contraire, d'établir un pronostic de croissance dans un objectif thérapeutique. Des notions d'horaire, de topographie, d'altération simultanée du cerveau et des organes des sens sont autant de critères utiles pour une telle démarche.

Classification des anomalies crânio-faciales

On distingue trois grands groupes (fig. 7) :

– *les malformations cérébro-crâniennes* : le cerveau détermine puis organise son environnement selon une relation directe de conformation contenant-contenu, entre lui-même et le crâne (pas de cerveau : pas de crâne). La déficience de l'inducteur encéphalique retentit sur la morphologie et le

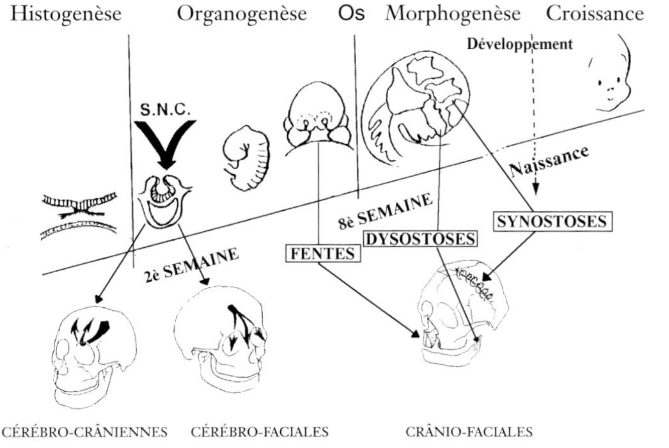

Figure 7. Classification des malformations.

déploiement de la voûte crânienne, selon différents degrés : anencéphalie, micro-encéphalie, autres déformations produites par l'altération cérébrale sous-jacente ;

– *les malformations cérébro-faciales* résultent de la déficience de l'inducteur représenté par les placodes sensorielles, dont l'altération provoque celle de leur territoire facial d'influence. La relation placode-territoire facial varie selon l'organe des sens considéré : prédominante dans une relation directe contenant-contenu, analogue au couple cerveau-crâne pour la placode optique (pas d'œil : pas d'orbite), selon différents degrés (anorbitisme, micro-orbitisme) ; peu apparente pour la placode otique ; d'une extrême diversité pour la placode olfactive, selon une relation indirecte entre l'olfaction et le tiers médian de la face. La malformation du cerveau antérieur (prosencéphale) se traduit par une dysmorphie centro-faciale intéressant le nez et le prémaxillaire, proportionnelle à l'intensité de l'atteinte cérébrale (holoprosencéphalie) ;

– *les malformations crânio-faciales* : l'agression malformative survient au-delà de l'induction neuro-sensorielle, de sorte que, même si le cerveau est touché, l'atteinte est de moindre gravité et sans retentissement direct. La malformation résulte alors :

• d'un défaut de confluence des bourgeons, par obstacle épithélial ou déficience mésenchymateuse (fig. 8) à l'issue de l'organogenèse, créant

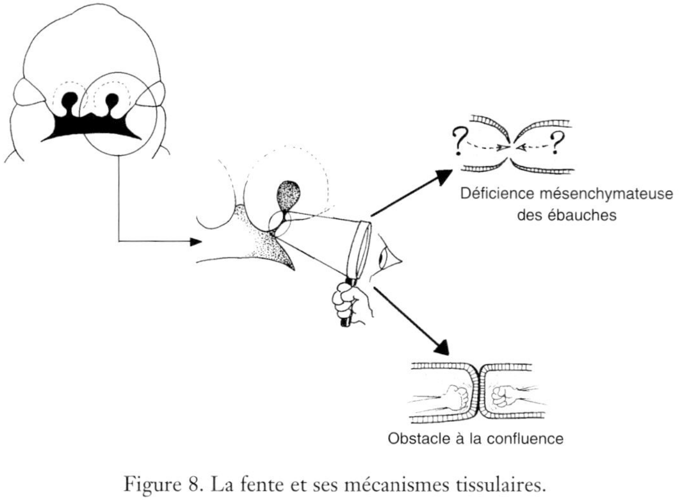

Figure 8. La fente et ses mécanismes tissulaires.

une déformation évolutive, *la fente* ; la localisation labio-maxillo-palatine en est le modèle le plus représentatif ;

• d'une altération tissulaire extrinsèque, limitée à la périphérie de la pièce osseuse, responsable d'une *synostose* ou fermeture prématurée des "joints de dilatation" que sont les sutures (fig. 9) ; la synostose prématurée, localisée le plus souvent à la voûte crânienne, empêche son expansion en s'opposant à la poussée encéphalique ; elle apparaît parfois à la cavité orbitaire et au massif facial ;

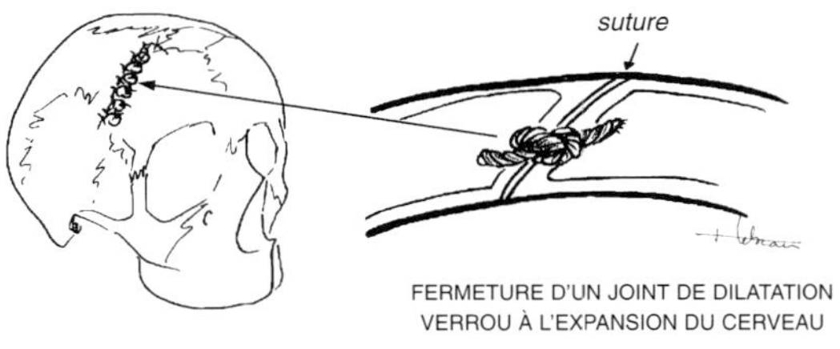

Figure 9. La synostose et sa pathologie suturale.

• d'une altération tissulaire intrinsèque, ou *dysplasie*, d'un ou plusieurs tissus (osseux, cartilagineux...), ce qui les rend inaptes à s'intégrer dans le programme de croissance. On distingue, en fonction du tissu concerné, les dysostoses, les dyschondroses, les dysplasies neuro-musculaires, les dysplasies vasculaires, etc. En tant que pathologie tissulaire, les dysplasies sont d'ordinaire plurifocales. Les déformations du squelette par déficience du tissu osseux, ou *dysostose* (fig. 10), peuvent siéger indifféremment ou simultanément au niveau de l'orbite, du nez, du maxillaire ou de la mandibule.

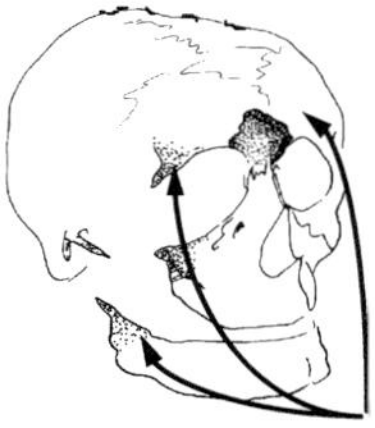

Figure 10. La dysostose : l'altération du tissu osseux est souvent multicentrique.

Il convient d'adjoindre à cette classification les déformations crânio-faciales qui résultent d'un déséquilibre souvent postural ou d'une dysfonction susceptible d'intervenir à tout moment de la croissance. L'exemple le plus typique en est la scoliose crânio-faciale du torticolis congénital (fig. 11).

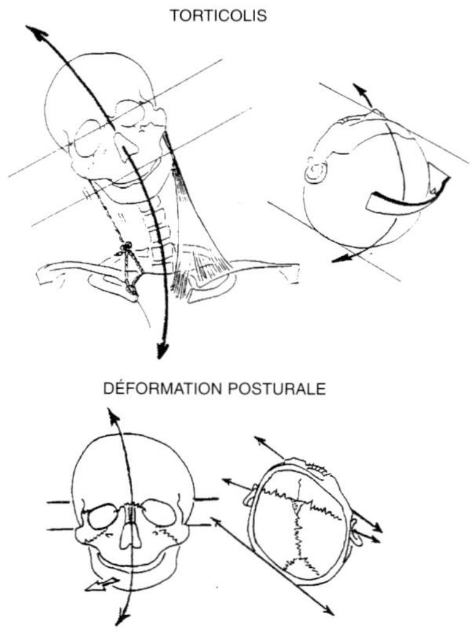

Figure 11. La déformation posturale d'un torticolis congénital.

Le catalogue d'expression clinique de la croissance pathologique s'organise donc selon trois rubriques, réparties en deux groupes selon le pronostic de croissance (Cr) :

– *impasses de la croissance*, ou dysinductions (Cr 0) ;

– *altérations de la croissance*, à Cr variable selon l'étiologie et la topographie :

- malformations cérébro-crânio-faciales (Cr 0) ;
- malformations crânio-faciales :
  . fentes (Cr +++),
  . synostoses (Cr +),
  . dysostoses (Cr ?).

Le gène et la forme

ROSINE CHANDEBOIS

QUI N'A JAMAIS ENTENDU PARLER des gènes et de leur rôle dans l'hérédité ? Parce que, longtemps, la manière dont ils interviennent dans la formation des organismes vivants et la transmission de leurs caractères au fil des générations sont demeurées mystérieuses, ils paraissaient auréolés d'un pouvoir magique. Alors, qu'un gène soit altéré par une mutation, son pouvoir devient maléfique : le mauvais gène devient le mauvais génie.

Maintenant que nous pouvons rassembler, comme les pièces d'un puzzle, tout ce qui, dans les avancées des diverses disciplines de la biologie, est susceptible de nous renseigner sur l'émergence de la forme chez l'embryon, il apparaît que les gènes interviennent dans le fonctionnement des cellules en contrôlant la fabrication des ingrédients dont elles ont besoin. En-dehors d'une cellule, les gènes sont aussi inopérants qu'un ordinateur sans utilisateur. Les cellules elles-mêmes sont les membres d'une société en-dehors de laquelle elles ne pourraient pas mieux développer leurs capacités qu'un enfant élevé par les loups. C'est sur les progrès de cette société, ceux de l'organisme en développement, que se répercutent en définitive les défauts des gènes qui fabriquent de mauvais ingrédients et interfèrent ainsi avec le bon fonctionnement des cellules. Et cela change notre regard sur les malformations.

Le gène et les activités moléculaires de la cellule

Faisons d'abord plus ample connaissance avec le gène. On le définit comme un segment d'une molécule d'ADN, constitué par l'enchaînement de molécules plus simples, de quatre sortes, comparables aux quatre lettres d'un code. Celui-ci est utilisé pour contrôler la fabrication des protéines, qui doivent être élaborées toujours selon les mêmes normes parce qu'elles jouent un rôle primordial dans la production des autres types de molécules qui interviennent dans l'édification et le fonctionnement des cellules.

En raison de l'extrême diversité des synthèses que l'organisme doit effectuer, de nombreux gènes, portés par plusieurs molécules d'ADN, sont indispensables. Chacune de ces molécules d'ADN est contenue dans un chromosome, et chaque type de chromosome est normalement représenté en deux exemplaires dans chaque cellule. L'ensemble des chromosomes et des gènes qu'ils contiennent constitue le génome de l'individu. Avant de se diviser, une cellule fabrique une copie conforme de chaque chromosome, ce qui lui permet de doter ses deux cellules-filles du même matériel héréditaire.

Il arrive qu'au niveau d'un gène se produise une sorte d'erreur typographique, ce qu'on appelle une *mutation génique*. Des "lettres" sont sautées ou mal disposées, ce qui se traduit par des modifications dans la structure de la protéine correspondante. D'autres erreurs appelées *mutations chromosomiques* sont des cassures ou des réarrangements de chromosomes : un segment de chromosome peut ainsi se trouver représenté à un ou trois exemplaires au lieu de deux. Ici les gènes sont normaux mais leurs produits sont élaborés en quantités excessives ou insuffisantes. Comme conséquence de cette instabilité, dans une même espèce, le patrimoine héréditaire varie d'un individu à l'autre : c'est le *génotype* particulier à chacun.

Son génotype, l'enfant n'en a pas hérité directement de ses parents. Chacune des paires de chromosomes de l'enfant représente une copie de celle qui s'est constituée au moment de la conception, avec un chromosome maternel et un chromosome paternel, respectivement apportés par l'ovule et par le spermatozoïde, mais ce ne sont pas des copies exactes des chromosomes des progéniteurs. En effet, dans les cellules germinales du père et de la mère (qui produisent respectivement les spermatozoïdes et les ovules) les chromosomes de chaque paire ont échangé des segments homologues, délimités au hasard. Puis à la division suivante, chaque cellule-fille a emporté un seul chromosome de chaque paire, indifféremment celui hérité du grand-père (où se sont encastrés des gènes de la grand-mère) et celui hérité de la grand-mère (où se sont encastrés des gènes du grand-père). Cela fait pour les spermatozoïdes comme pour les ovules d'un même progéniteur un nombre incalculable de génotypes possible, et d'avantage pour les œufs qui sont fécondés au petit bonheur la chance. C'est donc par cinq "coups de dés" que le génotype de l'enfant est déterminé. Il dépend donc de cinq coups de hasard qu'un gène défectueux ayant déjà provoqué une malformation lors d'une génération précédente passe dans le génotype de l'enfant ainsi procréé.

Ayant pris connaissance des effets primaires des mutations, on ne semble pas beaucoup plus avancé. Comment une anomalie moléculaire, plus particulièrement lorsqu'elle est d'ordre quantitatif, peut-elle se traduire par une malformation qui saute aux yeux ?

Les comportements cellulaires et l'origine des malformations

Les cellules qui constituent notre organisme ne sont pas des unités fonctionnelles enchâssées comme des cailloux dans une mosaïque. Ce sont des organismes de grade inférieur, dont les très lointains ancêtres étaient des cellules libres, comme celles que l'on connaît dans la nature actuelle, et qui se sont constituées en sociétés. Elles en ont conservé les comportements individuels et collectifs qui furent indispensables à la survie et à la propagation des espèces. Elles se divisent périodiquement pour se reproduire, à la condition d'être aidées en cela par la présence de congénères. Elles réagissent à la composition chimique de leur environnement, à la texture de leur substratum, à la rencontre d'une autre cellule, en changeant de forme, en se déplaçant dans une certaine direction ou en s'immobilisant.

Au cours du développement, les activités biochimiqes des cellules sont progressivement modifiées et diversifiées, et avec elles leurs comportements individuels, ce qui fait progressivement émerger l'organisation visible. Les rythmes des divisions sont plus particulièrement concernés : il en résulte que les différentes parties du corps et des organes ne s'accroissent pas dans les mêmes proportions. Les modifications et la diversification des propriétés des membranes se traduisent par les réagencements des cellules. Ici elles resserrent leurs contacts, là elles les relâchent ; ici elles se dispersent – parfois pour se regrouper ailleurs –, là elles migrent en foule ; çà et là, des groupes de cellules se suicident en élaborant en trop grande quantité des enzymes lytiques (des protéines avec lesquelles elles dégradent normalement leurs molécules structurales), ce qui laisse également des traces indélébiles dans le modelé de l'organisme.

Les comportements des cellules ne sont pas commandés par des gènes particuliers. Ils représentent des réactions globales d'organismes et sont ainsi les révélateurs très sensibles de leurs activités moléculaires, notamment des rendements des synthèses. Pour bien comprendre la complexité des déterminismes de ces comportements, comme leur rôle dans la construction de l'organisme et dans ses accidents, nous prendrons cette comparaison. Pour courir, un homme doit mettre en œuvre plusieurs fonctions dont on ne perçoit rien : l'influx nerveux qui actionne les muscles, la respiration tributaire du travail du cœur, le psychisme qui motive. Vous voyez un homme qui se met à courir dans la rue. Vous pouvez tout aussi bien supposer qu'il est en retard, qu'il est poursuivi ou tout simplement qu'il a besoin de se dégourdir les jambes. Qu'il ralentisse, vous penserez tout aussi bien qu'il est essoufflé, que ses jambes sont fatiguées ou qu'il est démotivé pour une raison quelconque. Dans les deux situations, vous ne pouvez exclure que plusieurs causes auront simultanément joué, leurs effets s'étant combinés pour provoquer la course, l'accélérer ou la ralentir. De même, toutes sortes de facteurs ont des incidences analogues sur le comportement des cellules. Il y a d'une part des mutations géniques et chromosomiques, d'autre part de nombreux agents qui ont dans les cellules des cibles variées : rayons, chocs thermiques, ultrasons, produits chimiques de toutes sortes, et même de simples stress mécaniques. *À l'origine des malformations, il n'y a que des modifications minimes dans le comportement de certaines cellules, en conséquence de "chiquenaudes" dans le métabolisme.*

Par ailleurs, le cytoplasme est une sorte de creuset où les produits des gènes se combinent et règlent l'expression d'autres gènes. En conséquence, les répercussions d'une mutation ou d'un quelconque facteur externe sur les comportements cellulaires (rythme des divisions, vitesse des déplacements, force d'adhésion, franchissement du seuil de la cytolyse), parce qu'elles sont d'ordre quantitatif, peuvent être amplifiées, minimisées ou annihilées par d'autres gènes ou par divers facteurs externes.

De ce fait, qu'un gène ayant provoqué des malformations dans l'ascendance se manifeste ou reste silencieux dépend du génotype et relève ainsi du hasard. Les conditions dans lesquelles s'est développé l'embryon pouvant être un facteur aggravant, en présence d'un cas donné, il est donc impossible de déterminer avec certitude quelle fut la cause exacte de l'accident du développement.

L'accident qui est à l'origine d'une malformation se produit dans un type particulier de cellules, au moment où ces cellules ont un comportement impliqué dans l'apparition d'un nouveau trait d'organisation. En effet, chez certains animaux porteurs d'un gène muté, on a découvert que les produits du gène défectueux sont élaborés dès le départ, et dans tout l'embryon. Les facteurs tératogènes, qui dérèglent indifféremment n'importe quel type de cellule de manière réversible, n'ont aucun effet sur le développement en-dehors de quelques périodes critiques auxquelles correspondent des malformations différentes, qui reproduisent souvent les effets de mutations dûment identifiées. Appliqués à la totalité de l'embryon, ces effets sont localisés. Si les malformations peuvent être plus ou moins graves eu égard à l'insignifiance de leurs causes, c'est parce que les cellules initialement touchées sont prises dans l'engrenage du développement. La façon dont elles s'y prennent pour coopérer et créer l'organisation de l'enfant relevant du prodige, notamment par l'extrême précision avec laquelle elles doivent évoluer, il n'est pas superflu d'évoquer ici les mécanismes complexes du développement, pour aider les parents à comprendre.

Le comportement social des cellules et le développement des malformations

Les diverses fonctions que l'organisme adulte doit entretenir pour vivre sont assurées par des tissus différemment spécialisés. En chacun d'eux, les cellules synthétisent en permanence et *en certaines quantités* des molécules de types particuliers qui lui sont indispensables pour jouer son rôle. En conséquence de ce particularisme biochimique, les cellules sont agencées d'une certaine manière, ce qui confère au tissu sa texture caractéristique. Dans un même tissu, les cellules ont des rendements très variés, ce qui se révèle par des différences dans leur manière de s'agencer et dans leurs taux de prolifération.

Chaque cellule de l'œuf en segmentation élabore, à faible régime, des substances impliquées dans les diverses fonctions de l'organisme. Pour engendrer les tissus adultes, les cellules de leur descendance doivent se partager ces fonctions et intensifier les synthèses correspondantes. La façon dont elles s'y prennent évoque dans une certaine mesure la préparation des jeunes à la vie professionnelle. Dans le primaire, la future polytechnicienne, le futur poète comme le futur manœuvre font tous la même chose, c'est-à-dire un peu de tout. Par la suite, tandis que ses connaissances s'accroissent, chacun de ces élèves devra, à plusieurs reprises, effectuer un choix décisif entre les matières qu'il continuera à approfondir et celles auxquelles il donnera moins d'importance ou finira par abandonner définitivement. La formation de chaque élève n'est pas l'accomplissement d'une destinée "écrite dans le ciel". Elle comporte cette large part d'imprévu qui caractérise tout progrès réalisé dans le cadre d'une vie sociale, et dont toutes sortes d'avatars peuvent inopinément modifier le cours.

La genèse des tissus se manifeste par ce que l'on appelle le *morcellement* de l'embryon. Typiquement, un territoire qui, à un stade donné, est occupé par un tissu est découpé, au stade suivant, en deux territoires différents, chacun constitué par un tissu plus spécialisé dont la texture s'apparente davantage à celle d'un tissu adulte. L'émergence de chacun d'eux résulte d'un choix effectué par les cellules entre les synthèses qu'elles vont continuer à amplifier (elles se réagenceront dès que le seuil critique sera atteint) et les synthèses correspondant aux autres fonctions qui, par contrecoup, seront ralenties ou abandonnées. De plus, dans le tissu nouvellement individualisé, les cellules acquièrent rapidement des "personnalités" extrêmement diverses : les inégalités de la croissance, la diversité des réagencements et les suicides qui en résultent créent un modelé particulier dans lequel on reconnaît déjà certains traits majeurs d'un organe de l'adulte.

Les facteurs tératogènes n'agissent pas seulement au niveau des changements de comportement qui révèlent ces divers choix ; plus souvent, ils faussent le choix lui-même, forçant les cellules à s'engager dans une autre voie, sans la moindre possibilité de faire marche arrière, ce qui est à l'origine des malformations les plus graves – ceci parce que la destinée particulière de chaque lignée cellulaire n'est inscrite nulle part. Leurs choix successifs seraient impossibles sans des échanges d'informations avec d'autres cellules.

L'émergence d'un tissu, rappelons-le, se produit lorsque les cellules se réagencent spontanément, la concentration de ses substances spécifiques atteignant le seuil critique. Il faut donc qu'un tissu embryonnaire amplifie la synthèse des deux tissus qu'il doit engendrer avant que ceux-ci s'individualisent. S'il est livré à lui-même, il se transforme tout entier en l'un deux, perdant du même coup la faculté d'engendrer l'autre dont les substances spécifiques n'atteignent pas la concentration critique. Pour que cette potentialité s'exprime, il faut aux cellules l'aide d'un tissu étranger, situé dans leur voisinage ou venant se placer à leur contact, et que l'on appelle l'*inducteur*.

Les propriétés des cellules évoluent si vite que le laps de temps entre l'appparition et l'extinction de leur "compétence" (c'est-à-dire la perte de leur aptitude à réagir au contact de l'inducteur) est extrêmement court – de l'ordre de quelques heures. *Une synchronisation parfaite est donc requise. Or dans un tissu embryonnaire, cette progression est l'œuvre d'une entr'aide constante des cellules qui, en contact direct les unes avec les autres, ne cessent de communiquer. Un rien suffit pour en modifier la vitesse.* Les divers facteurs qui altèrent un tant soit peu les propriétés de la périphérie cellulaire (membrane plasmique et cytoplasme sous-jacent) ou qui modifient leur cohésion (stress mécaniques) sont susceptibles d'accélérer ou de retarder la progression, de même que l'amplification ou la diminution de la synthèse de certaines molécules résultant de la présence ou de l'absence d'un chromosome supplémentaire. Que le tissu soit devenu compétent avant que son inducteur soit prêt, ou que celui-ci soit incapable de se déplacer, le seuil de différenciation n'est pas atteint – en quelque sorte, la goutte qui a manqué pour que le vase déborde. Le tissu, et donc l'ébauche d'organe qu'il constitue, n'émerge pas. Inversement, ces mêmes facteurs peuvent amplifier jusqu'au seuil de différenciation les synthèses du tissu induit dans des cellules compétentes qui échappent normalement à l'action de l'inducteur ; c'est la goutte qui fait déborder le vase : une ébauche supplémentaire se constitue. On ne peut manquer de citer cet exemple simple : il suffit d'enfoncer dans le flanc d'un embryon de triton une parcelle de matière plastique – ce qui a pour effet de relâcher les contacts cellulaires – pour provoquer la poussée d'une patte supplémentaire, à la condition d'agir au moment où émergent normalement les bourgeons des membres.

Les choses ne s'arrêtent pas là. Si l'on fait exception des dernières étapes de la genèse des organes, une ébauche qui a été induite acquiert une nouvelle compétence ou encore la propriété d'induire une ou plusieurs autres ébauches. En conséquence, si une induction ne se produit pas, toutes celles qui s'y enchaînent normalement par la suite sont impossibles. Si, inversement, une ébauche supplémentaire se forme, elle induira la formation d'autres ébauches supplémentaires. *Plus l'accident se produit tôt, plus les effets sont catastrophiques.* Nous les évaluerons mieux avec ces exemples. Chez les vertébrés, pour que se produisent les premiers morcellements qui créent les grandes lignes de l'architecture de l'individu, il faut que les cellules inductrices pénètrent à l'intérieur de l'embryon. Si l'on place un œuf de grenouille dans un milieu salin légèrement déséquilibré, ces cellules restent à l'extérieur. L'embryon, incapable de s'organiser, meurt rapidement. Inversement, il suffit que les cellules rencontrent un obstacle en migrant pour que la partie antérieure du tissu inducteur soit bifurquée : l'embryon forme deux têtes, l'une et l'autre normalement constituées.

Dans la jeune ébauche, les influences des tissus voisins, en se propageant, atteignent des cellules de plus en plus avancées dans leur progression, qui acquièrent de la sorte des “personnalités” différentes. Ainsi est créée une organisation invisible qui se manifestera par la diversification des comportements cellulaires. *Tout facteur qui modifie la vitesse de la progression est susceptible de créer des défauts dans cette organisation invisible qui se révéleront plus tard dans la conformation de l'organe, plus particulièrement par des anomalies dans les modalités de la croissance* . Un exemple pour fixer les idées : on connaît chez la souris une mutation qui se manifeste par l'atrophie de l'extrémité de la patte, tout simplement causée par une accélération dans la progression des cellules destinées à former les pièces du squelette. Néanmoins, l'ébauche reste dans tous les cas identifiable, parce que ses traits les plus spécifiques sont déterminés par l'identité du tissu qui la constitue et par celle des tissus voisins ; sur ses fonctions, sauf à les supprimer, les facteurs tératogènes n'ont aucune prise.

En raison de la communication entre les cellules, la complication des structures d'une jeune ébauche contribue à compliquer les structures des formations avoisinantes de telle sorte qu'une anomalie initialement mineure peut s'étendre, et ceci d'autant plus que le dérèglement s'est produit plus précocement.

Un nouveau regard sur les malformations

Puisqu'on ne peut attendre de la médecine qu'elle répare à la perfection ce que nous assimilons aux séquelles d'un accident du développement – un accident qui, à l'instar de n'importe quel autre, risque d'être jugé d'autant plus navrant qu'un rien l'a provoqué –, il est impérieux d'apprendre à les considérer autrement. Pour cela, il suffit d'en rechercher la signification biologique.

Les traits généraux les plus spécialisés de l'architecture des principaux organes de l'homme (notamment le système nerveux, la face, les membres), nous les retrouvons chez tous les vertébrés, des poissons aux mammifères supérieurs. La raison, nous la connaissons déjà : ces traits sont déterminés en partie par l'intervention de certains gènes à des stades critiques du développement, lors de la mise en place du plan général de l'organisme ou de la structure d'un organe, mais surtout grâce aux interactions entre les tissus embryonnaires, tandis qu'ils se répartissent entre les grandes fonctions de l'organisme. *Sur ces fonctions, la variation génotypique est sans effet*, et leur partage procède partout de la même manière. En revanche, les comportements des cellules impliquées dans la genèse des traits particuliers sont modulables en fonction du génotype. *Il y a donc pour chaque sorte d'ébauche une infinité de types morphologiques réalisables*, ce qui explique toute la diversité des formes que l'on connaît chez les vertébrés actuels et fossiles. Si, dans chaque espèce, l'éventail des possibilités d'organisation d'une ébauche est très restreint, c'est parce que chacune possède son garde-fou qui limite considérablement les fluctuations des génotypes, à savoir le cytoplasme de l'œuf, qui bloque le développement de l'individu si le noyau renferme de l'ADN non conforme, notamment celui d'une espèce étrangère. Ce garde-fou, toutefois, ne fonctionne pas avec l'extrême précision requise pour prévenir ces infimes écarts à l'origine de ces structures qui ne sont pas conformes au type standard de l'espèce.

Pour les mêmes raisons, il est possible que certains génotypes – ou des agents tératogènes qui ont des effets similaires – déterminent l'apparition de traits d'organisation aberrants, mais normaux dans d'autres espèces. Ainsi, il y a chez les poulets des mutants dont l'aile présente un aspect rappelant celui d'une patte de taupe. L'anomalie est simplement liée à la lenteur des déplacements des cellules qui ébauchent les pièces du squelette. De toute évidence, ce gène n'est pas un gène de taupe. L'homme n'échappe pas à la règle, comme en témoignent les dénominations scientifiques ou courantes – plus ou moins contestables d'ailleurs – de certaines malformations qui se reproduisent avec une certaine fréquence dans les populations.

Les mécanismes de la reproduction animale et humaine ont quelque chose de paradoxal en apparence. La précision extrêmement rigoureuse avec laquelle les cellules doivent modifier et diversifier leurs comportements, afin que chaque organe s'individualise en bonne place et acquière une morphologie adaptée à sa fonction, doit s'accommoder de contingences qui relèvent en fait d'exigences fondamentales pour le vivant. *Il y a d'une part le brassage des gènes.* Pour l'effectuer, les cellules ont "inventé" puis perfectionné les mécanismes de la sexualité, sortes de machines conçues pour fabriquer des génotypes, comme celles des loteries de foire pour tirer tel ou tel numéro. Ce brassage est d'une importance capitale : il a permis de perpétuer les espèces et de les diversifier au cours de l'évolution. *Il y a d'autre part des fluctuations dans les conditions de vie* qui, bien que n'ayant pas d'incidence sur l'organisme adulte, peuvent aiguiller le développement vers la réalisation de structures différentes, parfois bénéfique chez des organismes inférieurs, mais généralement source de handicaps chez des espèces d'organisation plus complexe. C'est pourquoi, au cours de l'évolution, les œufs et les embryons ont été dotés de moyens de protection (enveloppe, coquille, viviparité) de plus en plus efficaces, mais nécessairement imparfaits.

En définitive, la malformation n'est que l'expression de l'une des multiples potentialités morphogénétiques de l'espèce humaine. Elle est dans l'ordre des choses.

Indications et techniques chirurgicales

MICHEL STRICKER, BERNARD RAPHAËL, A.-R. CHANCHOLLE

Les protocoles thérapeutiques

La chirurgie est dite *reconstructive* ou *plastique* lorsqu'elle rétablit une forme normale, mais le traitement d'une malformation ne se limite pas à redonner seulement l'apparence, mais aussi une fonction qui agit à son tour, par un phénomène rétroactif, sur la forme, pour lui imprimer sa marque.

L'importance fonctionnelle des territoires topographiques est représentée sur l'écorce cérébrale par des territoires affectés à la motricité (cortex frontal) et à la sensibilité (cortex pariétal) des différentes parties du corps : c'est l'*homonculus de Penfield.* La face et la main en occupent la majeure partie (fig. 1).

L'intrication et l'interaction entre forme et fonction diffèrent à la main et à la région crânio-faciale :

– *à la main*, la fonction prime toujours la forme ; c'est grâce à l'activité fonctionnelle que la région opérée réussit à évoluer et que le résultat chirurgical se maintient au fil du temps ;

– *à la face*, la forme et la fonction sont indissociables, selon des interactions d'une extrême complexité, en particulier au niveau de la bouche.

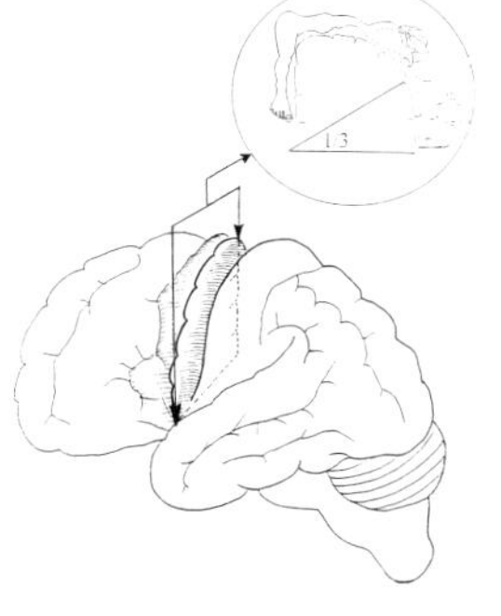

Figure 1. L'*homonculus* de Penfeld.

L'objectif thérapeutique ne se résume pas à un acte chirurgical, même très performant, mais correspond à une *alliance thérapeutique* au sein de laquelle divers spécialistes interviennent selon un calendrier bien défini qui donne une place essentielle à la rééducation des fonctions.

L'acte chirurgical primaire, souvent nécessaire, rarement suffisant, peut s'avérer nocif si l'intervention, avec la cicatrice qui en résulte, ralentit, restreint ou même inhibe les possibilités de croissance. Dans la plupart des cas, il ne saurait à lui seul, même dans les meilleures conditions de réalisation, assurer à long terme l'évolution favorable de la région malformée. Une révision chirurgicale s'avère le plus souvent nécessaire, souvent dans un but fonctionnel chez l'enfant avant l'âge scolaire, presque toujours dans un but morpho-esthétique chez l'adolescent.

Le *calendrier thérapeutique* doit adapter sa stratégie aux variations de trois facteurs (fig. 2) :

– *le facteur social* : pour l'enfant, il s'agit de l'entrée au cours préparatoire, le CP, à 6 ans. L'entrée en classe maternelle se passe bien le plus souvent, même si la déformation est encore visible : la maîtresse d'école veille tout particulièrement à la bonne entente des enfants, plus importante dans ces classes que l'enseignement. Il n'en est pas toujours de même au CP où l'instituteur est plus préoccupé d'instruire ;

– *le facteur biologique*, c'est-à-dire les temps forts de la croissance, en particulier le changement de dentition et la période para-pubertaire ;

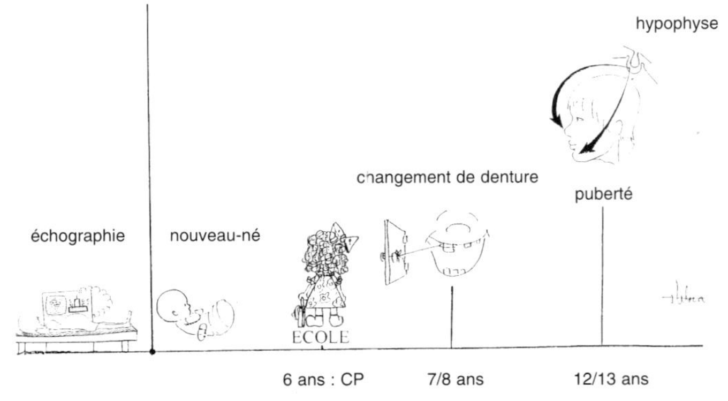

Figure 2. Les facteurs sociaux et biologiques du calendrier thérapeutique.

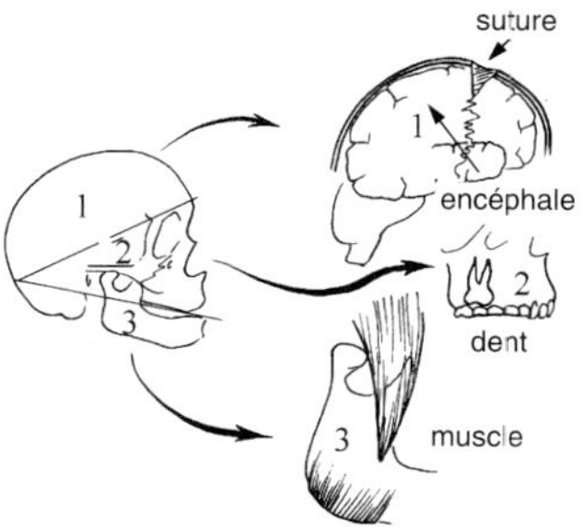

Figure 3. Les trois secteurs chirurgicaux.
1, la voûte. 2, la mandibule. 3, le maxillaire.

– *le facteur malformatif* : il correspond au type de la malformation et sa réponse à l'action thérapeutique.

Le moment et les modalités de l'acte opératoire varient selon le type de malformation et son pronostic, la région concernée et son mode de croissance. Le chirurgien distingue en effet trois régions (fig. 3) :

– *en haut, la voûte*, tributaire de la poussée encéphalique durant les trois premières années de la vie ;

– *au milieu, le tiers médian facial*, dont la croissance plurifactorielle, à long terme, fait intervenir, entre autres, l'éruption dentaire et l'exercice correct des fonctions nutritives, tétée et mastication ;

– *en bas et sur les côtés*, la mandibule, soumise au rôle prépondérant, voire exclusif, du muscle (en l'occurrence les muscles de la mastication et la langue).

Ces paramètres permettent de distinguer schématiquement ceux que l'on n'opère pas, ceux que l'on opère précocement et ceux dont on retarde l'opération.

L'abstention est souvent justifiée en cas de malformation cérébro-crânienne, si l'encéphale est sévèrement atteint, le pronostic de croissance nul et l'espérance de vie réduite.

La chirurgie précoce s'adresse au nourrisson, de la naissance au dix-huitième mois. Elle est dite :

– *interceptive* lorsqu'elle a pour ambition d'intercepter le déséquilibre musculaire et fonctionnel introduit par la malformation au sein des structures, pour leur permettre de réintégrer le programme de croissance de la région. Cette interception doit être la plus précoce possible, en fonction des conditions locales, et le geste chirurgical doit comporter une nocivité intrinsèque minimale. Deux exemples illustrent ce type de chirurgie : la rééquilibration des sangles musculaires d'une fente, la levée de l'obstacle représenté par la synostose au niveau des sutures de la voûte crânienne ;

– *morphologique* lorsqu'elle corrige une dysmorphie sévère afin de restituer temporairement la forme, répondant à une visée psychologique. L'effet souvent incomplet du traitement primaire nécessite ultérieurement des gestes complémentaires.

La chirurgie doit parfois être différée, de façon délibérée, et constitue :

– soit un geste primaire, dans certaines dysplasies du maxillaire et de la mandibule, en sachant que des procédés récents de distraction osseuse amènent à reconsidérer cette position ;

– soit un geste complémentaire de la chirurgie précoce.

Les indications thérapeutiques

Malformations cérébro-crâniennes

Le cerveau est altéré, l'abstention est donc de mise, sauf exception.

Malformations cérébro-faciales

Holoprosencéphalie : les formes majeures, concomitantes d'une altération sévère du cerveau antérieur, ne sont pas viables. Les formes mineures sont viables et requièrent une réparation du déficit centro-facial, c'est-à-dire le nez, la partie médiane de la lèvre supérieure et la voûte palatine antérieure ; cette reconstruction, qui ne peut avoir d'effet bénéfique sur la croissance, nécessite à terme une ou des interventions chirurgicales pour accompagner la croissance des régions voisines.

Anorbitisme et hypo-orbitisme : l'absence ou la réduction de la cavité orbitaire, par défaut du globe oculaire, nécessite de réaliser une expansion continue du cône osseux orbitaire. Si le globe oculaire est absent, ou dans un état rudimentaire, on peut lui substituer une prothèse d'expansion (ballonnet gonflable) dont l'efficacité dépend d'une mise en place aussi précoce que possible. Après expansion de l'orbite, on introduit un implant et on prépare la cavité conjonctivale pour accueillir la prothèse oculaire.

Malformations crânio-faciales

Fentes labio-palatines

La non-confluence des bourgeons labio-naso-maxillaires à l'issue de l'organogenèse laisse subsister une interruption partielle ou totale, uni ou bilatérale. La brèche est *latérale* ou *bilatérale* sur la lèvre, la gencive et l'os alvéolaire ; elle devient médiane sur le palais et le voile, faisant communiquer, parfois à plein canal, la cavité buccale et l'une des fosses nasales, ou les deux. La fente est responsable d'une rupture d'équilibre par interruption des sangles musculaires, créant une distorsion évolutive des structures osseuses et cartilagineuses dans les trois plans de l'espace. Ce déséquilibre musculaire et ses anomalies structurales engendrent des dysfonctions que nous avons décrites en détail page 57.

Le pronostic de croissance varie selon l'étendue de la fente et l'intensité malformative, c'est-à-dire le manque de matériel tissulaire. Ainsi l'atteinte osseuse, l'écart entre les berges alvéolaires en avant et la bilatéralité sont des facteurs aggravants, de même que la présence de malformations associées.

Le *traitement primaire* est ici à la fois interceptif et morphologique. La réparation des fentes a pour double objectif la réhabilitation de la forme et le rétablissement des fonctions. L'intervention doit être la plus précoce possible, afin de permettre l'éveil de la fonction, sous réserve de la fiabilité du geste : il faut tenir compte de la réaction des structures osseuses sous-jacentes aux cicatrices cutanées et muqueuses qui pourraient hypothéquer l'avenir.

Trois secteurs doivent être réparés, successivement ou simultanément :

– la lèvre et la base narinaire qui lui est assujettie,

– le palais osseux, bordé de l'arcade gingivale,

– le voile du palais, dans sa continuité avec le pharynx.

La première préoccupation consiste à créer les conditions nécessaires à la mise en place des fonctions oro-faciales du nourrisson et, en premier lieu, celles du couple succion-déglutition : *la pose d'une plaque palatine* qui vient obturer la communication anormale entre la bouche et le nez et s'oppose à l'interposition de la langue dans la fente *est justifiée et nécessaire, en cas de fente totale, dès les premiers jours de la vie.*

Une préoccupation aussi importante est de rétablir la forme du visage afin que les relations parents-enfant-entourage ne soient pas perturbées par l'apparence de la lésion.

La plupart des protocoles chirurgicaux réparent la fente d'avant en arrière et s'achèvent avant la fin de la première année. Pourtant, dans cette chirurgie de compromis, l'ordre des priorités demeure un choix d'école. Le moment du geste opératoire, le nombre des interventions et l'ordre dans lequel elles sont réalisées varient d'une équipe à l'autre :

– La réparation néonatale de la lèvre et du nez est prônée par certains, non seulement pour faciliter la relation familiale mais aussi pour donner dès que possible aux muscles sous-jacents leur continuité fonctionnelle. Cette intervention néonatale n'est pas adoptée par d'autres qui n'opèrent qu'entre 3 et 6 mois, pour des raisons techniques.

– Certains proposent une réparation première du voile, selon un protocole inversé d'arrière en avant qui débute au troisième mois. Basé sur le rôle essentiel de la langue dans la morphogenèse de l'arcade dentaire, ce protocole reflète une théorie selon laquelle la réparation primaire du voile procure à la langue des qualités dynamiques propres à s'opposer à la pression nocive de la lèvre qui est, dans ce protocole, réparée plus tard. Enfin la fermeture précoce du voile entraînerait un rétrécissement de la fente osseuse qui simplifierait sa fermeture chirurgicale ultérieure. Nous n'adhérons pas à cette théorie qui subordonne trop intimement la fonction linguale à l'état du voile et qui n'a d'ailleurs pas encore reçu de confirmation scientifique ; bien au contraire, les connaissances actuelles relatives à la *projection sensorielle de la langue*, d'une part, et les observations cliniques et radiographiques après chirurgie vélaire, d'autre part, ne sont pas favorables à cette doctrine.

– D'autres équipes encore s'interdisent la fermeture de la fente osseuse, en particulier au niveau de son site antérieur alvéolaire, estimant à juste titre que toute mobilisation de la fibro-muqueuse palatine équivaut obligatoirement à un trouble de croissance ultérieur. Cette pratique a pour inconvénient de laisser persister jusqu'à l'âge de 9 à 10 ans une large communication antérieure entre la bouche et le nez responsable d'un passage alimentaire au moment des repas, d'une fuite d'air en parlant et impose le port permanent d'une plaque palatine qui n'empêche pas d'ailleurs les troubles de la phonation.

Les techniques de ces protocoles chirurgicaux utilisent les tissus présents mais déplacés et se contentent de les replacer en situation normale.

Certains chirurgiens jugent insuffisants les tissus présents autour de la fente et estiment donc nécessaire l'apport de tissus prélevés ailleurs. Cet apport permet aussi de mieux respecter la fibro-muqueuse palatine essentielle à la croissance. Cette *greffe* peut être de peau ou de muqueuse, d'os, de périoste.

La greffe cutanée ou muqueuse ne produit pas d'os et ne peut donc favoriser directement la croissance.

La greffe osseuse, introduite par les chirurgiens suédois, est actuellement abandonnée car ses résultats à long terme sur la croissance maxillaire ont été décevants. Il en est de même de l'utilisation du périoste maxillaire adjacent.

La greffe périostée libre, des chirurgiens finlandais et français, présente le double avantage d'autoriser la réparation primaire et totale de la fente osseuse et de procurer à moyen terme de l'os dans le défaut alvéolaire. La greffe périostée (prélevée sur le tibia ou la voûte crânienne) n'est pas, pour l'instant, compatible avec la réparation néonatale de la lèvre et du nez.

Contrairement aux apparences, ces différents programmes ne sont pas contradictoires. En effet il est impossible de satisfaire en même temps toutes les difficultés posées par les fentes labio-palatines : apparence, fonctions musculaires, croissance osseuse.

Chaque chirurgien et son équipe choisissent une priorité parmi d'autres : *le traitement d'une fente labio-palatine est toujours un compromis entre plusieurs urgences.* L'important est la cohérence des différentes actions thérapeutiques et la surveillance de leurs effets par la même équipe.

Notre choix, basé *pour chacun de nous* sur une expérience de plus de 20 ans et de plus de 1000 enfants traités, et sur l'analyse et la confrontation de nos résultats, se porte aujourd'hui vers les techniques qui permettent la réparation complète de la fente en un ou deux temps, en respectant impérativement les principes suivants :

– rétablir l'apparence au plus tôt, de la naissance... aux tous premiers mois, suivant la forme de la lésion ;

– ne pas utiliser la fibro-muqueuse palatine pour réparer la fente osseuse, au risque de voir apparaître un trouble de croissance du maxillaire ;

– réparer le voile au plus tard au 7e mois lorsque débute la période active du pré-langage ;

– corriger, lorsque le voile est fendu, la fonction tubo-tympanique perturbée par un épanchement (otite) séro-muqueux. Son traitement consiste en la mise en place d'aérateurs trans-tympaniques par le chirurgien ORL, en même temps que l'intervention vélaire.

Le suivi est indispensable : il concerne essentiellement l'évolution dentaire, les conditions d'acquisition du langage, la qualité de l'audition, le retentissement de la lésion sur l'équilibre statique et dynamique du corps dont la perturbation se traduit par des troubles posturaux.

Certains gestes chirurgicaux complémentaires s'avèrent parfois utiles (fig. 4), portant surtout sur les séquelles à retentissement fonctionnel :

– cure des éventuelles fistules palatines qui font communiquer la cavité buccale et les fosses nasales et sont responsables de passages alimentaires dans le nez et de perturbations du flux aérien nasal, créant des turbulences susceptibles de contrarier l'action du voile du palais ;

– réparation, avant la sixième année, d'une incompétence vélo-pharyngée, responsable de troubles phonétiques, par un renforcement du sphincter vélo-pharyngé (pharyngoplastie) ;

– repositionnement chirurgical des maxillaires et greffes osseuses en cours ou en fin de croissance, lorsque la dysharmonie inter-maxillaire n'est plus accessible aux techniques orthodontiques, ou pour améliorer leurs effets.

Enfin, trois gestes spécifiques s'appliquent fréquemment aux fentes bilatérales :

– approfondissement du vestibule buccal supérieur, corrigeant l'adhérence labio-gingivale en détachant la lèvre du maxillaire pour permettre le libre jeu de la lèvre et l'évolution dentaire ;

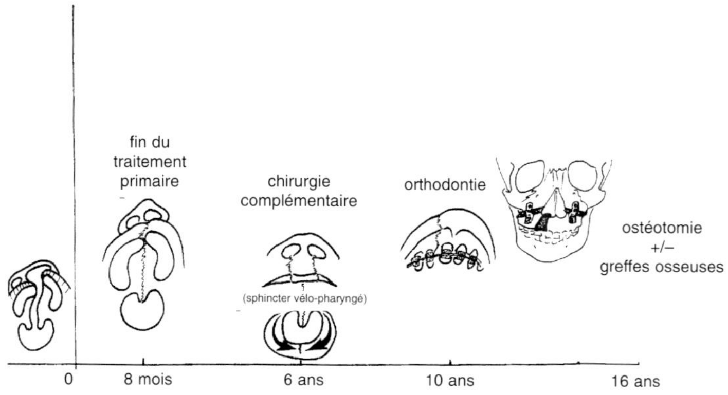

Figure 4. Les principales étapes chirurgicales et orthodontiques du traitement secondaire.

– rehaussement de la columelle, petite colonne entre la lèvre et la pointe nasale, dont la brièveté est caractéristique de la fente bilatérale ;

– étoffement de la partie médiane de la lèvre supérieure, ou tubercule labial, particulièrement pauvre et dépourvue de muscle.

Tous ces gestes s'accompagnent nécessairement d'une rééducation.

Synostoses

La libération du verrou représenté par la synostose est indispensable au niveau de la voûte et doit être ultra-précoce. Elle s'accompagne d'un remodelage des structures osseuses déformées et d'une prévention de la récidive. Le geste chirurgical varie selon la localisation de la suture synostosée, son étendue et la multiplicité des synostoses. La surveillance neuro-sensorielle et l'examen du fond d'œil s'imposent.

Il arrive, mais rarement, que des altérations de la circulation du liquide céphalo-rachidien, à type d'hydrocéphalie, coexistent et obligent à créer une dérivation vers le péritoine grâce à une valve à débit variable.

Dysplasies

Ces pathologies de tissu, souvent plurifocales, peuvent affecter tous les tissus de l'organisme, mais l'altération osseuse ou dysostose est la plus fréquente. Il en existe trois types principaux :

– *la brèche crânienne ostéo-méningée* : une hernie du cerveau ou de ses enveloppes (méningo-encéphalocèle), passe parfois à travers une brèche osseuse de la paroi crânienne. Sa réparation impose une réintégration du tissu hernié, une réfection du sac méningé par une plastie de péricrâne et de la brèche osseuse par une greffe prélevée le plus souvent sur la voûte ;

– *les dysostoses centro-faciales* : elles regroupent une grande variété d'expressions cliniques, depuis l'hypertélorisme inter-orbitaire jusqu'aux grandes dysostoses de type Crouzon ou Apert. Le geste chirurgical précoce est purement morphologique, dans la plupart des cas, parfois à visée fonctionnelle, avec pour objectif de mettre le patient à l'abri de complications visuelles ou respiratoires et de préparer l'avenir. Ces interventions précoces ne connaissent pourtant pas d'évolution favorable au niveau de la région centro-faciale dépourvue de muscle donc d'une orthopédie naturelle suffisante, complémentaire de l'acte chirurgical ; certains espoirs sont néanmoins autorisées par des procédés récents de distraction osseuse.

La modification de la relation inter-orbitaire, symétrique ou asymétrique (hypertélorisme, dystopie orbitaire), se corrige en déplaçant les orbites vers la ligne médiane ; il s'agit d'un geste chirurgical important dont la réalisation ne peut être envisagée qu'après l'âge de 4 ans, pour des raisons de cohésion osseuse ; la croissance ultérieure du nez sera, le plus souvent, insuffisante. Enfin, certaines grandes dysostoses crânio-faciales, de type Crouzon, Apert ou analogues, sont susceptibles de développer secondairement des hydrocéphalies par compression au niveau de la charnière occipito-vertébrale (syndrome de Chiari) ;

– *les dysostoses latéro-faciales* : elles affectent l'étage latéral maxillaire, mandibulaire et pétreux, séparément ou conjointement. L'oreille participe, à des degrés divers, au tableau malformatif : le pavillon est absent, de dimension réduite ou en situation anormale ; le conduit auditif externe n'existe pas ; la chaîne des osselets est altérée de sorte que la transmission s'effectue uniquement par conduction osseuse. Lorsque l'examen radiologique par scanographie du rocher montre l'existence d'une caisse du tympan, on peut envisager de restaurer la transmission, à condition que l'oreille interne soit indemne. Cependant, cette opération ne recueille pas tous les suffrages des spécialistes de chirurgie otologique et ne peut, de toutes façons, intervenir qu'après la reconstruction du pavillon, habituellement réalisée à 8 ans.

La reconstruction osseuse, en particulier mandibulaire, par différents procédés de greffe osseuse ou de lambeau composite avec micro-anastomoses vasculaires est d'ordinaire différée. Les nouveaux procédés de distraction osseuse, dont la mandibule semble le site de prédilection, représentent aujourd'hui le choix principal chez le jeune enfant.

Altération cartilagineuse ou dyschondrose

Le tissu cartilagineux, comme le tissu osseux, est à peu près insensible à l'action thérapeutique précoce. Les rétrusions du nez, constatées dans ces formes, requièrent donc des apports osseux à un stade différé.

Altération neuro-musculaire ou dysmyose ou dysmaturité neuro-musculaire

Le retard dans les processus de maturation neuro-musculaire est fréquemment observé au niveau du territoire oro-facial, mais la lésion responsable siège à un niveau variable sur le trajet neuro-musculaire :

– le simple retard de maturation de la jonction nerf-muscle répond favorablement à la stimulation fonctionnelle (rééducation de la tétée au cours du syndrome de Pierre Robin, par exemple) ;

– les altérations situées plus haut, au niveau médullaire, à la corne antérieure (arthrogrypose), voire au niveau bulbaire ou encéphalique, sont justiciables de thérapeutiques plus aléatoires et peu chirurgicales.

La coordination motrice

MARIE-MADELEINE BÉZIERS

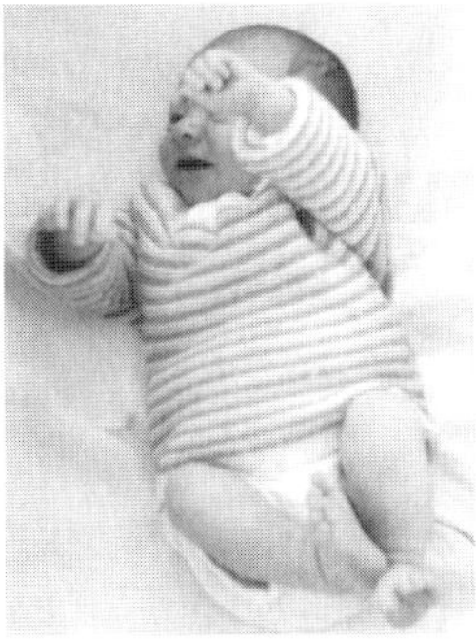

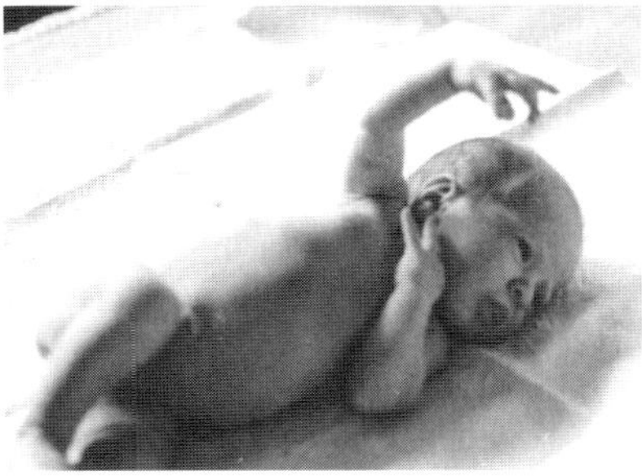

Le corps du bébé s'anime dès qu'il est éveillé. Il danse tout naturellement.

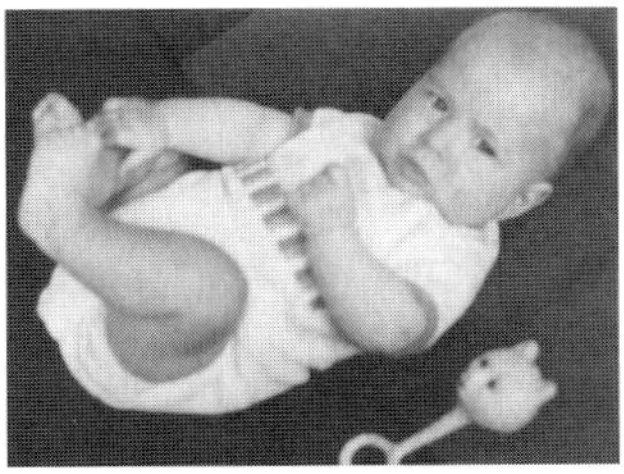

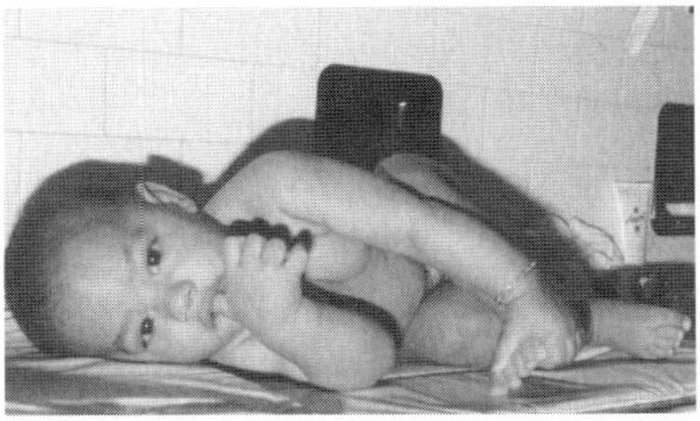

Spontanément, l'enfant ramène son bassin et sa tête vers l'avant, et regroupe pieds et mains.

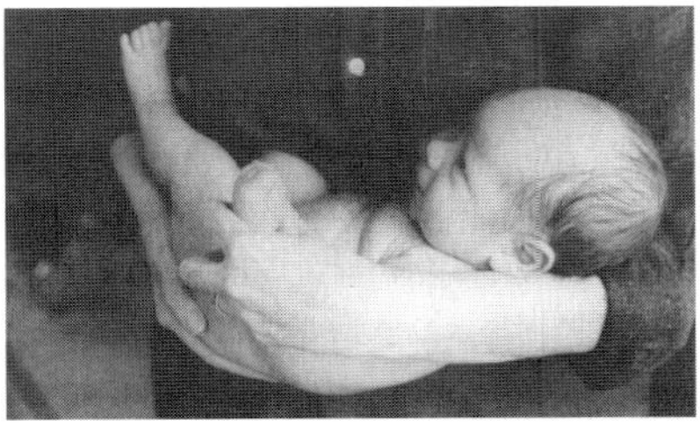

Maintenu en arrondi, le bébé se love et s'enroule.

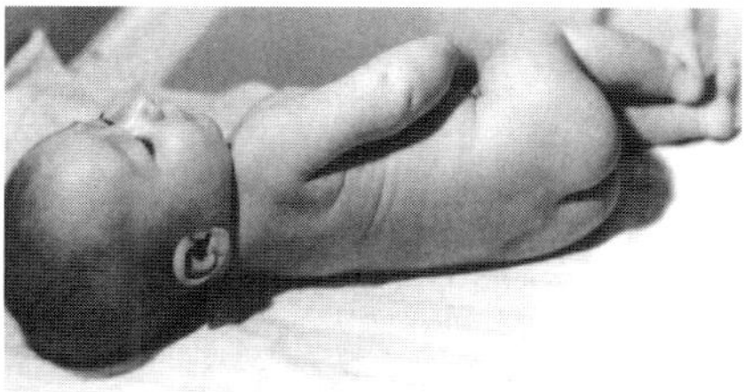

Le bébé ne tourne pas d'un bloc. Il écarte d'abord le coude, replie les côtes et tourne le haut du dos sans entraîner le bassin, qui reste vers l'enroulement. C'est déjà l'opposition bassin-thorax.

Quelle est l'organisation qui permet au bébé ces mouvements ?

Les premiers mouvements sont réflexes, mais se produisent dans un schéma de coordination qui préfigure tous les gestes que l'enfant développera volontairement.

Le corps est construit sur l'enroulement-redressement et sur l'opposition de rotation.

– *Enroulement-redressement*

• *Enroulement* :

* *au niveau de la tête*, c'est un mouvement complexe qui part des lèvres, des muscles de la déglutition, et bascule la tête vers l'avant en ouvrant en arrière l'espace entre les premières vertèbres cervicales : c'est le petit hochement de la tête que l'on remarque lors de la tétée, le mouvement du *oui*. Cet enroulement se propage au thorax et écarte les dernières côtes ;

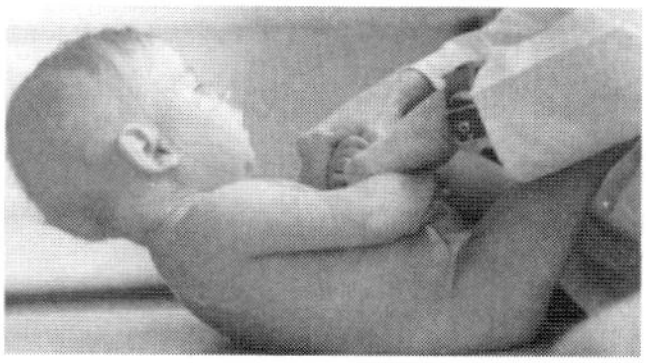

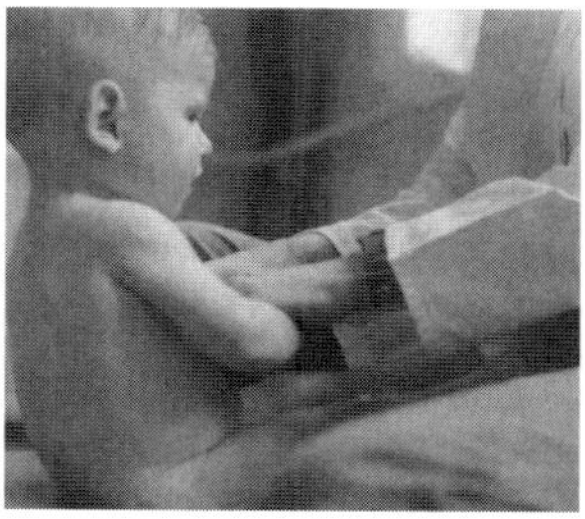

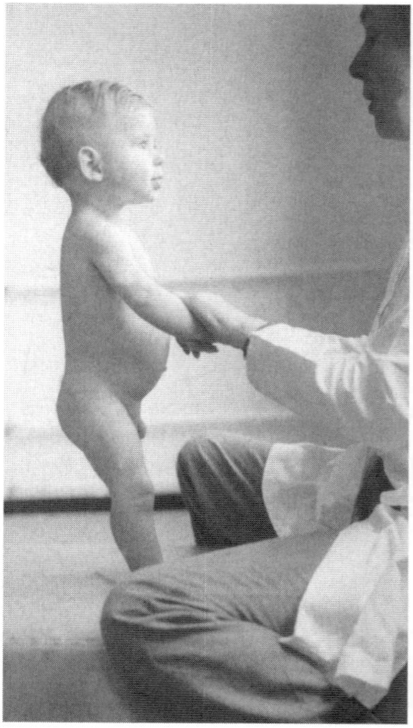

* *au niveau du bassin*, le mouvement des abdominaux part du périnée, en rapprochant les ischions, coccyx et pubis ; le bassin s'enroule pour se rapprocher de la tête. Ce mouvement se propage jusqu'aux dernières côtes qui s'ouvrent en arrière, rejoignant ainsi l'enroulement de la tête.

• *Redressement* : c'est sur ce mouvement d'enroulement que l'enfant prend appui pour se redresser.

La contraction des muscles des lèvres et du cou fait lever la tête en l'enroulant ; le sternum s'abaisse, les abdominaux prennent le relais et l'enfant s'assied. C'est en prenant appui sur l'enroulement qu'il réussit à se redresser correctement, puis à se mettre debout, position caractéristique de l'homme.

Les mouvements de la tête et du bassin décrivent des ellipses :

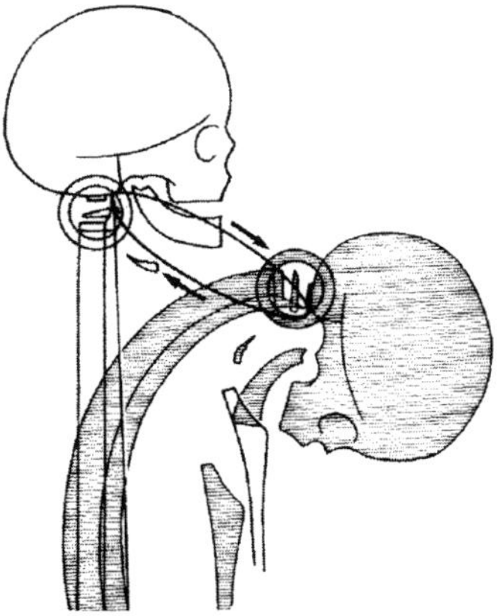

* *Ellipse de la tête* : l'enroulement suit la courbe supérieure de l'ellipse d'arrière en avant, vers le bas ; le redressement suit la courbe inférieure d'avant en arrière, vers le haut.

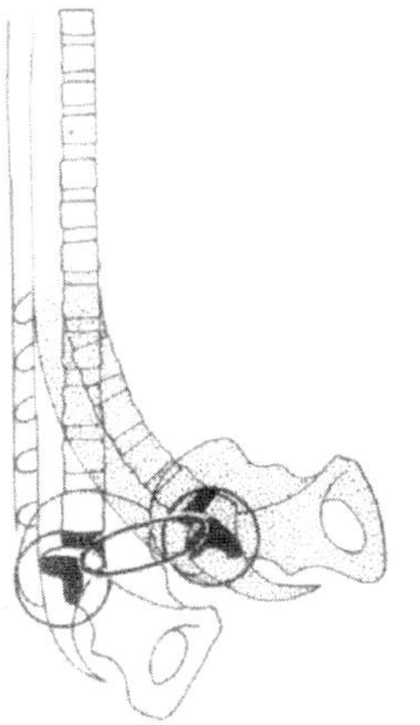

* *Ellipse du bassin* : l'enroulement suit la courbe inférieure d'arrière en avant, vers le haut ; le redressement suit la courbe supérieure d'avant en arrière, vers le bas.

L'opposition de ces deux ellipses est un mouvement typiquement structurant.

– *Opposition de rotation* : elle découle, d'une part, de la forme sphérique des articulations et de la disposition des os, et d'autre part du fait que les muscles conducteurs qui franchissent plusieurs articulations font, par une seule contraction, tourner une articulation sphérique dans un sens et la suivante dans le sens opposé. Par exemple, le long biceps fait tourner le bras en-dedans, l'avant-bras en-dehors ; il fléchit et écarte le coude.

Les muscles conducteurs travaillent en chaîne : ils propagent le mouvement de la tête à la main, de la tête aux pieds, et donnent au corps son unité.

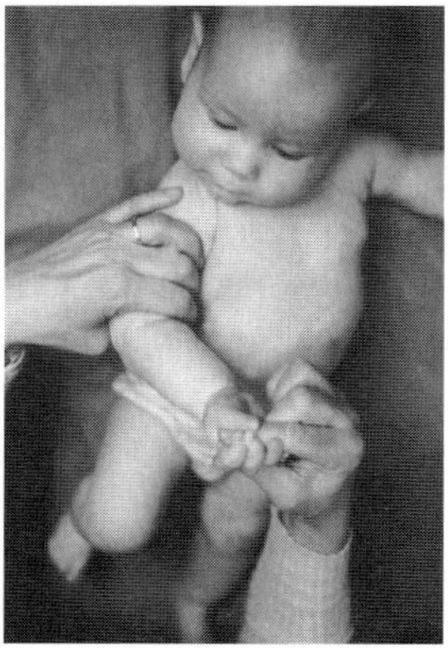

Quand le bébé porte sa main à sa bouche, il met déjà en jeu toute la richesse de cette organisation d'oppositions et de rotations : son coude s'écarte, son épaule tourne en-dedans, son avant-bras en-dehors, sa main vient devant le visage.

De même, quand il ébauche un mouvement de retournement, il oppose son bassin à son thorax. Toutes ces oppositions de rotations créent un état de tension facteur d'équilibre.

Cet ensemble enroulement - redressement - opposition - tension - unité forme ce qu'on appelle la *coordination motrice*. Il importe de la favoriser par les gestes de la vie quotidienne, et de tout mettre en œuvre pour la restituer aux enfants qui éprouvent des difficultés.

Par exemple, avant de le soulever de la table ou du lit, il faut bien ramener sa tête vers l'avant et regrouper ses mains et ses pieds, ce qui permet d'enchaîner la contraction des muscles de la tête aux pieds, et de mobiliser tout le corps.

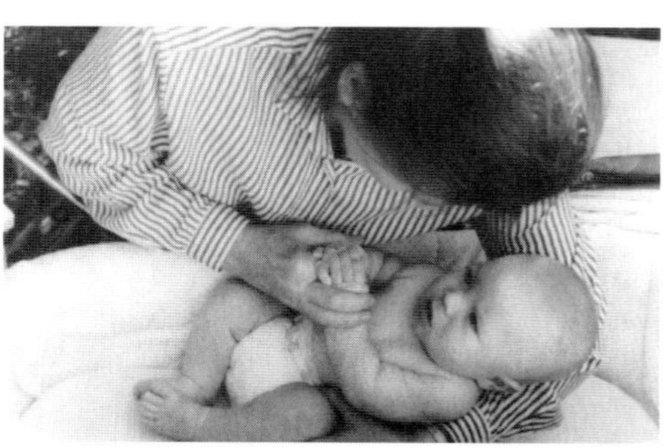

La tétée

Pour qu'elle se passe dans les meilleures conditions, la position de l'enfant est importante. Les trois centres de mouvements doivent être coordonnés :

– muscles des lèvres et des joues ;

– muscles de la langue et de la déglutition (carrefour hyoïdien), et les muscles qui vont jusqu'au crâne et à l'omoplate ;

– muscles reliant la tête aux premières vertèbres cervicales.

Tous ces muscles sont solidaires et doivent se coordonner.

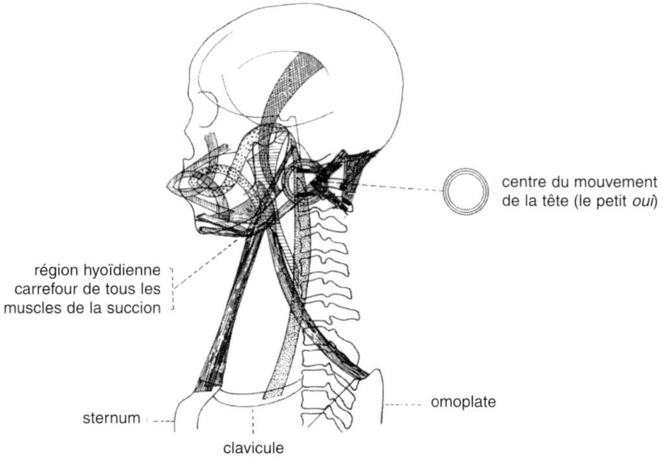

Tracé schématique des muscles participant à la tétée.

Pour que cet ensemble fonctionne bien, il faut :

– dégager la nuque et le cou en baissant les épaules ; l'enfant ne doit pas avoir "la tête dans les épaules" ;

– ramener en avant les bras et les mains ;

– dégager l'espace entre le menton et le thorax en baissant le sternum : c'est à cet endroit (carrefour hyoïdien) que les muscles de la succion-déglutition se coordonnent avec ceux de la nuque, ce qui provoque le hochement de tête (le mouvement du *oui*) que l'on remarque chez le bébé tenu correctement et qui tète bien.

Avant la tétée

Avant la tétée, quelques mouvements et manipulations sont parfois nécessaires pour préparer l'enfant. Chez un bébé pour qui la succion-déglutition est difficile, qui a du mal à s'enrouler, il est bon de détendre la nuque, les épaules et le dos.

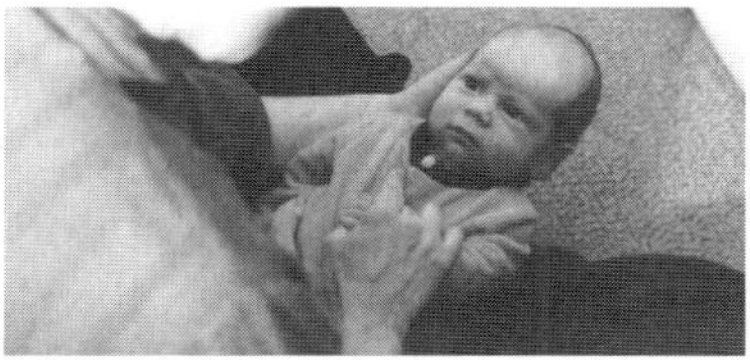

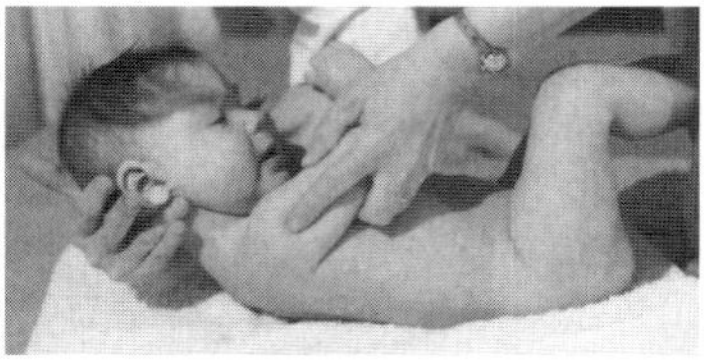

Une main sous la base du crâne allonge la nuque et amène la tête vers l'avant ; l'autre main descend l'ensemble de son bras pour baisser l'épaule.

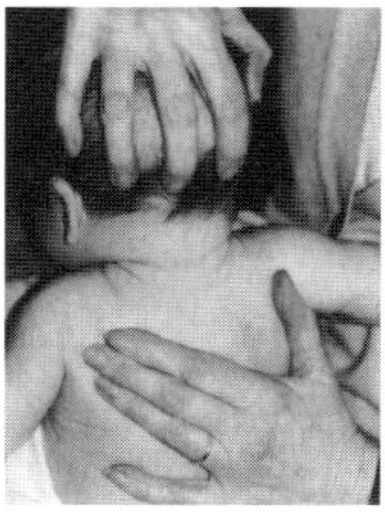

Une main maintient le haut du dos ; l'autre main dégage doucement la nuque et remonte sur la tête.

Les manipulations très douces du visage sont très utiles avant la tétée.

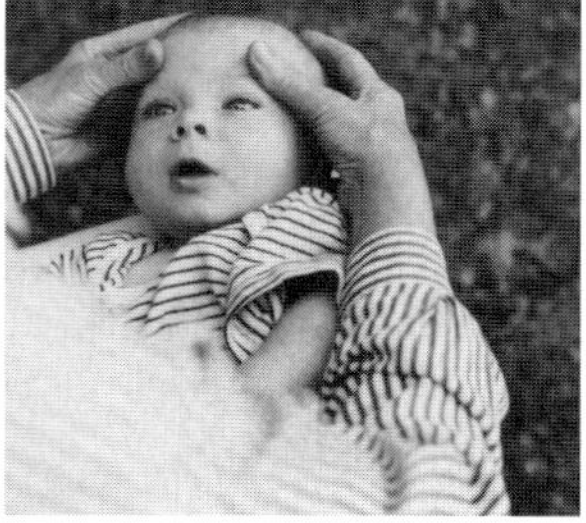

En partant du nez et des sourcils, dégager le front vers les tempes et la racine des cheveux.

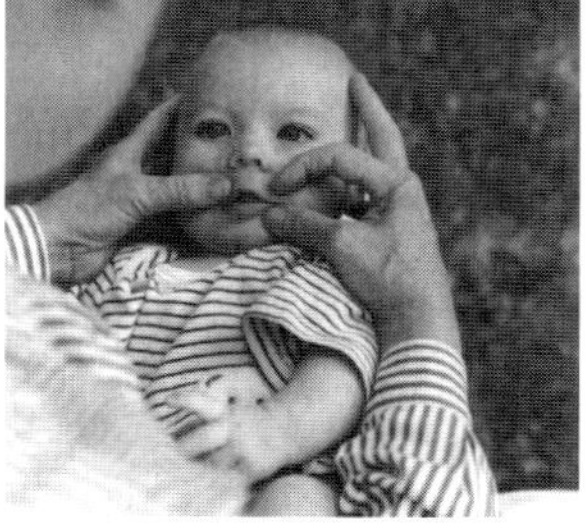

En partant de la racine du nez, faire descendre les doigts de chaque côté jusqu'aux narines en frottant légèrement.

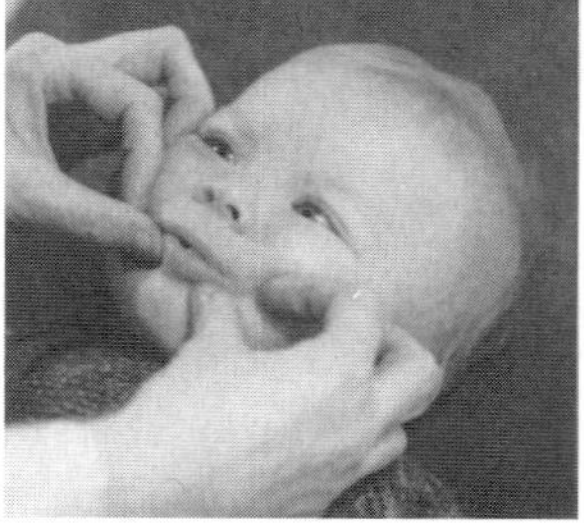

Les muscles de la lèvre s'attachent très haut jusqu'aux narines. On les abaisse en direction de la lèvre inférieure.

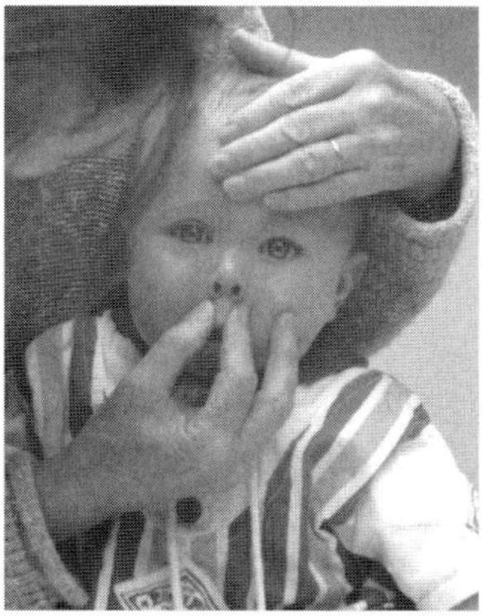

Le pouce et l'index descendent la lèvre supérieure, l'autre main monte le front.

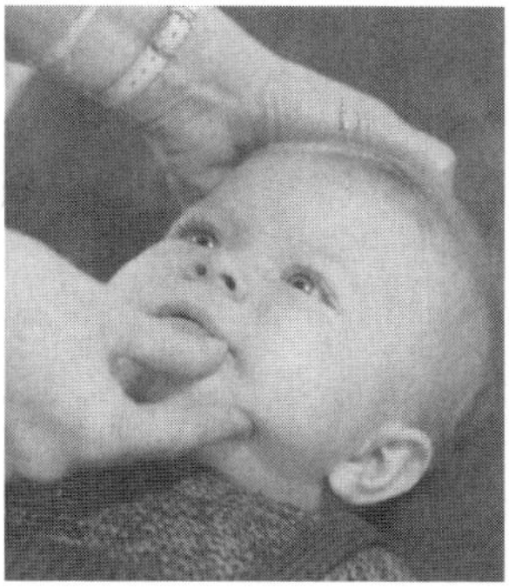

Les doigts glissent sous le menton, de chaque côté de la mâchoire, pour libérer l'espace entre le cou et le thorax.

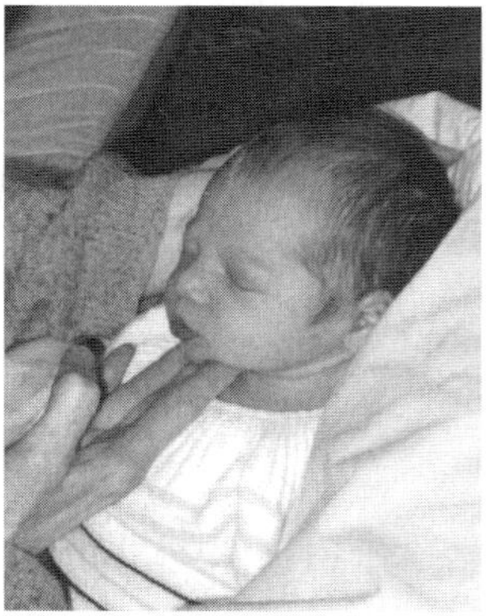

Une main sous la tête, l'autre sous le menton, on incite les muscles de la déglutition à se contracter.

Pour entraîner un peu tous les petits muscles de la face et du cou, les parents ont intérêt à faire toutes sortes de mimiques qui amuseront l'enfant et l'inciteront à faire de même.

La région où se produit le mouvement du *oui* (la base du crâne et les premières vertèbres cervicales) est souvent dure, contracturée, peu mobile. Cela est manifeste s'il existe des difficultés de succion-déglutition, mais aussi en cas de troubles respiratoires (bronchite, rhume...) Pour essayer de retrouver le petit hochement de tête, une main placée sous la base du crâne amène la tête vers le haut et en avant, pendant que l'autre, placée sous le menton, le pouce et l'index de chaque côté des narines, descend l'ensemble des muscles en direction de la lèvre supérieure ; doucement, la tête bascule.

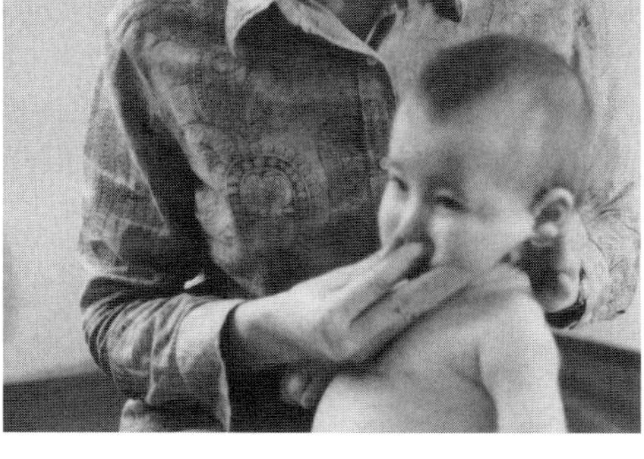

Une bonne installation, de la tête aux pieds

Une bonne installation ne prend pas plus de temps qu'une installation précaire et le confort de la mère et de l'enfant est nécessaire pour que l'activité essentielle de la tétée soit efficace et bénéfique.

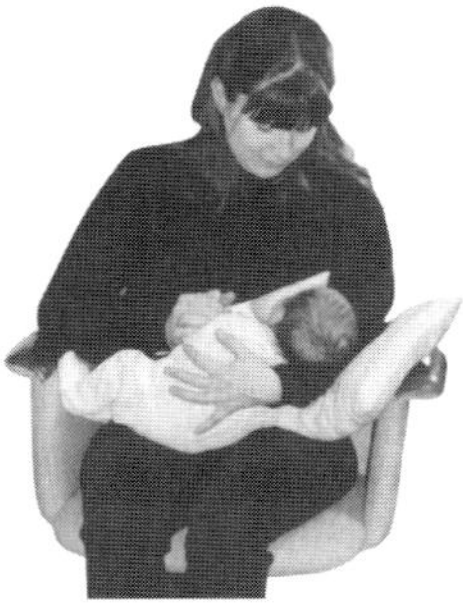

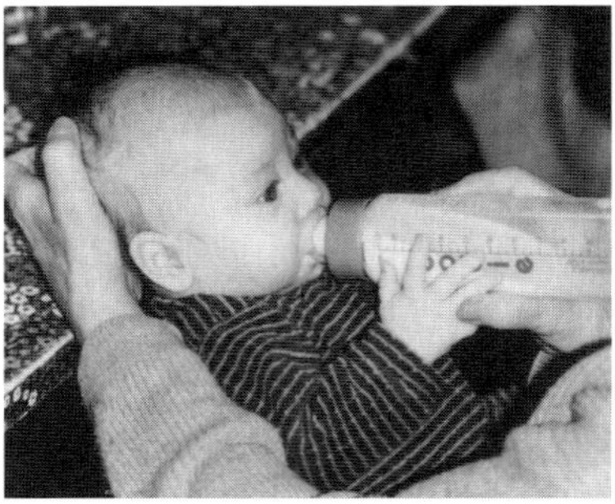

Pour ne pas se crisper et éviter le mal de dos, la mère doit être bien calée, les bras appuyés soit sur des coussins, soit sur un rebord de table. Trouver, avec les moyens du bord, une installation où la mère et l'enfant se sentent bien.

La tête du bébé est posée dans le creux du bras de la mère, ou maintenue dans sa main. Son bassin est enroulé, ses pieds sont appuyés.

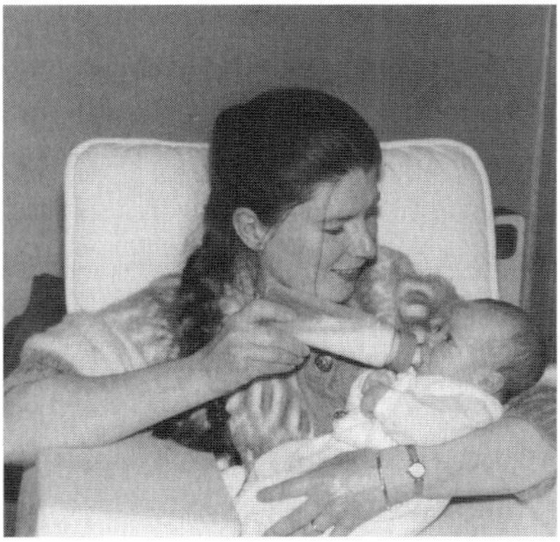

Si les tétées sont un peu longues, un bloc de mousse évidée et posé sur le bras du fauteuil rehausse le nourrisson et évite à la maman le mal de dos.

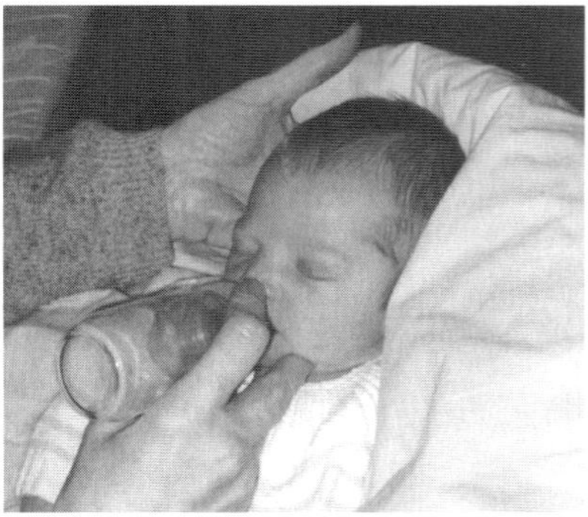

Pour aider un bébé qui tient difficilement la tétine, on maintient sa lèvre et l'on donne un appui aux muscles de la succion-déglutition. Les doigts maintenus sous le menton pendant la tétée facilitent la déglutition.

Le bain

D'une main, on garde le bassin de l'enfant enroulé, de l'autre, on maintient sa tête. L'opposition des deux mains donne une position en enroulement très souple.

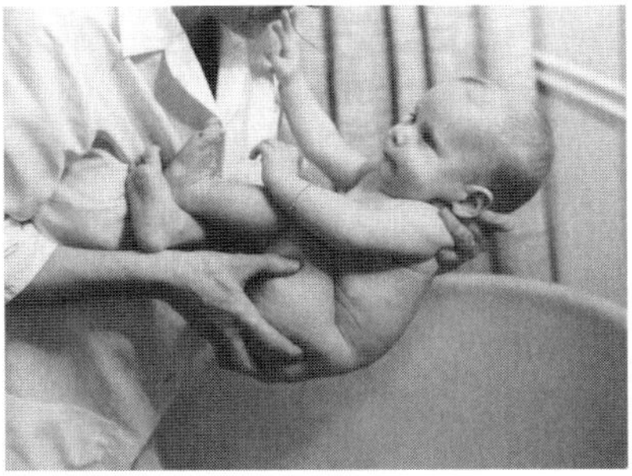

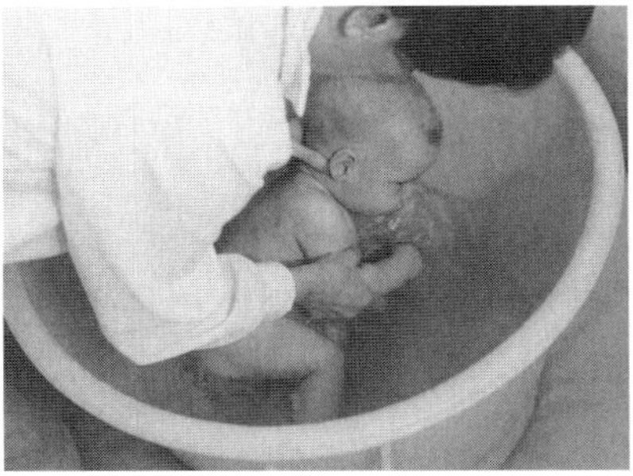

Le bébé doit voir le bain dans lequel il va entrer. Pendant qu'on l'assied, ses mains prennent contact avec l'eau, puis, très progressivement, on l'allonge sur le côté, puis sur le dos ; on peut ensuite le tourner doucement à droite, à gauche, en avant, en arrière, latéralement, etc. Pour éviter de lui donner une sensation de glissement, donc d'insécurité, on ne le savonne qu'à la fin du bain.

Le bain reste un moyen très simple pour humidifier les voies respiratoires et favoriser l'écoulement nasal. Il peut aussi remédier à de petits ennuis : on note son action bénéfique sur les troubles du sommeil. Sauf avis médical contraire, ne privons pas le bébé de son bain.

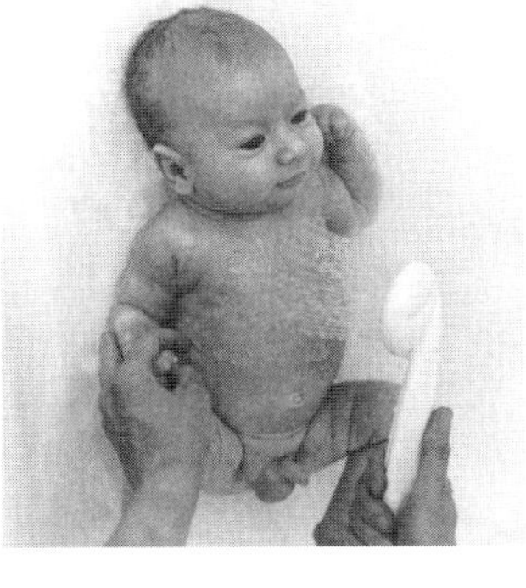

La douche offre aussi maintes possibilités : on passe longuement le jet dans la paume de la main du bébé, entre ses doigts, de même pour ses pieds, entre les orteils, puis sur la nuque, les épaules, les bras.

En cas de crispation du cou et des épaules, cette opération apporte une détente.

Pour sortir du bain, on tient toujours le bébé en enroulement, puis on le pose bien à plat sur la table et on le sèche en dépliant toutes ses articulations pour passer dans tous les plis, sans oublier les doigts et les orteils. On le tourne ensuite sur le côté, on remonte le long du dos, du bassin à la nuque, pour lui donner une impression d'étirement, d'allongement, qui le ramène à l'enroulement : c'est une bonne occasion de lui faire sentir le volume de son corps grâce au contact de la peau, porteuse des sensations de la coordination motrice.

Pour les bébés qui ont tendance à mettre la tête et les bras en arrière, en extension, et qui sont de ce fait un peu paniqués, la bouée placée dans la baignoire s'avère très pratique : elle les regroupe et les remet en confiance. L'enfant est en position d'enroulement, la tête maintenue, ainsi que les bras et les jambes.

À la sortie du bain, en séchant l'enfant, on peut faire avec lui quelques mouvements.

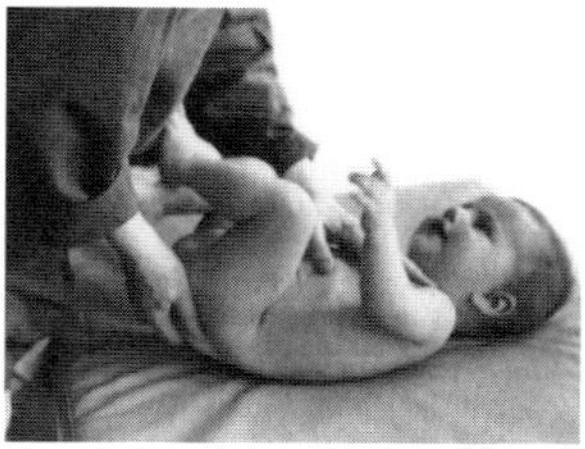

On abaisse doucement le sternum en direction du bassin ; en rapprochant les ischions, on enroule le bassin vers le thorax. Les abdominaux se resserrent, ce qui constitue une aide si la digestion est difficile et le ventre ballonné.

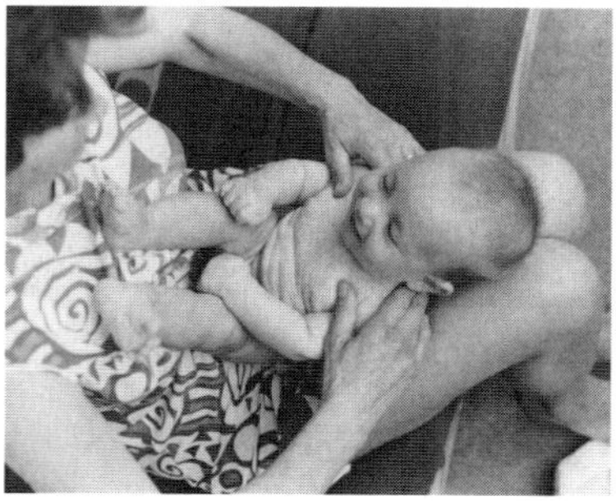

L'enfant étant maintenu de face, on empaume ses épaules et on les descend, ce qui replie le thorax et déclenche les muscles abdominaux. Le plus souvent, l'enfant accompagne le mouvement en vocalisant.

Cette action sur la respiration est également utile pour la rééducation orthophonique.

Les positions et mouvements en rotation-opposition thorax-bassin, qui mobilisent les côtes, augmentent le volume respiratoire.

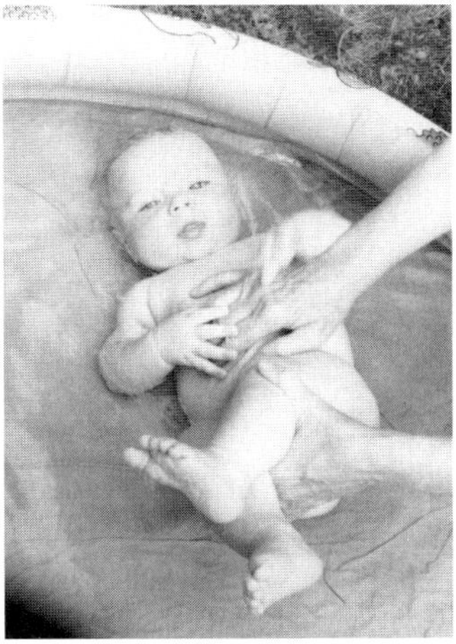

En prenant les deux genoux du bébé et en les remontant sur son thorax, on les porte d'un côté et de l'autre : le bassin tourne d'un côté et le thorax de l'autre.

Ces mouvements, souvent peu développés chez les enfants ayant des difficultés, permettent au bébé de découvrir la notion d'espace-temps.

Les mains

En tenant toujours le poignet de l'enfant redressé :

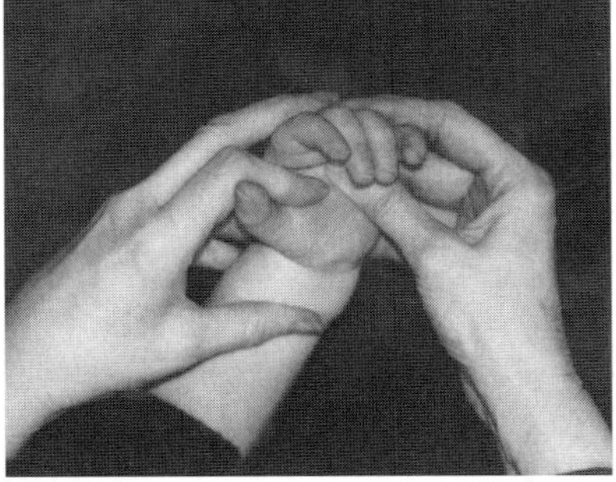

On creuse la paume de la main en voûte ; on écarte le pouce des autres doigts.

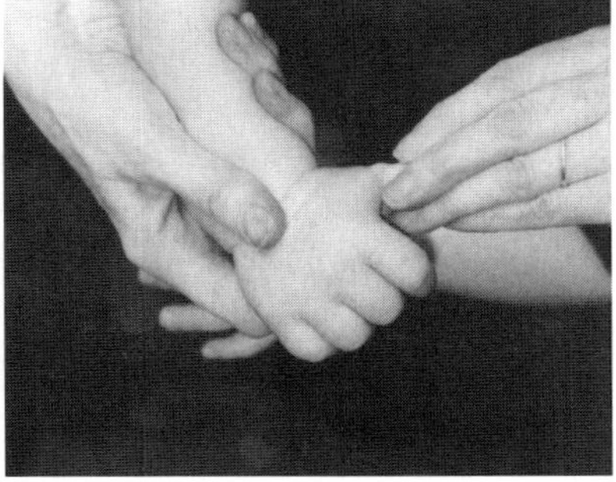

On tourne le pouce.

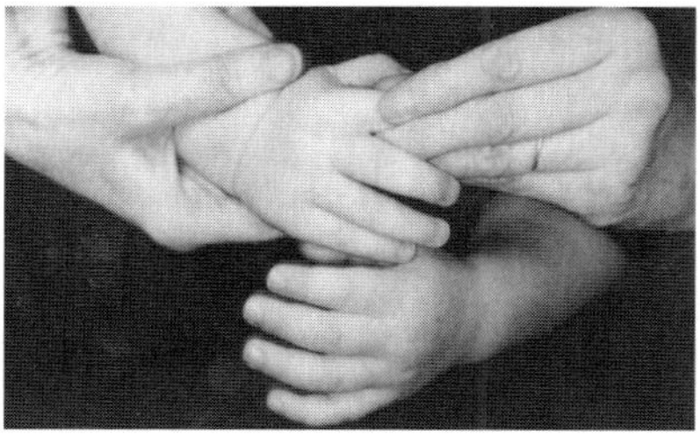

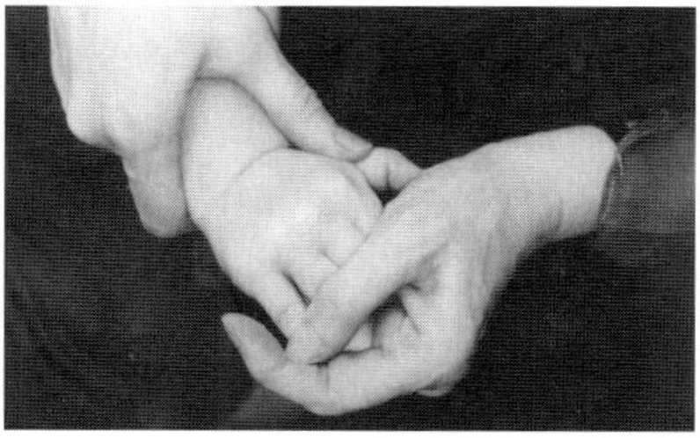

On tourne les doigts vers le pouce. On forme la voûte de la main entre le pouce et le petit doigt. Les têtes des métacarpiens sont saillantes, on perçoit les articulations de la base des doigts.

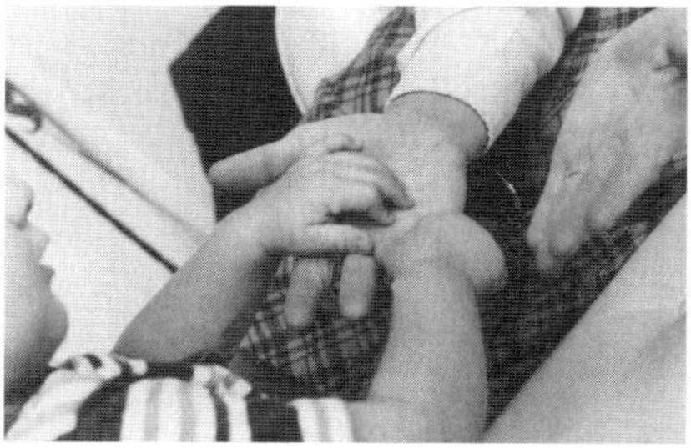

L'enfant est fasciné par nos mains : il en explore tous les mouvements, il déploie toute son ingéniosité pour inventer des jeux avec elles.

Découverte et inspection au retour du marché

L'enfant dont le sens du toucher a été aiguisé prend plaisir à palper les légumes et à apprécier leur texture.

Voici quelques propositions de gestes coordonnés.

Une connivence s'établit entre l'enfant et ses parents. Le langage corporel s'instaure. L'enfant continue le mouvement proposé, en élabore un autre, pour la plus grande joie de chacun.

L'orthophonie

IRÈNE MAURETTE

LA TECHNIQUE du traitement orthophonique ne peut être présentée ici dans tous ses détails. Ces techniques peuvent d'ailleurs différer d'un spécialiste à l'autre mais les parents, comme les divers intervenants, doivent connaître *la physiologie de la parole, les étapes normales de son développement et le caractère particulier des échanges vocaux mère-enfant durant la première année de la vie, ainsi que les différents points du bilan que l'orthophoniste effectuera régulièrement.*

Ces connaissances permettent aux parents comme aux intervenants de comprendre le travail de l'orthophoniste et d'en suivre l'évolution.

Physiologie de la parole

Le souffle

Muscle inspirateur par excellence, le diaphragme se contracte, s'abaisse, refoule le contenu de l'abdomen, élargit le bas du thorax. Une inspiration plus importante fait intervenir le sterno-cléido-mastoïdien, les intercostaux externes, parfois les muscles cervicaux (scalènes).

En phonation, la reprise d'air est tout d'abord passive ; elle est assurée par le relâchement de la sangle abdominale après expiration, puis complétée par l'action du diaphragme.

L'expiration est la phase de relâchement qui suit l'inspiration ; en phonation, elle devient active. Les muscles abdominaux (transverse, oblique, grand droit) se contractent, le diaphragme remonte : c'est le souffle abdominal ou costo-diaphragmatique, qui permet la projection vocale. Les intercostaux internes abaissent les côtes ; il sont responsables du souffle thoracique supérieur employé en parole non projetée. Ce système musculaire est en relation avec l'ensemble des muscles qui haubanent le corps de la tête aux pieds.

La vibration

Les cordes vocales (plis vocaux) sont de petits muscles du larynx qui ouvrent et ferment la glotte afin de laisser ou non passer l'air (impulsions) ; elles sont à la base de la vibration ou *son laryngé*.

Le timbre est une qualité de la voix qui permet d'identifier une personne ; il dépend de la modalité d'accolement des cordes vocales et des caractéristiques des cavités de résonance (pharynx, bouche, fosse nasale).

Les sons de la parole

Voyelles : le son laryngé se module, entre en résonance, dans des cavités ou *résonateurs* (vestibule laryngé, pharynx, bouche, cavum, fosses nasales) créés par les mouvements de la langue, des lèvres, des joues, de la mâchoire inférieure et du voile ; l'élasticité et l'épaisseur de la muqueuse jouent un rôle au niveau du nez.

Il y a renforcement des sons proches de la fréquence de résonance de ces cavités, atténuation des autres, doù la classification française en:

– voyelles antérieures et postérieures, le dos de la langue s'élevant vers le palais dur ou vers le voile pour former une cavité buccale et une cavité pharyngée ;

– voyelles ouvertes ou fermées selon l'ouverture de la bouche (aperture) ;

– voyelles labialisées ou non, les lèvres s'arrondissant pour allonger la cavité buccale, ce qui assombrit le son :

Fermée				
	i	(u)	(ou)	
	é	(oé)	ó	lèvres arrondies ( ) ou non
	è	(oè)	ò	
	á		à	
	antérieur		postérieur	
		langue		
Ouverte				

– voyelles nasalisées, voile baissé : *an*, *on*, *un*, *in* correspondent à *a*, *ò*, *èu*, *è*.

Consonnes (qui sonne avec): ce sont les périodes transitoires du début ou de la fin du son vocal. Elles sont composées de bruits (expression de l'air) avec ou sans vibration des cordes vocales.

Le classement tient compte du mode articulatoire et du point d'articulation. En français, on distingue :

	Point d'articulation				
	Lèvres	Dents	Langue – Pointe	Langue – Dos	Palais voile
Mode articulatoire	Bilabial	Labio-dental	Apico-alvéolaire	Dorso-palatal	Dorso-vélaire
Occlusives (arrêt)	p.[b]		t.[d] [(i)]	k.[guè] [(ou)]	k.[g]
Constrictives (frein)					
latérales			L		
fricatives		f [v]	s [z]	ch.[j]	
vibrantes					r
Nasales	[m]		[n]	[gn]	
Semi-consonnes	[oi]		[ui]	y = [ill]	

On notera que la possibilité ou l'impossibilité, pour les sons, de résonner dans les fosses nasales dépend d'un système d'orientation des vibrations vocales constitué par les muscles du voile du palais et de la gorge (pharynx) agissant ensemble et formant un anneau contractile qui peut s'ouvrir (voyelles et consonnes nasales) ou se fermer (voyelles et consonnes orales) ; ce système porte le nom de *sphincter vélo-pharyngé*. Ainsi comprend-on l'importance de pouvoir ouvrir ou fermer les lèvres, ouvrir ou fermer le voile du palais, savoir où prendre appui avec la langue.

La prosodie française comporte :

– *l'intonation*, qui est le fait d'une modification de la hauteur tonale. La fréquence fondamentale est celle donnée par la vibration des cordes vocales ;

– *l'accentuation*, qui est le renforcement des durées, des intensités ;

– *le rythme*, qui organise les paroles, les silences dans le temps ; il régit les intervalles, les ensembles articulés signifiants, leur début et leur fin.

La *rhèse* est l'ensemble des sons, des mots portés par une même expiration, ensemble signifiant dans la parole.

Les étapes de la parole

Avant la naissance, le fœtus réagit à la voix, celle de sa mère surtout ; il est sensible à des changements acoustiques.

Le nouveau né tourne la tête vers certains sons, la clochette par exemple ; il réalise, quoique de manière inconsciente, les mouvements de lèvres, de langue qu'exécute l'interlocuteur qui lui fait face ; la durée des cris s'accroît au fil des jours, mais les vocalisations sont peu différenciées.

Durant les premières semaines, le premier mois, il discrimine les contrastes de la parole, faisant intervenir des différences catégorielles : *b/p*, *i/ou*, *a/i* par exemple. Ceci est attesté par une variation de la succion lorsqu'on lui présente deux suites syllabiques. Les cris, végétatifs, expriment malaise ou agrément ; l'enfant peut produire des claquements de langue, des bruits de succion. Vers 6 semaines, on relève des coups de glotte, des sons dits *gutturaux* lors de mouvements expiratoires.

Au 2e mois, le nourrisson est sensible à la parole qui lui est adressée : il s'immobilise, il tourne la tête ; il prête attention à la voix féminine à contours d'intonation montants : il détecte la place de la consonne dans des présentations telles que *bad*, *bad... bag*, *dab*, *dab... dag*, mieux encore le changement de phonème dans deux phrases identiques par ailleurs, les locuteurs pouvant varier (test de la succion). Il vocalise sur des sortes de *aah*, *eeh*, voyelles antérieures dont la tonalité diffère de celle de la langue parlée ; il roucoule, couine. Il existe une forme d'interactions vocaliques avec la mère, une reproduction en écholalie de l'enveloppe interactive.

Aux 3e et 4e mois, le bébé différencie *s/z* (test de la succion), hauteur et intensité. Il manifeste une préférence pour sa langue maternelle et reconnaît son nom. Ce sont les premiers rires, les cris de joie, les fameux *arrheu*, *agghеu*, *agrr*; modifiant les voyelles par un mouvement articulatoire postérieur simple lors de l'expiration. Il module selon des mélodies et des rythmes différents. C'est le vrai début du contact sonore avec la mère : l'enfant va vers l'échange, il répond par un gazouillis spontané. Le regard devient également communication.

Au 5e mois, il fait varier la voyelle selon des hauteurs, des durées, des intensités différentes. Des pseudo-syllabes apparaissent : *ba*, *gueu*, *ki*, *woieu*, *mmeu*. Il fait des gammes.

Au 6e mois, le bébé établit des correspondances entre voyelles et mouvements de la bouche. Il détecte le changement des contours mélodiques ; il est aidé en cela, depuis les premiers mois, par l'exagération de l'articulé maternel, celle du rythme et des contours prosodiques – mère "appreneuse" de langage. Les cris n'ont plus de raison d'être en-dehors d'une contrainte, d'une frustration, d'une blessure. Il commence à contrôler les positions des organes vocaux ; il imite des hauteurs, les variations vont dans le sens de la langue maternelle ; il fait des roulades, modulations avec changement de sons, *rrr*, *gurgur*...

Les premières dents entraînent à un mouvement antérieur : la salivation est importante, les labiales *ppp*, *bbb* s'ébauchent, de même que quelques *f*, *n*, *l*.

Le préverbiage s'installe, l'échange est authentique.

Du 7e au 10e mois, c'est la période charnière. L'enfant reconnaît la voix selon le sexe.

Au 7e mois, début du babillage. L'enfant vocalise sur des syllabes maîtrisées. Ce sont en général des consonnes occlusives et nasales associées aux *a*, *aè*, des labiales *p*, *b*, *m*, des dentales *t*, *d*, quelques *k*, *g*... des sortes de diphtongues *(sia*, *boi)*. Elles sont groupées en suites répétitives, le plus souvent en syllabe simple *bababa*, mais on relève parfois des suites voyelle-consonne-voyelle *aba*, *abwou*.

Au 8e mois, le bébé se nourrit des qualités vocales de la mère qui lui parle ; il élimine progressivement les gestes vocaux non significatifs pour l'environnement et accentue l'avant-dernière syllabe en une sorte d'interrogation. L'imitation est ritualisée et souvent différée.

Au 9e mois, l'enfant imite des modèles sonores nouveaux, il réagit à certaines expressions familières. Jasis et pseudo-langage prennent le pas sur le simple babil.

Les *f*, *v* sont plus nets, les suites voyelles entre consonnes plus fréquentes, il existe des redoublements avec introduction des syllabes fermées *pab*, *bab*. On assiste au début des onomatopées, l'enfant liant un sens à certaines phonèmes, *papa*, par exemple. Les jeux d'échanges commencent à être accompagnés de certains sons.

Aux 10e, 11e, 12e mois, l'enfant détecte les frontières des mots, reconnaît, hors contextes, ceux dont il a l'habitude ; l'apprentissage des mots se fait par association avec des référents. Coexistent des jeux syllabiques (répétitions litaniques, réassurances) et des imitations vocaliques en relation avec de vrais mots. On relève une augmentation des intonations significatives ; la désignation apparaît, c'est le mot-phrase : *kaka.*

À 16 mois, il comprend l'idée de phrase, phrase simple naturellement. Il maîtrise l'intonation et peut ainsi exprimer certains sentiments, y compris ceux du "faire semblant". Il nasalise les voyelles.

Au 18e mois, il distingue les catégories de mots (noms, verbes..) à partir d'une analyse des segments phonétiques, de renseignements grammaticaux. Il connaît de nombreux mots de la vie courante : vêtements, animaux, parties du corps. Il sait dire *non.* On parle de pseudo-phrases, deux à trois mots juxtaposés pour donner des informations. Elles sont suscitées par des stimulations brèves, quatre à cinq mots, entrecoupées de silence, de repos.

Les mouvements se coordonnent au rythme de la musique, il "danse", chante : *glissandi* plus que successions de notes.

Au 19e mois, la voix est de mieux en mieux maîtrisée par maintien du contour mélodique, de la structure rythmique ; leur répétition permet des intonations plus complexes. Dans le chant, l'enfant sépare les notes, possède quelques intervalles (seconde majeure, tierce mineure), il incorpore des rengaines dans les jeux. On note l'arrivée des petites phrases agrammatiques : *a pati papa*, *pala*, du style télégraphique, en quelque sorte.

De 20 à 26 mois, il acquiert la compréhension des relations entre mots exprimant des concepts, celle de l'organisation syntaxique des mots d'une phrase cohérente : l'intonation, le lexique, la situation vont dans le même sens.

Le langage fait partie du jeu ; l'enfant monologue, commente les actions, chantonne. Les mots sont émis au rythme exact et peuvent évoluer sur différents intervalles : quarte et quinte s'ajoutent à la seconde mineure, à la tierce majeure. En ce qui concerne la langue, on observe la présence des petits mots du temps (après), de l'espace (haut, bas), le début des oppositions qualificatives (grand/petit, chaud/froid), des regroupements autour d'un mot acquis (sémantique) : vêtements (bonnet, manteau, chaussure), aliments (gâteau, pain)... L'enfant dit son nom, le pronom *moi*, la possession ; peu d'articles avec les noms, mais le début du genre et du nombre.

De 3 à 4 ans, les acquisitions s'accélèrent : la compréhension des noms abstraits (couleur...), celle des questions (quand, comment, pourquoi...) La fonction imaginative prend de l'importance, le goût pour les contes, les récits, se développe. L'enfant mémorise le plan général d'une courte mélodie. Il a la maîtrise des voyelles, des semi-voyelles ; les groupes diconsonnantiques *pr, tr, fl*... sont en voie de complète acquisition. Les mélodies sont plus riches, elles marquent l'interrogation, l'exclamation. Le débit s'accélère, ce qui occasionne quelques bafouillages, télescopages : bégaiement physiologique, déformations phonétiques (*cotodile* pour *crocodile*) peuvent en découler. On assiste à des normalisations grammaticales (*on la peindu* pour *on l'a peint*, comme pour *rendu, vu*...), mais le pronom personnel, *je, tu*, le nom, le prénom sont là. Les comptines satisfont le goût pour les mots magiques, inconnus, l'expression se rapproche de celle de l'adulte.

De 5 à 7 ans, on peut évaluer des variations de l'intensité (fort/faible), comparer des morceaux chantés simples. On poursuit l'acquisition des substantifs abstraits, on y adjoint les adjectifs impliquant la ressemblance, les termes de relation ; les codages grammaticaux sont encore un peu flous. On maîtrise les occlusives, surtout en groupe diconsonnantique, les continues. On acquiert les comptines locales, les tubes, d'abord les paroles, puis le rythme, le contour mélodique, les intervalles. Le fondamental de la voix s'abaisse un peu.

De 7 à 11 ans, maturation de l'écoute. On accède à la polyphonie, au sens de l'harmonie. Le sens de la cadence est acquis vers 9-10 ans.

À 12 ans, le fondamental de la voix s'abaisse, la mue est perceptible, surtout chez les garçons.

Quelques aspects des échanges vocaux mère-enfant durant la première année

Parole maternelle dans les dialogues mère-enfant

Deux points sont à noter :

– l'exagération des éléments prosodiques de la parole : timbre plus élevé, montée de la voix en fin d'émission, accentuation simplifiée, rythme ralenti donnant un aspect un peu chantant. L'ensemble est entrecoupé de séquences chuchotées ;

– le souci de se faire comprendre va limiter le choix sémantique à ce que connaît l'enfant, à ce qui l'intéresse, et décider de la brièveté des énoncés. Le ralentissement du débit, l'accentuation des frontières entre les groupes de mots, les phrases vont rendre l'énoncé intelligible et donc aider à capter l'attention. La redondance par rapport à la situation entraîne des répétitions pour se faire comprendre, mais aussi pour signifier que l'enfant a été compris.

Parole de l'enfant (période charnière des 7-10 mois

Deux discours coexistent alors : l'un ludique et exploratoire, le jasis ; l'autre, le proto-langage, est une sorte d'appel à communication, il a une fonction "linguistique".

Le jasis est utilisé seul ou devant un parent sans qu'il y ait interrelation ; la coloration est aiguë, le son de base est très haut et présente une large dispersion ; l'étendue de la voix est couverte jusqu'en ses limites, du suraigu au très grave (instabilité vocale et temporelle). Les schémas mélodiques se divisent en courbes simples descendantes avec légère remontée finale, voix suspendue, ou avec une finale plate, en pin-pon (sur deux notes), ondulée, sorte de chantonnement ; et courbes très complexes mélangeant de manière aléatoire direction, pente, forme... comme si elles exploraient.

Le proto-langage ou pseudo-langage est utilisé pour attirer l'attention, communiquer une information ; c'est une forme proche de la parole de l'adulte, sans qu'il y ait une structure de mots.

Dans l'entrée en relation, la tonalité est encore aiguë mais l'étendue vocale est réduite, l'instabilité du jasis a disparu ; les schémas mélodiques, courbes complexes en particulier, diminuent ; la courbe ascendante, devient courbe d'appel vers 10-11 mois. L'articulation se stabilise et évolue vers la voyelle, la consonne ; une proéminence apparaît sur la syllabe finale.

Les énoncés dits *énonciatifs* comportent des contours assez complexes, mais moins que dans le jasis ; ils sont globalement descendants avec, toutefois, quelques ascendants. La tessiture (registre) est réduite, elle est plus grave que dans l'entrée en relation et d'intensité plus faible.

La mélodie devient intonation : il y a amorce d'une utilisation linguistique de la prosodie.

Bilan orthophonique

Observation globale

Étude du tonus

– S'il est perturbé, y a-t-il tension, crispation ou relâchement excessif ?
– Cela joue sur la projection vocale, la précision et la netteté des articulés, du maintien vélaire.
– Observation de la posture générale (verticalité-équilibre-assise). Le sujet est-il cambré ? hyper-redressé ? affaissé?
– Observation de la tête : baissée ? inclinée ? en extension ?
– Observation des épaules : remontées ? contractées ?
– Observation du thorax : comprimé ?
– Observation du visage : expression ? atonie ou tension excessive (tics, déport de la mâchoire dans la parole, crispations) ?
– Observation de la parole : aisance, modulation ou forçage vocal ? raucité ? coups de glotte ? voix détimbrée, flou articulatoire ? nasonnement ?

Étude de la respiration

– Au repos (sans phonation) :
  • inspiration buccale ou nasale :
    * buccale : indique-t-elle une déglutition atypique (langue basse au repos, en déglutition bruyante) ? ⇒ la tonicité et la motricité linguale, labiale, faciale seront modifiées ;
    * *nasale* : existe-t-il une obstruction ? une infection ?
– En phonation :
  • claviculaire (épaules), thoracique, abdominale, costo-diaphragmique ;
  • inversée, bloquée, anarchique ;
  • ample ou réduite ⇒ importance pour la pression d'air sous-glottique, la voix, le soutien du voile, la pression intra-buccale permettant l'aisance linguale.

Étude de la parole

– Aisance ou inhibition.
– Voix : timbrée, fuite nasale audible.
– Articulation : substitutions, maladresses...
– Niveau de la parole : retard ou non (pour les enfants), intelligible ou non.

Examen détaillé

L'ensemble vélo pharyngo-bucco-facial est examiné tant du point de vue organique que fonctionnel. Le plus souvent, le praticien dispose de comptes-rendus des examens médicaux, qui facilitent l'observation et permettent de ne pas trop insister pour étudier la cavité buccale (surtout chez les plus jeunes).

Visage

– Maxillaire supérieur et inférieur :
  • forme, taille, symétrie ;
  • béance ⇒ influence sur la place de la langue, sur l'articulé dentaire.
– Articulation temporo-mandibulaire (ATM) : déviation de la mandibule, craquement.

Nez

Déviation de la cloison nasale.

Face

– Espace nez-lèvres : long ou court ; lèvres accolées ou non au repos ? hypotonie labiale ? manque de tissu : répercussion sur *m*, *b*, *p*, *f*, *v*, *u*, sur la respiration nasale.
– Lèvres serrées : tirées, répercussions sur *ch*, *j*, *s*, *z*, *o*, *u*, *ou*.
– Cicatrices.
– Joues : flasques ? contractées ? ⇒ répercussion sur *ch*, *j*, mimiques.

Cavité buccale

Examen à faire avec précaution (réveil de souvenirs douloureux), après explication.
– Dentition :
  • position, absence, présence, apparition ;
  • articulé dentaire : emboîtement bouche fermée, béances, traitement orthodontique ⇒ répercussions sur les articulations de la voix.
– Vestibules labiaux :
  • muqueuse lisse ou non ; adhérences ; frein ⇒ gêne à la mobilité.

Langue

– Couleur (infection), volume, position (marque de dents sur les côtés).
– Frein lingual court, salivation importante ⇒ gêne articulatoire, déglutition atypique.

Voûte palatine

– Forme ogivale, plate, étroite, large ⇒ place de la langue, incidence articulatoire.
– Cicatrices, fistules antérieures, postérieures.
– Trou résiduel antérieur : il n'est pas forcement gênant, sauf si la pression intra-orale est trop forte, si quelques aliments s'y incrustent.

Voile

– Aspect : rose, lisse, cicatriciel, gris...
– Taille, mobilité, sensibilité.
– Luette bifide, décalée ... ⇒ répercussion sur l'occlusion vélaire.
– Y a-t-il eu véloplastie ? pharyngoplastie ?

Amygdales palatines

– Présentes ou non.
– Taille, aspect : si trop grosses, infectées, elles sont une gêne à la respiration, il peut y avoir incidence sur l'audition, la parole.

Piliers du voile

Un développement trop important peut indiquer une faiblesse de la fermeture vélaire.

Pharynx

– Taille, profondeur.
– Formation d'un bourrelet ⇒ incidence sur la fermeture vélaire.
– Végétations : si trop importantes, elles peuvent gêner la respiration nasale, obstruer la trompe d'Eustache ⇒ otites ⇒ gêne auditive.

Examen fonctionnel

Déglutition

– Jetage nasal ⇒ incompétence du sphincter vélo-pharyngé.
– Atypique : langue interdentale ⇒ incidence sur l'articulé dentaire, les maxillaires et l'articulation.
– Syncinésies ⇒ contraction.

Mastication

Son insuffisance a une action sur l'ouverture de la trompe d'Eustache, la netteté articulatoire.

Praxies bucco-faciales

– Interviennent dans toutes les fonctions de la nutrition et de la phonation.
– Mobilité mandibulaire : mouvements latéraux, d'ouverture, de fermeture, de protrusion (avancée).
– Tonicité et motricité de la mimique faciale : baiser, sourire.
– Joues : gonfler, rentrer, dissocier les mouvements, résister à la pression.
– Lèvres : projection (moue), étirement (symétrie), ouvrir, fermer, arrondir.
– Indépendance des mouvements des lèvres.
– Tonification , motricité linguale : vitesse d'exécution, symétrie ⇒ répercussion sur l'articulation, le délié lingual.

Audition

– Demander un examen ORL.
– Vérification par répétition de phénomènes ⇒ perturbation de l'apprentissage du langage.

Phonation

– Compétence vélo-pharyngée.
– Compétence articulatoire.

Voix

– Le timbre est il nasonné :

• par incompétence vélo-pharyngée ?

* recherche de la fuite nasale (rhinolalie ouverte) au moyen d'un miroir placé sous la narine ; lors de l'émission des voyelles et des consonnes associées à trois voyelles différentes [*(a-o-i)* éviction des nasales)] ; lors de la parole ;

* s'agit-il d'une mauvaise habitude, d'une incapacité fonctionnelle (voile trop court, peu mobile...) ? On vérifiera cette compétence au niveau de la respiration seule : passage de la respiration buccale à la nasale et vice-versa, expiration forte avec présence ou non d'un grimace faciale, possibilité ou non de souffler une bougie, de souffler avec une paille, d'aspirer... ;

• par obstruction des voies nasales (rhinolalie fermée) ?

• par mauvais soutien postural ou respiratoire ?

• par difficultés auditives (engorgement de l'oreille moyenne) ⇒ gêne du contrôle audio-phonatoire ?

– Le timbre est-il éraillé (voix voilée, dysphonie) par forçage dû à :

• un mauvais soutien posturo-respiratoire ?

• des difficultés auditives (engorgement de l'oreille moyenne, mauvais fonctionnement de la trompe d'Eustache) ?

• une incompétence vélaire ?

– Y a-t-il des appuis laryngés, un ronflement nasal (vélopharynx un peu rigide ou développement excessif des muscles pharyngés en rééducation forcée) ?

– La voix est-elle monotone, peu audible (influence du soutien posturo-respiratoire, de l'audition, crainte d'une parole défaillante) ?

Articulation

– Émission de syllabes comportant toutes les voyelles, les consonnes et leurs combinaisons.

– Y a-t-il des sons de substitution :

• coup de glotte pour *p-t-k* surtout ?

• souffle rauque pour *f-s-ch* surtout ?

– Y a-t-il des déplacements vers l'arrière du lieu d'articulation :

• fuite d'air empêchée ?

• incompétence vélo-pharyngée ?

– Y a-t-il des troubles articulatoires liés à l'inertie ou à la maladresse linguo-jugo-labiale ? aux défauts de la voûte ? aux malformations, au trouble de la croissance des maxillaires (en particulier du supérieur) ? aux troubles auditifs ? à un mauvais établissement du schéma corporel articulatoire ?
– On tiendra compte du port d'appareils dentaire.

Parole

– Phrase. Petit textes à répéter.
– Commentaire d'images.
– On étudiera l'articulation, l'élocution (gérer le souffle), le niveau : retard ou non.
– On appréciera brièvement le niveau de langage.
– Si possible, on demandera un petit chant afin de comparer les performances en voix parlée et chantée, ce qui servira à la rééducation.

À cet examen clinique, on associera, dès que l'âge le permettra, l'étude de l'enregistrement radio-magnétoscopique des mouvements vélaires et linguaux de la parole.

L'orthodontie

VALENTIN & CATHERINE LESNE

La dent et l'occlusion

Le mot *denture* désigne l'ensemble des dents, alors que *dentition* concerne la formation et la sortie naturelle, ou *éruption*, des organes dentaires. La denture humaine se compose de quatre types de dents : les incisives, les canines, les prémolaires et les molaires. Deux dentitions se succèdent, la première temporaire, l'autre définitive. L'unité de la denture est la *dent* ; elle est successionnelle si elle fait suite à une dent temporaire, accessionnelle si elle prend directement sa place.

La dent

Unité anatomique et fonctionnelle, la dent est formée d'une couronne, visible en bouche, et d'une ou plusieurs racines qui s'enfoncent dans l'os alvéolaire auquel elles s'amarrent solidement grâce à un système complexe : le ligament alvéolo-dentaire.

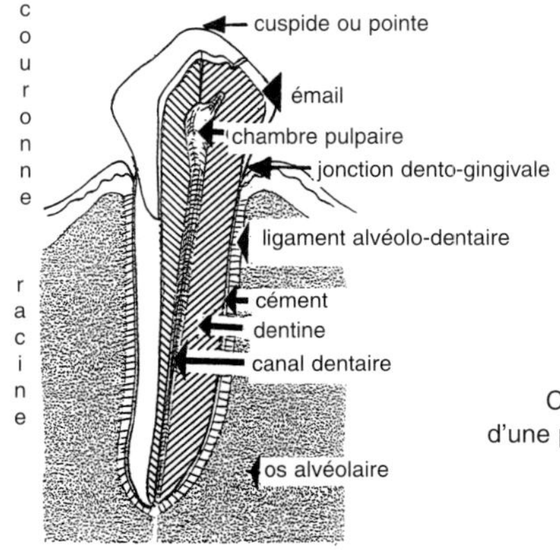

Coupe d'une prémolaire

L'os alvéolaire, qui vit et meurt avec la dent, repose sur les bases osseuses que constituent le maxillaire supérieur et la mandibule. L'organe dentaire est formé de tissus durs et minéralisés. La partie la plus importante, la *dentine*, est recouverte d'émail dans sa portion coronaire et de cément dans sa portion radiculaire. Le centre est creusé d'une cavité, la chambre pulpaire au niveau de la couronne, à laquelle fait suite le canal dentaire au niveau de la racine. Des éléments nerveux et vasculaires y sont logés et en constituent la partie vitale. Le *parodonte* se définit comme l'ensemble des tissus qui entourent la dent : gencive, jonction dento-gingivale, ligament alvéolo-dentaire, os alvéolaire. Les techniques de soins conservateurs permettent de restaurer la dent si sa morphologie a été détruite par des caries.

L'éruption des dents

Elle se déroule par unité et de façon discontinue. Les *dents temporaires* ou *lactéales* apparaissent dans la cavité buccale au rythme d'un groupe par semestre à partir de l'âge de 6 mois : incisives centrales, puis latérales, canines, premières molaires et enfin deuxièmes molaires. Cette denture permet à l'enfant de passer à une alimentation solide, grâce à l'engrènement des dents opposées. Elle présente fréquemment des espaces, ou *diastèmes*, qui permettront aux dents définitives, plus larges, de prendre leur place sur les arcades dentaires. Les racines des dents lactéales se résorbent spontanément et les dents de remplacement migrent vers la cavité buccale tout en édifiant leurs racines. La denture temporaire stable dure de la troisième à la sixième année.

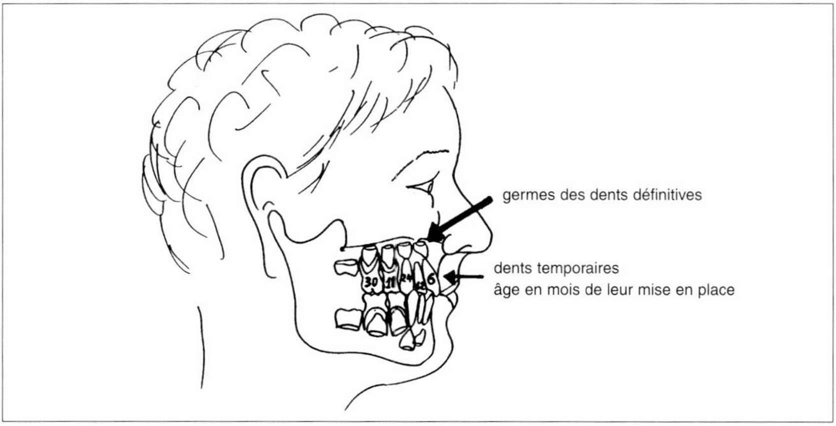

La *dentition adulte* commence avec l'apparition des premières molaires définitives, ou dents de 6 ans, en arrière des deuxièmes molaires temporaires ; ce sont des dents accessionnelles. Ensuite, les dents successionnelles évoluent et les incisives, les premières, achèvent leur mise en place à 8 ans. Les éruptions vont alors marquer un temps d'arrêt qui prend fin vers 10 ans avec l'apparition des premières prémolaires, des canines, puis des deuxièmes prémolaires, selon une séquence variable. Au moment de l'éruption des dents définitives, les diastèmes disparaissent ; après la chute de la dernière dent temporaire, la denture atteint l'état adulte.

Les dernières dents accessionnelles à évoluer sont les deuxièmes molaires, ou dents de 12 ans, et les troisièmes molaires, ou dents de sagesse. Celles-ci, qui devraient apparaître normalement entre 18 et 25 ans, restent la plupart du temps incluses. On pratique souvent l'ablation de leur germe, visible radiologiquement très tôt (germectomie).

La période intermédiaire, où l'on trouve en bouche des dents temporaires et des dents définitives, est appelée *dentition mixte*. Elle commence avec l'apparition de la dent de 6 ans et se termine avec la perte de la dernière dent temporaire.

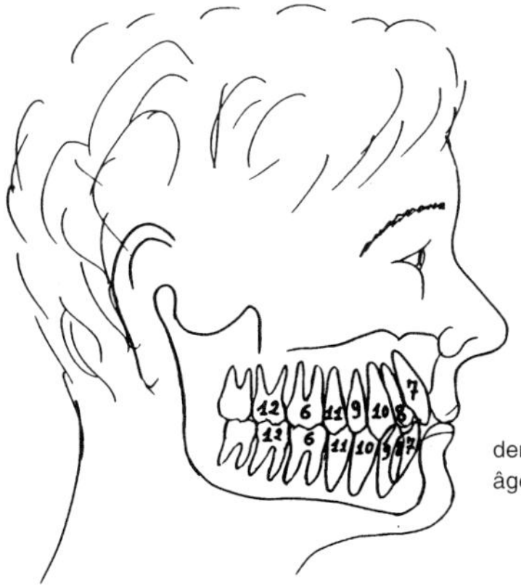

dents définitives
âge en années de leur mise en place

L'occlusion

On parle d'*occlusion* lorsque les dents mandibulaires (du maxillaire inférieur) établissent un contact d'engrènement avec les dents du maxillaire supérieur. Des critères simples permettent de la décrire.

En vue latérale, une occlusion dentaire est considérée comme normale si la première molaire et la canine supérieures sont en arrière d'une demi-cuspide (une demi-pointe) de leur antagoniste inférieure, soit la première molaire et la canine inférieures ; c'est la classe I d'Angle (Angle était un orthodontiste américain). Dans la classe II, l'ensemble de l'arcade maxillaire est situé en avant de l'arcade mandibulaire. Pour une classe III, c'est la situation inverse.

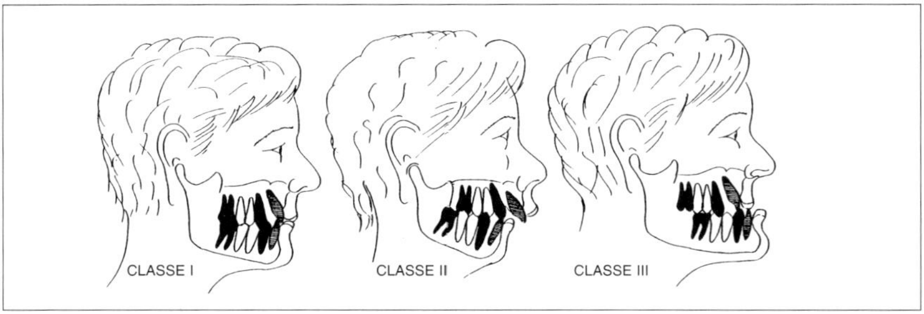

À l'état normal, l'arcade dentaire supérieure circonscrit l'inférieure et la recouvre légèrement. Cette notion de recouvrement est importante pour les incisives.

La fonction masticatoire est assurée par des mouvements mandibulaires d'abaissement-élévation et de propulsion-rétropulsion, et des mouvements de latéralité. Rendus possibles par l'anatomie dentaire et l'articulation de la mandibule avec les os du crâne (articulation temporo-mandibulaire), ils dépendent de la musculature.

Une denture qui fonctionne correctement assure la fermeture des arcades dentaires avec le maximum de contacts simultanés entre dents opposées : c'est l'occlusion d'intercuspidation maximale, naturellement présente lors de la mastication et de la déglutition ; ce contact est établi 800 à 1200 fois par jour. Dans cette situation, les condyles mandibulaires (extrémités supérieures du maxillaire inférieur) doivent être placés correctement dans leur loge articulaire au niveau des os du crâne. En cas de déséquilibre dentaire, le chirurgien et l'orthodontiste rétablissent une fonction occlusale (un bon engrènement pour une bonne fonction) en se référant à une position centrée du condyle mandibulaire dans sa loge articulaire : c'est l'occlusion de relation centrée.

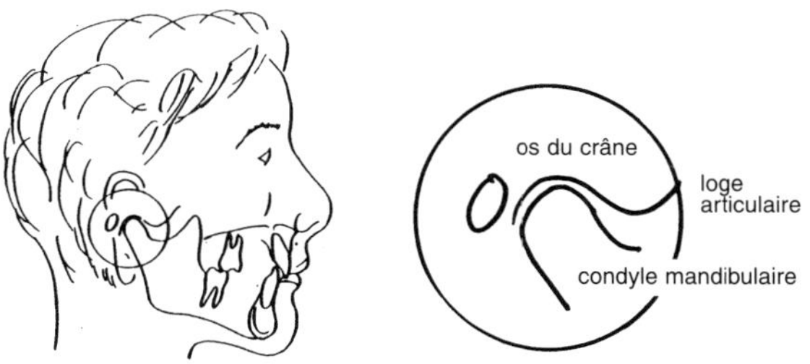

Les appareillages

Mode d'action

Les contraintes mécaniques permettant le remodelage de l'os alvéolaire, indispensable aux déplacements dentaires, sont transmises à la dent par l'intermédiaire d'appareillages qui se composent de bagues scellées et d'attaches collées sur les dents, fournissant des points d'ancrage pour l'application d'une force. Ces attaches présentent une gorge de section rectangulaire, inclinée et angulée, où coulisse un fil métallique rond ou rectangulaire. Les forces, continues et de préférence légères (30 à 150 grammes), sont exercées par des ressorts, des élastiques, des auxiliaires extra-oraux, et par l'élasticité du fil. L'inclinaison et l'angulation de la gorge permettent, par l'intermédiaire du fil, d'ajouter à la force initiale des couples de force qui provoquent

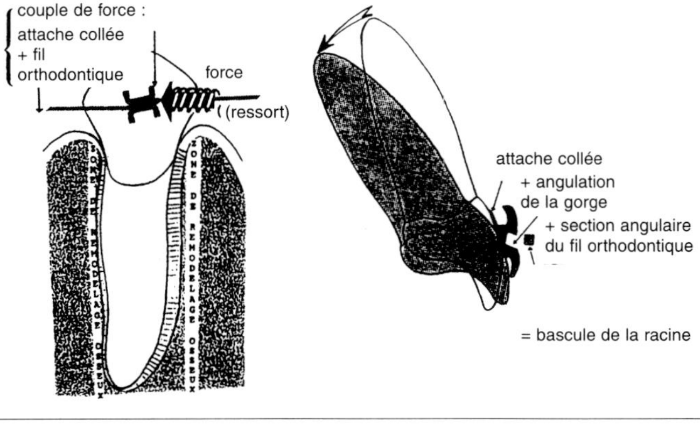

la bascule des racines. Le mouvement dentaire résultant n'est pas une version simple, mais une translation. Il peut se réaliser dans les trois sens de l'espace, avec une parfaite maîtrise de sa direction.

Les attaches métalliques sont de petites dimensions et relativement discrètes. Elles peuvent être remplacées par des attaches céramiques proches de la teinte de la dent, ou par des attaches collées sur les faces palatines, donc invisibles, réservées à des cas simples. Les fils orthodontiques ont des propriétés différentes en fonction des alliages utilisés (nickel, titane, chrome, cobalt, cuivre) ; ils conservent la mémoire de leur forme initiale. Les techniques multi-attaches peuvent théoriquement être mises en œuvre à tout âge, mais les réponses biologiques sont meilleures chez le sujet jeune.

Les auxiliaires associés à ces dispositifs sont de différents types :

– intra-buccaux allant d'une dent à l'autre sur une même arcade dentaire, comme les ressorts et les élastiques ; ils sont placés et changés par l'orthodontiste (planche I, photo 1) ;

– intra-buccaux allant d'une arcade à l'autre, des élastiques essentiellement ; portés en permanence et changés quotidiennement par le patient lui-même, ils demandent une grande coopération (planche I, photo 4) ;

– extra-buccaux, appareillages complémentaires appliquant des forces sur les dents en prenant appui hors de la bouche ; ils sont portés 12 à 14 heures par jour, condition de leur efficacité.

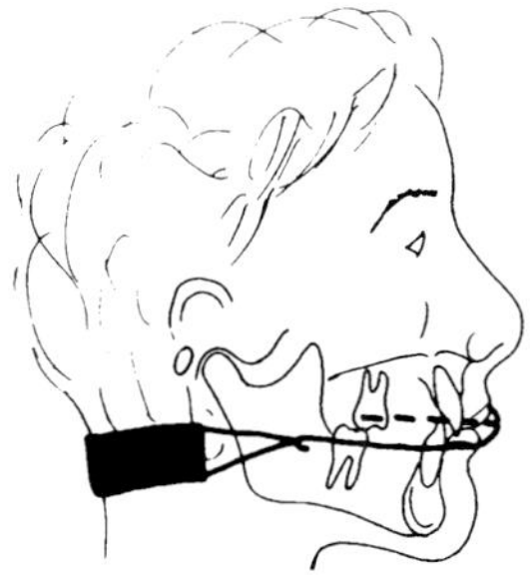

Traction extra-orale antéro-postérieure.

Traction extra-orale postéro-antérieure.

Planche I

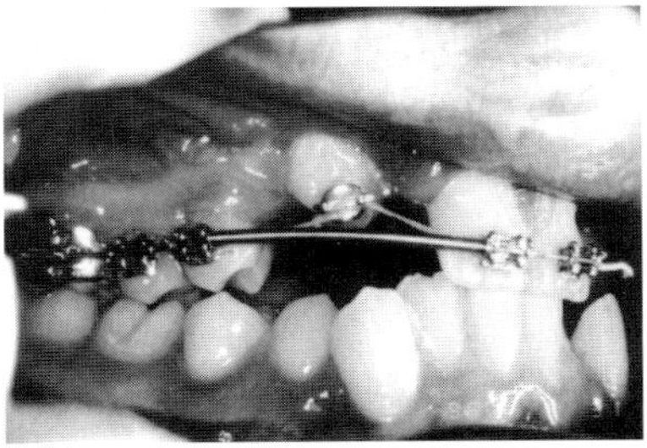

1. Traction de dent incluse.

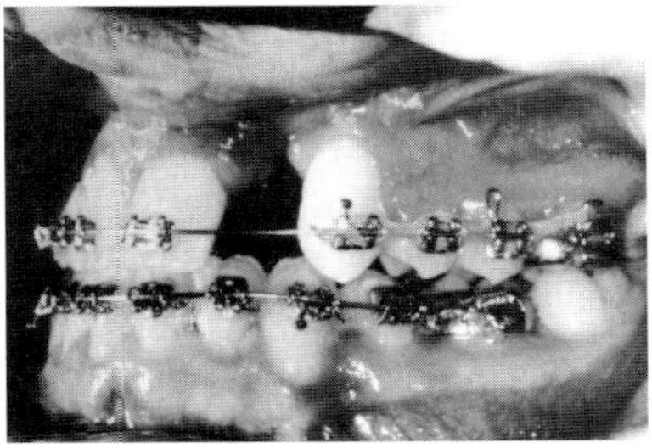

2. Espace de l'incisive maintenu
et 2 prémolaires inférieures extraites.

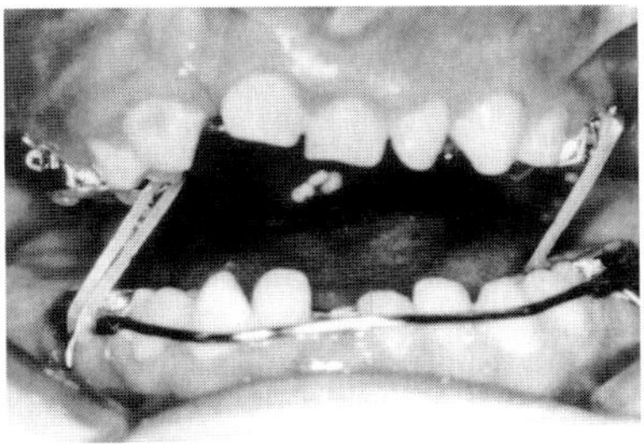

3. Côté petit fragment.
Côté non atteint.

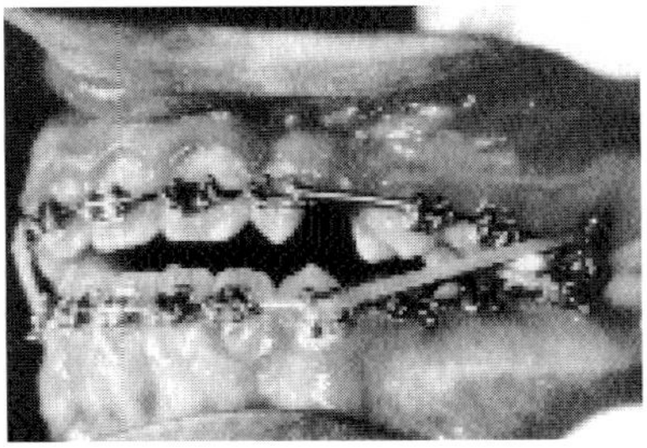

4. Élastiques obliques.

Radiographie et céphalométrie

Des mesures, faites à partir des téléradiographies, permettent différentes analyses céphalométriques qui situent le patient par rapport à une normalité. Les études de profil sont les plus utilisées. Elles permettent de surveiller la croissance de la face et les effets du traitement, de contrôler l'axe des incisives dans le sens sagittal : ce point est important dans la décision de fermer ou de maintenir l'espace d'une incisive manquante. Ces analyses montrent aussi le niveau où siège l'anomalie et mesurent son importance, ce qui permet de déterminer si la correction est accessible à l'orthodontie seule ou s'il faut recourir également à la chirurgie des maxillaires. En ce cas, les objectifs du traitement sont établis par un montage céphalométrique recomposant le futur profil *(set-up)*.

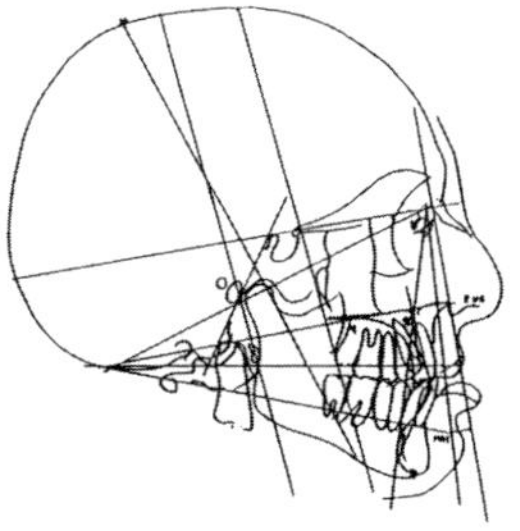

Analyse céphalométrique selon Delaire.

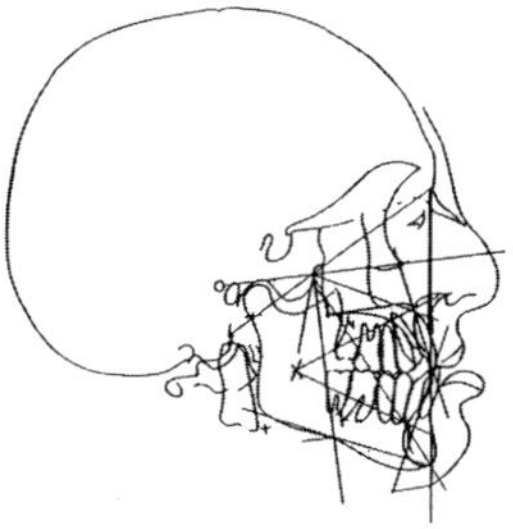

Analyse céphalométrique selon Ricketts.

Application

Les déformations, et par conséquent leurs corrections, intéressent les trois sens de l'espace.

En cas de décalage sagittal, pour éviter l'installation d'un léger prognathisme mandibulaire, on procède à un glissement postéro-antérieur (avancement) de l'arcade alvéolaire supérieure. Une traction intermittente, par l'intermédiaire d'élastiques, relie un appareillage fixé sur les molaires (double arc) à un appui extra-oral et fronto-mentonnier (schéma p. 204).

En denture définitive, on utilise des tractions intermaxillaires au moyen d'élastiques obliques de haut en bas et d'arrière en avant, accrochés sur le multibagues (planche I, photo 4).

En cas de problème vertical, le manque de contact entre les deux arcades dentaires, s'il n'est pas trop important, est corrigé par des élastiques intermaxillaires à orientation verticale.

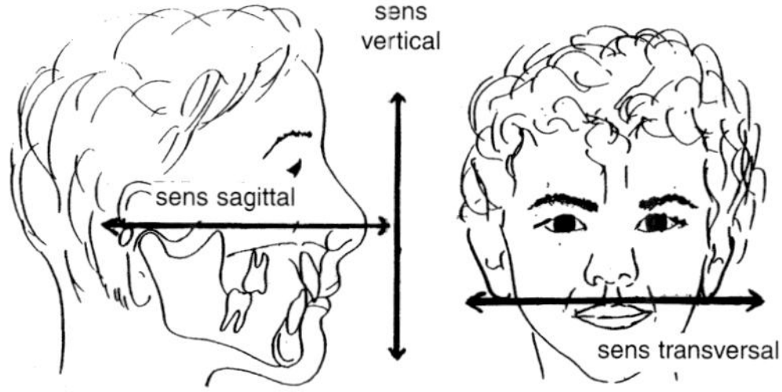

En cas d'insuffisance transversale, l'expansion est réalisée avec un dispositif placé au niveau du palais et fixé sur les dents postérieures ; le plus couramment utilisé est le quad'hélix. En denture temporaire, il est scellé sur les deuxièmes molaires lactéales. Il peut être associé au port d'élastiques intermaxillaires qui croisent le plan de morsure, des deux côtés, et s'amarrent sur un dispositif d'ancrage scellé aux dents de l'arcade mandibulaire (planche I, photo 3) : ainsi, on stabilise le côté non atteint et l'on facilite la mise en bonne positon du petit fragment, toujours à l'intérieur.

En dentition mixte et en denture adulte, il est scellé sur les premières molaires définitives (planche II, photos 2 et 4).

Après un traitement d'une année environ, un fil de contention palatin, fixé sur les molaires, est indispensable pour maintenir le résultat.

Planche II

Sujet porteur d'une fente unilatérale gauche.

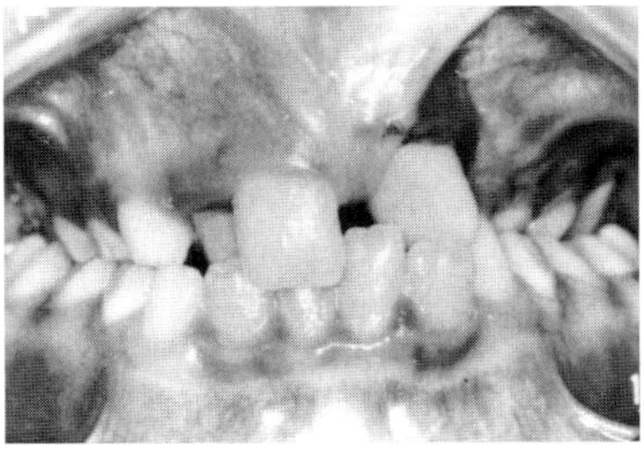

1. Désordre incisif.

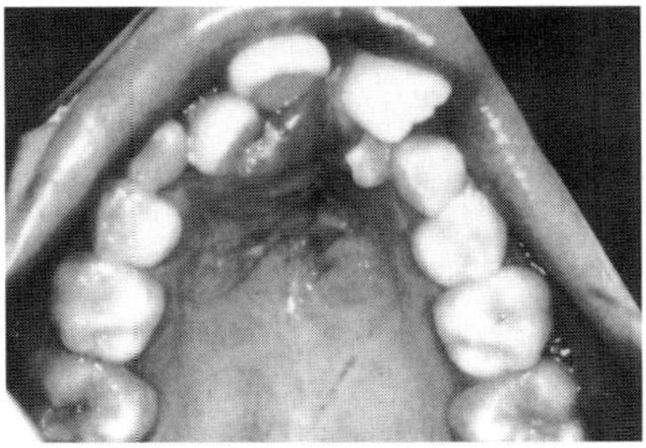

2. Dentition mixte.

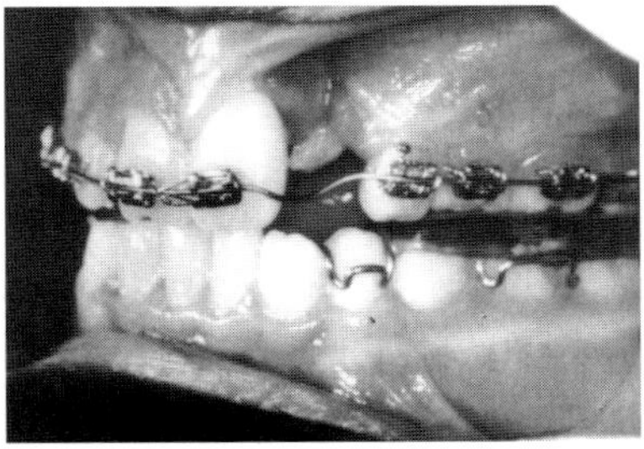

3. Plaque de désengrènement

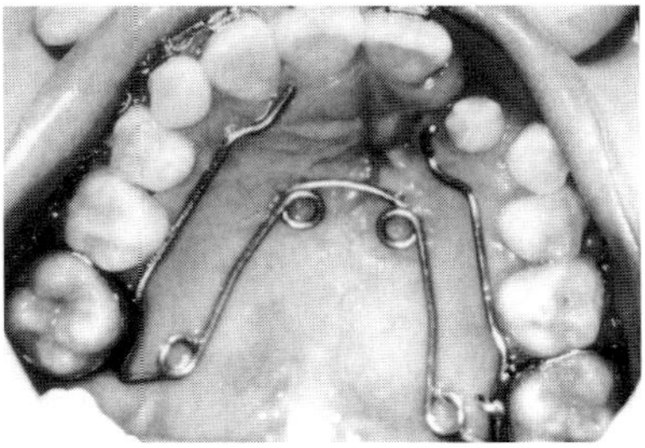

4. Sens traversal corrigé.

Planche III

Sujet porteur d'une fente bilatérale.

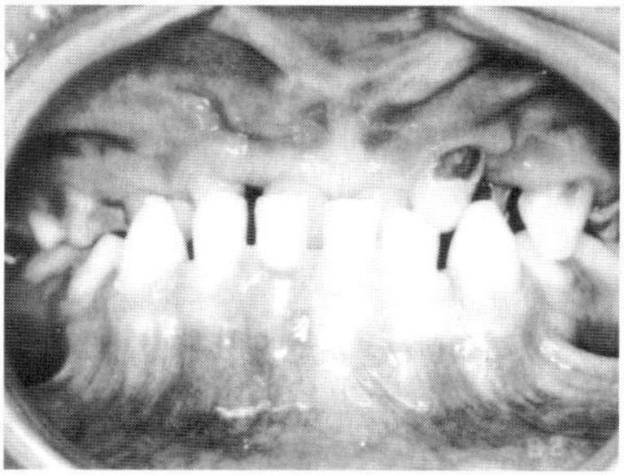

1. Inversé d'articulé
en denture temporaire.

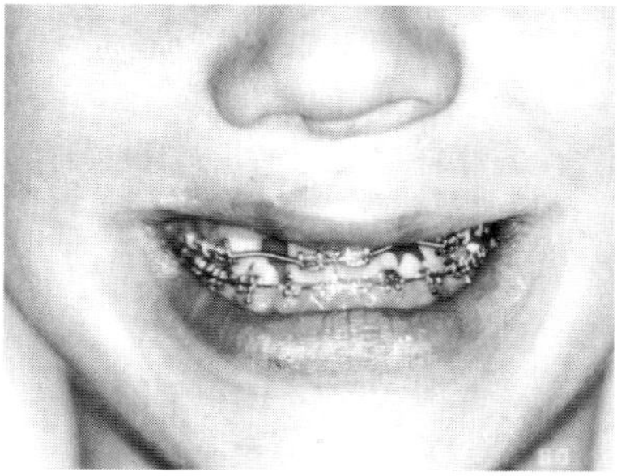

2. Période de traitement.

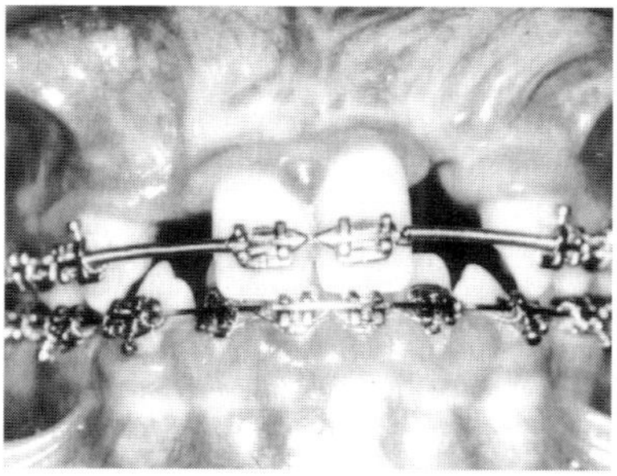

3. Espaces des latérales maintenus.

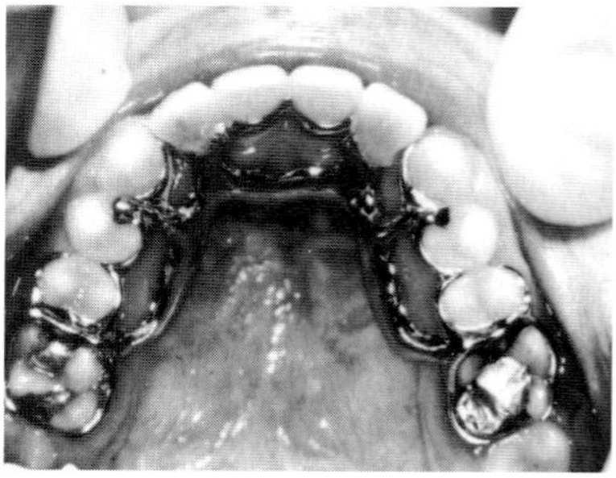

4. Contention par plaque métallique.

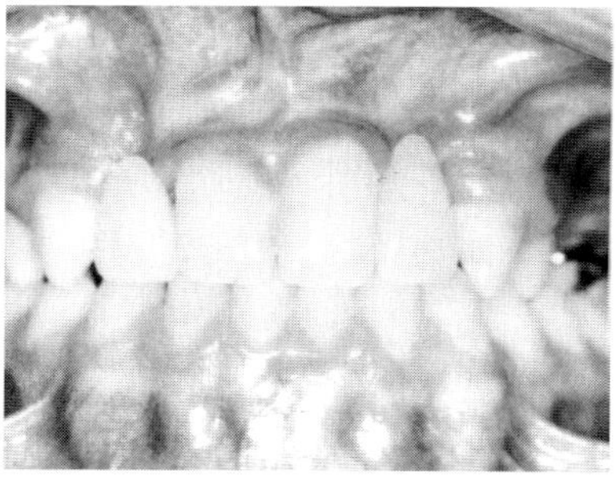

5. Fin de traitement.

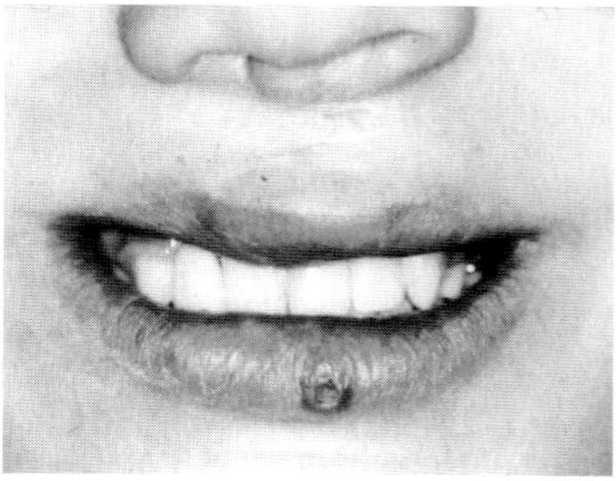

6. Sourire après traitement.

Planche IV

Sujet porteur d'une fente bilatérale.

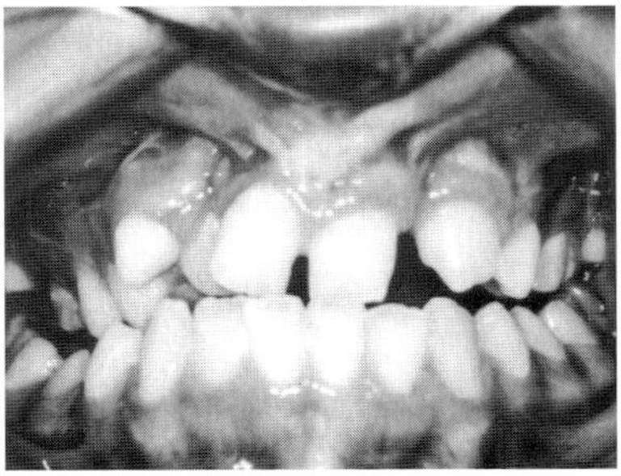

1. Avant traitement.

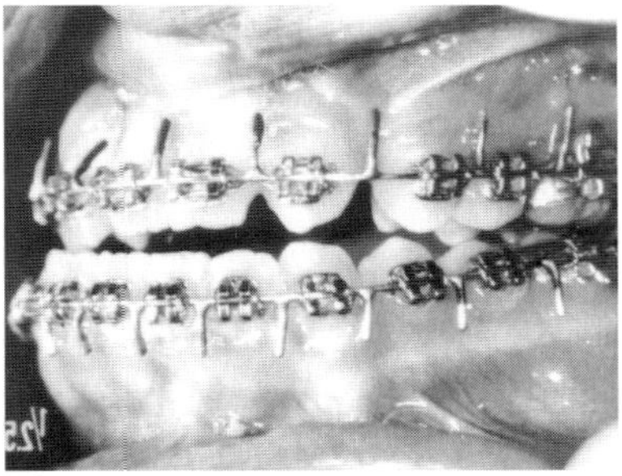

2. Avant opération (fils avec taquets).

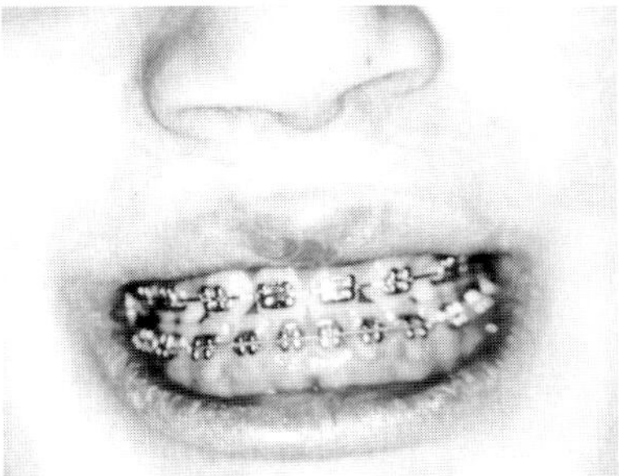

3. Après opération.

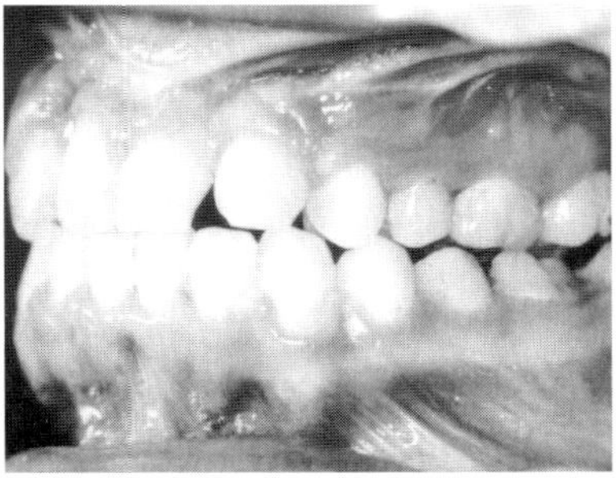

4. Traitement terminé.

Une fistule palatine persistante, malgré l'intervention chirurgicale, peut s'agrandir par l'expansion transversale, sans contre-indiquer la poursuite du traitement : la fermeture sera réalisée ultérieurement. S'il existe une déperdition nasale, une plaque obturatrice en résine est placée à titre temporaire.

Autres applications

L'alignement des dents antérieures, réalisé en collant des attaches sur les dents définitives et temporaires, peut être associé à un dispositif amovible de désengrènement (plaque en résine épaisse) qui empêche les arcades dentaires de

Planche V

Sujet porteur d'une fente unilatérale gauche.

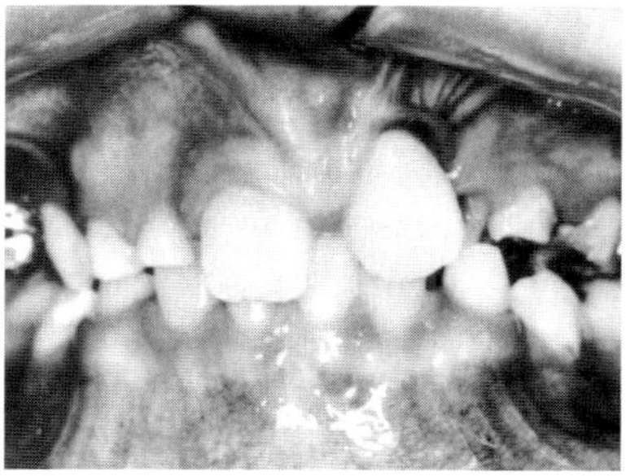

1. Dentition mixte.

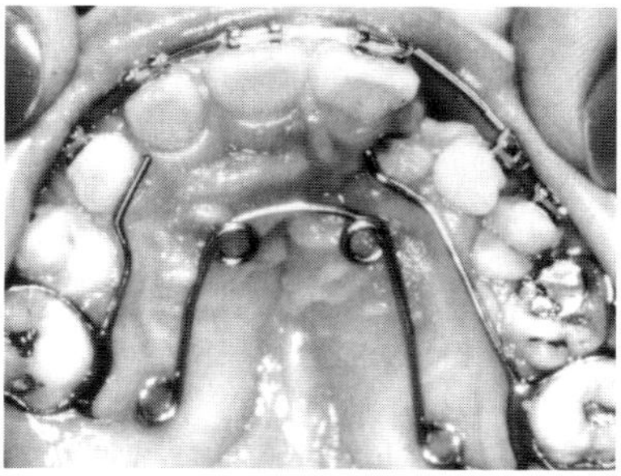

2. Appareillage d'expansion.

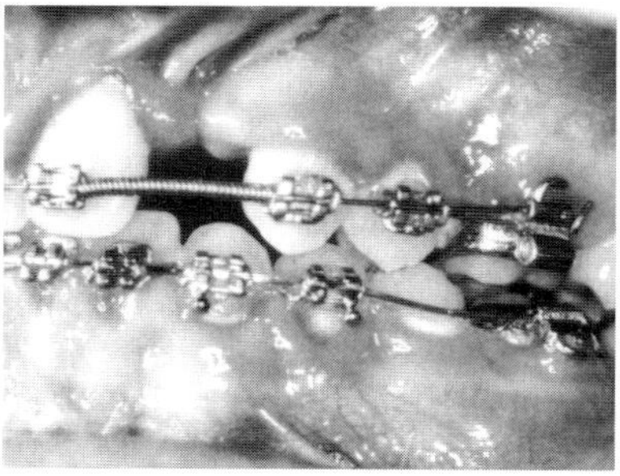

3. Maintien d'un espace.

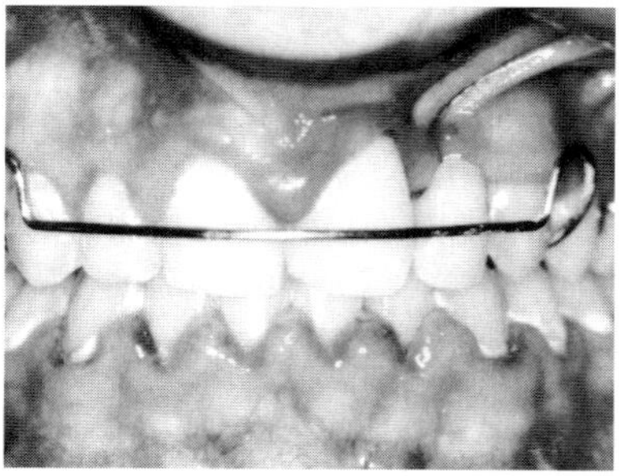

4. Plaque avec maintien incisif et avec dent de remplacement.

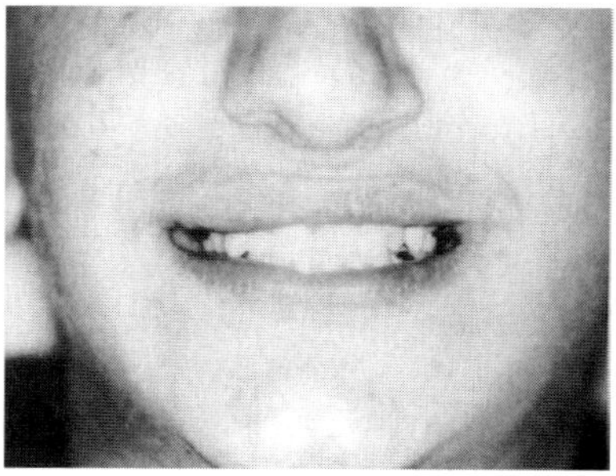

5. Après traitement.

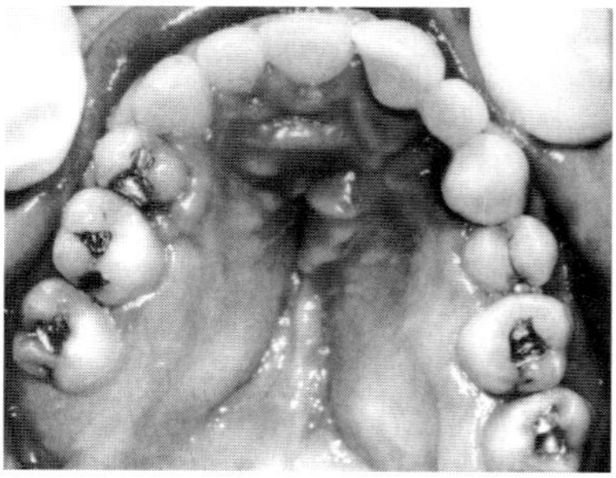

6. Restauration prothétique.

rentrer en occlusion et qui est porté le temps de l'avancement de la dent en inversion, c'est-à-dire pour un court laps de temps (planche II, photos 1 et 3).

S'il existe une dysharmonie dento-maxillaire (DDM), on pratique des extractions compensatrices de dents définitives (planche I, photos 1 et 2)

Les dents incluses sont découvertes chirurgicalement et tractées sur l'arcade au moyen d'élastiques (planche I, photo 1).

Les agénésies concernant les prémolaires impliquent, soit le maintien des espaces, soit leur fermeture dans les cas où les autres dents sont de dimensions très larges. Lorsque l'incisive latérale est absente au niveau de la fente, l'espace est maintenu ou même agrandi afin de donner de l'ampleur à l'arcade supérieure (planche III, photo 3). Une restauration prothétique est réalisée ultérieurement (planche III, photo 5).

En cas de préparation chirurgicale (planche IV, photos 1, 2, 3 et 4), lorsque les arcades dentaires ont des formes congruentes, des fils comportants des taquets au niveau des espaces interdentaires sont placés en bouche. Des élastiques ou des ligatures métalliques tendus d'un taquet à l'autre permettent le blocage post-opératoire des deux maxillaires.

La contention est d'abord réalisée par des plaques en résine avec un fil maintenant les incisives (planche V, photo 4). Ensuite, des plaques métalliques (planche III, photo 4), davantage compatibles avec les tissus parodontaux, sont posées en attendant la restauration prothétique finale (bridge) (planche V, photo 6).

La reconstitution par implant dentaire est envisageable afin de remplacer une dent manquante située ailleurs qu'au niveau de la fente. Ce geste est effectué après contention, une fois la croissance terminée. Au niveau de la fente, les conditions étant plus difficiles, cela ne peut se concevoir que dans des cas exceptionnels.

Les prescriptions légales

CLAIRE NEIRINCK

LES PARENTS VIENNENT D'APPRENDRE que leur enfant, attendu dans la joie, est atteint d'une grave malformation. Accablés, ils se demandent : que pouvons-nous faire ? Ils expriment ainsi leur profond désarroi, leur désir de lutter contre l'inacceptable et leur refus de vivre ce qu'ils perçoivent comme un cauchemar. Leur question s'adresse principalement au corps médical, mais elle a aussi une portée plus vaste : ils veulent savoir quels sont les comportements que la société tolère en réponse à des cas aussi douloureux ; ils veulent savoir jusqu'où peut aller leur refus. Ils interrogent le droit.

En ce cas précis, la loi laisse chacun face à sa conscience. Elle n'impose ni ne conseille. Le législateur contemporain a voulu être tolérant et pragmatique en la matière, car l'expérience prouve qu'il est désastreux d'imposer le statut de parents à ceux qui ne peuvent l'assumer. Les textes en vigueur ont donc pour objectif de protéger l'enfant à naître sans contraindre les géniteurs. Ainsi la loi accepte, sous certaines conditions, aussi bien l'avortement – lorsque le refus de l'enfant malformé s'exprime au cours de la grossesse – que son abandon après la naissance. La mère joue un rôle prépondérant dans cette démarche : le législateur voit en elle le principal et l'ultime protecteur de l'enfant.

L'interruption de grossesse

Le terme d'*avortement* a disparu du vocabulaire pour être remplacé par celui, moralement plus neutre, d'*interruption de grossesse.* On distingue trois situations : l'interruption de grossesse illégale, l'interruption volontaire et l'interruption pour motif thérapeutique. Depuis la loi Veil du 17 janvier 1975, les deux dernières sont autorisées ; en revanche, est pénalement sanctionnée la première, c'est-à-dire l'expulsion de l'embryon ou du foetus provoquée avant terme alors que les conditions d'une interruption de grossesse autorisée ne sont pas respectées. Le recours à l'une des deux formes autorisées dépend du moment où la malformation est découverte grâce au diagnostic prénatal : l'interruption volontaire ne peut être pratiquée qu'au cours des dix premières semaines de grossesse, alors que l'interruption pour motif thérapeutique n'est soumise à aucune considération de délai. Il convient cependant, avant d'exposer leurs modalités respectives, de rappeler que l'article 1 de la loi Veil affirme que "la loi garantit le respect de tout être humain dès le commencement de la vie" : l'interruption de grossesse doit donc demeurer une exception, elle ne peut avoir lieu que si toutes les conditions posées par la loi sont réunies.

L'interruption volontaire

Le recours à l'interruption volontaire de grossesse par suite de la découverte d'une malformation au stade embryonnaire est assez rare. Cela suppose en effet que l'anomalie a été détectée très tôt, grâce à des examens approfondis, tels que l'embryoscopie, qui ne sont pas sans risque pour la suite de la grossesse. En général, de tels examens ne sont mis en œuvre que s'ils sont justifiés par des antécédents familiaux. L'échographie, seul examen qui présente l'avantage de l'innocuité, ne peut être réalisée sur l'embryon : il ne permet pas de visualiser, dans les premières semaines du développement, des malformations difficiles à déceler. Au stade fœtal, il constitue le procédé auquel on a le plus fréquemment recours. Il est systématiquement prescrit au moins une fois dans le cadre de la surveillance obligatoire de la grossesse.

L'interruption volontaire de grossesse est réservée à "la femme enceinte que son état de grossesse place dans une situation de détresse". Cet avortement volontaire, également qualifié de précoce, ne peut donc avoir lieu que si deux conditions sont réunies :

– la détresse de la future mère,

– l'âge de la grossesse (avant la fin de la dixième semaine).

Avec la première condition, le législateur s'en remet à la femme enceinte et lui confie le sort de l'enfant qu'elle porte. La détresse est en effet une notion purement subjective, par laquelle la mère exprime le refus de sa maternité ; elle n'a pas à être démontrée ou justifiée. La détresse ne renvoie qu'à la volonté de la femme de ne pas être mère, bien qu'elle soit enceinte. La mise en œuvre de cette condition ne peut, dès lors, faire l'objet ni d'un contrôle judiciaire, ni d'un contrôle médical. L'interruption volontaire de grossesse doit être demandée par l'intéressée, ne peut l'être que par elle et ne peut jamais lui être imposée. Au regard de ce critère, il est évident que la découverte d'une malformation importante dont l'embryon est porteur autorise la femme enceinte à affirmer sa détresse.

Il s'agit d'une décision grave que les parents sont invités à prendre ensemble. Il convient cependant d'indiquer que la faculté légale d'une décision commune ne débouche sur la reconnaissance d'aucun droit au profit du futur père. En cas de conflit sur la conduite à tenir à l'égard de l'enfant, le père ne peut rien imposer, qu'il soit le mari de la mère ou son concubin : il n'est pas plus en droit d'exiger une interruption volontaire de grossesse refusée par la mère que de la lui interdire.

La seconde condition légale est beaucoup plus restrictive. L'avortement précoce doit être réalisé dans un délai très bref : avant la fin de la dixième semaine de grossesse, soit douze semaines d'aménorrhée, c'est-à-dire d'absence de règles. La femme doit cependant entamer les démarches beaucoup plus tôt, afin de respecter une procédure que le législateur a érigée en condition de la validité de l'interruption de grossesse. Le but est de permettre à la femme d'exprimer un consentement éclairé, de l'inviter à réfléchir sur sa démarche afin de ne pas prendre sa décision à la légère. Ce délai impératif interdit d'avoir recours à l'avortement précoce chaque fois que la découverte de l'anomalie intervient au stade fœtal.

La loi prévoit par ailleurs des prescriptions particulières lorsque la femme est soit mineure, soit étrangère. S'il s'agit d'une adolescente célibataire de moins de dix-huit ans (l'adolescente mariée du même âge est en effet émancipée par le mariage), l'un des titulaires de l'autorité parentale ou, le cas échéant, le représentant légal est requis de donner son consentement, auquel doit s'ajouter celui de l'intéressée, donné en-dehors de la présence des parents ou du représentant légal. Les étrangères doivent justifier qu'elles résident en France dans des conditions régulières depuis plus de trois mois au jour de l'intervention.

Faute de respecter cette réglementation, l'avortement est illicite et expose à des sanctions pénales – quelle que soit la cause de la détresse de la future mère. Passées les dix premières semaines de la grossesse, seule peut être pratiquée l'interruption thérapeutique, qui obéit à d'autres conditions.

L'interruption pour motif thérapeutique

Il s'agit de la forme d'interruption de grossesse la plus sollicitée en cas de malformation du fœtus. Cette situation est récente : avant la réforme opérée par la loi Veil, l'avortement thérapeutique était admis, mais seulement s'il s'avérait indispensable pour sauver la vie de la mère. Depuis 1975, le motif thérapeutique peut toujours être évoqué à n'importe quel stade de la grossesse, mais il vise aussi bien la santé de la mère que celle de l'enfant à naître : l'article L 162-12 du Code de la santé publique précise dans son premier alinéa que "l'interruption d'une grossesse peut, à toute époque, être pratiquée si deux médecins attestent, après examen et discussion, que la poursuite de la grossesse met en péril grave la santé de la femme ou qu'il existe une forte probabilité que l'enfant à naître soit atteint d'une affection d'une particulière gravité reconnue comme incurable au moment du diagnostic". Si le motif thérapeutique traditionnel, lié à la santé de la mère, ne concerne pas directement notre propos, le motif plus nouveau tiré de l'état de santé de l'enfant – qui relève davantage d'une démarche eugénique que thérapeutique – est au cœur de notre réflexion.

Pour que l'avortement soit licite, l'état de l'enfant à naître doit être apprécié à partir de deux critères cumulés. Il faut que celui-ci soit atteint :

– d'une affection d'une particulière gravité, d'une part ;

– d'une affection reconnue incurable au moment du diagnostic, d'autre part.

Chacun de ces critères doit non seulement être rempli, mais également présenter un taux de probabilité élevé quant à sa réalisation effective au moment de la naissance.

Il convient de souligner l'imprécision de ces conditions légales. L'exigence d'une forte probabilité peut-elle être vécue par ceux qui sont concernés seulement comme un risque statistique ? Il est certain qu'aux yeux des futurs parents, une simple possibilité d'anomalie grave justifie souvent une demande d'interruption de grossesse. Par ailleurs, qu'est-ce que la gravité ? Il existe plusieurs angles d'appréciation de cette notion. On peut considérer comme grave une anomalie qui interdit de vivre, même partiellement, une vie d'homme dans sa plénitude et sa dignité ; en ce cas, les malformations concernées par cette étude sont rarement graves car l'être humain possède la faculté de compenser son handicap et d'assurer autrement la fonction déficiente. Mais la gravité peut aussi s'apprécier à l'aune de la souffrance qu'engendre l'anomalie, souffrance elle-même constituée de plusieurs éléments : physiques, moraux, sociaux... Le père atteint de nanisme qui demande une interruption thérapeutique de grossesse parce que l'enfant attendu est lui-même un nain, qui affirme que sa propre vie n'est que souffrance et qu'il ne peut voir son fils souffrir comme lui, peut-il se voir répondre par des personnes de taille normale que le nanisme n'est pas une affection grave ? Cependant, objectivement, une personne de petite taille peut mener une vie humainement "normale". Enfin, la notion d'incurabilité est très peu appropriée au problème posé, car elle renvoie à la notion de guérison : est incurable ce qui ne peut être guéri. Or la réparation n'est pas la guérison. Une personne guérie se retrouve dans l'état où elle se trouvait avant la maladie : celle-ci a disparu sans laisser de traces. Au contraire, la réparation permet de remédier au handicap, de donner meilleure forme à la malformation – mais, même si elle parvient à assurer une certaine remise en état, elle n'efface jamais totalement ce qui ne s'est pas fait dans le développement initial de l'enfant. Il reste toujours trace de ce qui a manqué.

L'appréciation des deux critères légaux, la gravité et le caractère irréparable de l'affection, ne présente pas de difficulté lorsque la situation de l'enfant est, à l'évidence, tragique et irrémédiable : une anencéphalie (absence de cerveau), par exemple, est incontestablement une affection très grave et incurable. L'analyse est aussi aisée dans le cas contraire, lorsque l'affection est bénigne et facilement curable à la naissance. Mais ces critères deviennent très délicats à mettre en œuvre dès lors que le fœtus présente une malformation apparente importante et irrémédiable, mais n'entraînant pas de pronostic vital (par exemple, l'absence d'une main ou d'un bras), ou lorsqu'il est atteint d'une dysmorphose grave, source de nombreuses souffrances, qui peut faire l'objet après la naissance d'une réparation plus ou moins parfaite au prix de nombreux soins (fente labio-palatine associée à d'autres malformations). Il est évident que le législateur n'a pas voulu stigmatiser les enfants frappés de handicaps sévères en posant des critères rigides, en établissant notamment une liste exhaustive d'affections susceptibles d'autoriser les parents à demander une interruption de grossesse. Il faut donc, à partir de critères imprécis, procéder au cas par cas, étudier chaque demande. En cette possibilité de choix réside tout le ressort dramatique de l'interruption thérapeutique de grossesse : chacun est confronté à la complexité de ses sentiments et doit affronter sa responsabilité de parent ou de médecin, alors que cette décision est prise "en faveur" d'autrui. L'omnipotence des adultes réifie le fœtus.

L'interruption médicale doit être demandée par les parents, mais cette demande nécessaire n'est pas suffisante. Le contrôle du motif thérapeutique est confié, qu'il s'agisse de la santé de la mère ou de l'affection grave de l'enfant, à deux médecins (annexe I). Avant de délivrer leur attestation, ceux-ci doivent examiner le cas et en discuter entre eux : l'absence de concertation constitue au regard de la loi une faute disciplinaire. Ils rédigent ensuite une consultation commune en trois exemplaires, dont l'un est remis à la femme, les deux autres étant conservés par chaque consultant. Soulignons que si l'état de détresse est subjectif et laissé à l'appréciation de la future mère, le motif thérapeutique ne l'est pas : il fait obligatoirement l'objet d'un contrôle médical et peut également être soumis à un contrôle judiciaire. Cependant, si le principe d'un tel contrôle n'est pas douteux, il demeure en pratique tout à fait exceptionnel.

Lorsque le motif thérapeutique est admis par les deux médecins, l'interruption de la grossesse n'est soumise à aucune autre condition. Aucun délai n'est à respecter : la loi stipule que l'avortement peut être pratiqué à toute époque. S'il s'agit d'une étrangère, il n'y a pas lieu d'appliquer la condition de résidence posée dans l'avortement précoce. S'il s'agit d'une adolescente mineure non émancipée, le droit commun retrouve ses prérogatives : l'autorisation écrite des parents ou du représentant légal est requise pour toute intervention médicale, sauf cas d'urgence.

Observations communes aux deux formes d'interruption légale de grossesse

En premier lieu, il convient de souligner que, si l'interruption de grossesse ne peut être pratiquée que par un médecin, celui-ci ne saurait y être contraint. L'article L 162 -8 du Code de la santé publique rappelle que les médecins bénéficient toujours en la matière de la clause de conscience, étendue à l'ensemble du personnel médical : “Aucune sage-femme, aucun infirmier ou infirmière, aucun auxiliaire médical, quel qu'il soit, n'est tenu de concourir à une interruption de grossesse.” Le médecin consulté peut donc refuser de pratiquer une interruption de grossesse, mais il doit en informer l'intéressée dès la première visite, lorsqu'il s'agit d'un avortement précoce.

En second lieu, l'interruption de grossesse ne peut être pratiquée que dans un établissement public de santé ou un établissement privé ayant reçu une autorisation préfectorale préalable. Le centre qui réalise l'intervention est soumis à une obligation de déclaration administrative auprès du médecin inspecteur de la Santé. Cette déclaration, qui établit une distinction entre les interventions pour cause de détresse et celles pour motif thérapeutique, sans mentionner l'identité de la patiente, fait l'objet d'un traitement automatisé au ministère de la Santé. Les frais afférents aux deux formes d'interruption légale sont pris en charge par l'assurance maladie.

Enfin, il convient de préciser le régime de la responsabilité médicale au regard de l'interruption de grossesse dans deux hypothèses. Il arrive, en premier lieu, que la femme demeure enceinte malgré l'intervention abortive. Les juridictions administratives et judiciaires traitent l'interruption de grossesse comme un acte médical classique : le médecin étant tenu par une obligation de moyens et non de résultat, l'échec de l'avortement n'établit pas en lui-même l'existence d'une faute. Les tribunaux exigent donc que le demandeur apporte la preuve qu'une faute technique a été commise ou que le médecin n'a pas respecté les règles de l'art (c'est le cas, par exemple, lorsqu'il n'a pas contrôlé le résultat de l'intervention). Outre la preuve de la faute du praticien, le demandeur doit également fournir celle du préjudice encouru : or de manière constante, le Conseil d'État et la Cour de Cassation affirment que "la naissance d'un enfant, même si elle survient après une intervention pratiquée sans succès, n'est pas génératrice d'un préjudice".

La seconde hypothèse a trait à l'erreur de diagnostic, lorsque la femme rassurée par un diagnostic prénatal erroné décide de mener sa grossesse à terme et met au monde un enfant atteint d'une malformation. En ce cas, les tribunaux retiennent contre le laboratoire ou le praticien concernés un défaut de soins diligents et attentifs et un manquement à leur devoir de conseil et d'information ; cette faute engage leur responsabilité. Le préjudice personnel des parents réside, selon la formule jurisprudentielle, dans "la perte d'une chance de pratiquer une interruption de grossesse".

L'abandon

La malformation de l'enfant n'a pas été diagnostiquée au cours de la grossesse. Les parents la découvrent à la naissance. Il se peut également que l'interruption thérapeutique ait été refusée en raison de la découverte tardive de la pathologie, à un stade du développement où le fœticide s'apparente à un infanticide. Le caractère brutal de cette révélation, l'atteinte massive et violente ainsi portée au narcissisme des parents rendent insupportable cette venue au monde. L'enfant peut alors être abandonné. Si l'abandon d'enfants atteints de fente labio-palatine ou de malformations de ce type est extrêmement rare, il est plus fréquent lorsqu'il s'agit de maladies, génétiques ou non, très sévères : trisomie 21, myopathie, hydrocéphalie...

Depuis saint Vincent de Paul, il existe en France une tradition d'abandons organisés d'enfants nouveau-nés justifiée par l'idée que l'infanticide est ainsi évité. En droit positif, l'abandon peut prendre plusieurs formes, génératrices de statuts différents.

Les formes d'abandon

L'abandon de l'enfant peut être exprès ou tacite. Dans le premier cas, les parents sont connus – la mère a accouché après avoir donné son identité – et la filiation de l'enfant est établie. Le bébé est alors remis par ses parents au service départemental de l'Aide sociale à l'Enfance, en vue de son admission comme pupille de l'État. Dans le procès-verbal de remise, les parents donnent leur consentement à l'adoption. Cette procédure concerne en général les nouveau-nés, mais la loi ne fixe pas d'âge limite.

Au moment de la remise, si l'enfant est âgé de moins d'un an, les parents peuvent, en application de l'article 62 du Code de la famille et de l'aide sociale, demander le secret de leur identité, démarche qui a pour objet d'empêcher leur identification, de rendre secrète la filiation. Une telle demande, qui doit être formulée expressément, figure sur le procès-verbal de remise de l'enfant. Elle entraîne la rédaction d'un acte d'état-civil provisoire qui ne comporte qu'une suite de trois prénoms et tient lieu d'acte de naissance : l'acte de naissance original, devenu caduc, ne peut plus être communiqué à quiconque.

Les parents disposent d'un délai de deux mois à compter du procès-verbal pour revenir sur leur décision et rétracter leur consentement. Pendant ce laps de temps, la restitution de l'enfant est de droit : elle ne peut leur être refusée. Passé ce délai, la remise de l'enfant à ses géniteurs n'est plus de droit, mais subordonnée à l'appréciation de son intérêt. Son placement en vue de l'adoption met fin à toute possibilité de réclamation des parents naturels.

L'abandon peut également être tacite : il ne résulte pas d'une démarche positive de remise au service de l'Aide sociale, mais de l'abstention des parents. Cette situation se rencontre lorsque la mère demande un accouchement secret et anonyme, que l'on désigne sous le terme d'*accouchement sous X.* Un tel procédé est rare lorsqu'il s'agit d'un enfant souffrant d'une affection grave, car il suppose que l'anomalie n'a pas été diagnostiquée avant la naissance : la mère a abordé son accouchement sous sa propre identité, sans chercher à tenir secret cet événement attendu par toute la famille. Or il ne peut pas y avoir d'accouchement sous X rétroactif, demandé après coup, après découverte de la malformation, dans la mesure précisément où, au moment de la demande, l'identité de la mère est connue du service et son accouchement n'a plus rien de secret. Il faut alors recourir à la formule précédemment exposée, celle de la remise de l'enfant à l'Aide sociale, avec consentement à l'adoption et demande de secret sur l'identité.

L'abandon tacite se rencontre également lorsque les parents naturels n'ont pas établi le lien de filiation : ils n'ont pas reconnu l'enfant, ils ne s'en sont pas occupés, le privant de possession d'état. Il se rencontre enfin dans l'hypothèse, heureusement rare, de l'enfant trouvé sans qu'il soit possible de désigner ses géniteurs. Lorsqu'il y a abandon tacite, l'enfant est recueilli par le service de l'Aide sociale à l'Enfance et, passé un délai de deux mois, il est admis comme pupille de l'État. Tant qu'il n'a pas été placé en vue de l'adoption, les parents peuvent faire valoir leurs droits et créer le lien de filiation.

Le statut de l'enfant abandonné

Dans le procès-verbal de remise au service de l'Aide sociale à l'Enfance, l'enfant abandonné est considéré comme un pupille de l'État à titre provisoire. Ce n'est qu'à l'issue d'un délai de deux mois qu'intervient le procès-verbal d'admission définitif.

Les pupilles de l'État sont soumis à un régime particulier. Le préfet du département, qui est leur tuteur légal, n'exerce pas directement cette fonction qu'il délègue à la Direction départementale de l'Action sanitaire et sociale. Le tuteur, avec l'accord du conseil de famille des pupilles de l'État, prend les décisions les plus graves concernant l'enfant. Sa vie quotidienne est assurée par le service départemental de l'Aide sociale à l'Enfance auquel il est confié, et qui a la qualité de gardien. À sa sortie de maternité, le bébé passe ses premières semaines à la pouponnière de l'Aide sociale puis, si son état de santé le permet, il est placé dans une famille d'accueil en attendant une éventuelle adoption.

Dès qu'il est admis à titre définitif comme pupille de l'État, l'enfant doit faire l'objet d'un projet d'adoption dans les meilleurs délais. Lorsque le tuteur considère que cette mesure n'est pas adaptée à sa situation, il doit indiquer au conseil de famille les motifs de sa décision, au nombre desquels figure souvent le grave handicap qui affecte l'enfant et qui implique des soins très lourds. La validité des ces motifs doit être confirmée à l'occasion de l'examen annuel de la situation de chaque pupille. Les enfants abandonnés à la naissance en raison d'une grave malformation ou maladie peuvent en principe, comme tous les pupilles de l'État, être adoptés : une santé parfaite n'est jamais exigée ; néanmoins, même si le tuteur et le conseil de famille en sont d'accord, les chances d'adoption sont évidemment des plus minces. Dès lors, c'est la vie en institution si le handicap est très lourd, en famille d'accueil s'il impose des contraintes moindres, qui attend l'enfant abandonné pour raison de santé.

L'Aide sociale à l'Enfance assure tous les soins quotidiens nécessaires aux pupilles, ainsi que leur suivi. Les soins médicaux importants et les interventions chirurgicales sont réalisés avec l'autorisation du tuteur et l'accord du conseil de famille. Si l'enfant est adopté, les futurs parents adoptifs sont informés de son état de santé et de tous les actes médicaux et chirurgicaux réalisés avant l'adoption.

Il est incontestable que, lorsque les parents abandonnent leur enfant à la naissance parce qu'ils ne supportent pas son handicap, ils lui laissent la vie et lui assurent ainsi, indirectement, tous les soins que nécessite son état de santé ; l'Aide sociale à l'Enfance s'attache à tout entreprendre pour lui venir en aide et améliorer son sort autant que faire se peut. Mais au plan humain, il manque l'essentiel : une famille. Un institution, quelles que soient ses qualités, ne remplace jamais la chaleur du foyer. À la souffrance liée au handicap s'ajoute la souffrance de l'abandon.

La loi et l'acceptation de l'enfant

Face à l'enfant porteur d'une malformation, les parents se sentent profondément dépossédés, dévalorisés, impuissants. Ils traduisent souvent en mots simples ce sentiment : "C'est très dur de ne rien pouvoir faire pour lui." Ils ne se rendent pas compte qu'en réalité, sans eux, aucun traitement n'est possible. Le droit érige en effet les parents en protecteurs de leur enfant, comme le précise l'article 371-2 du Code civil : "L'autorité appartient aux père et mère pour protéger l'enfant dans sa sécurité, sa santé et sa moralité." En les désignant comme les seuls titulaires de l'autorité parentale, il les place en intermédiaires nécessaires entre le corps médical et le jeune patient. Le rôle des parents, affectif, pratique et quotidien, tel qu'il est organisé par le droit à travers l'autorité parentale, mérite d'être précisé lorsqu'il s'agit de la santé de l'enfant.

L'autorité appartient aux père et mère

Il n'y a pas d'autorité parentale avant la naissance. Son attribution dépend de la naissance de l'enfant et de l'établissement du lien de filiation qui transforme ceux qui n'étaient que géniteurs en parents. Deux situations se présentent, selon que les parents sont mariés ou non.

Le mariage apparaît comme la démarche juridique préalable par laquelle un homme et une femme s'engagent réciproquement l'un envers l'autre et ensemble à l'égard des enfants qui naîtront de leur union. Ainsi, à la naissance, le lien de droit qui rattache l'enfant à ses parents s'établit-il automatiquement, sans intervention particulière des père et mère. Chacun d'eux est personnellement investi de l'autorité parentale du seul fait de la naissance, sans avoir à accomplir aucune démarche. On parle d'exercice en commun de l'autorité parentale.

Dans la famille naturelle, au contraire, où il n'y a pas eu de démarche juridique préalable assimilable au mariage, la naissance n'est qu'une simple fait qui ne produit en lui-même aucune conséquence au regard de la filiation. Il faut donc créer ce lien juridique, soit par une reconnaissance, soit par une possession d'état (la possession d'état résulte du comportement des parents qui traitent l'enfant comme le leur, le présentent ainsi et le prennent en charge : la filiation repose alors sur une réalité sociologique), soit enfin par une action en justice. Suivant le cas, un seul parent peut être investi de l'exercice de l'autorité parentale ou les deux, comme dans la famille légitime.

La loi précise que l'autorité parentale appartient aux parents : ils en sont détenteurs par le seul fait de la génération, parce que cet enfant est le leur et non par la grâce du législateur. Mais le droit intervient pour organiser et contrôler son exercice.

L'autorité parentale appartient aux parents pour protéger la santé de l'enfant

La santé de l'enfant doit être l'une des préoccupations essentielles des parents. Elle est au cœur de leur mission, que le Code civil définit comme un droit et un devoir. Ces deux aspects sont étroitement liés.

L'autorité parentale est un devoir : cela implique que les parents ne peuvent pas négliger les soins qu'exige l'intérêt de l'enfant. Parce qu'il s'agit d'un devoir, il faut s'assurer qu'il est correctement assumé. Un contrôle est donc organisé, confié au juge des enfants dans le cadre de l'assistance éducative. Mais le législateur a limité cette intervention judiciaire aux cas graves : il n'est pas question de contrôler de manière tatillonne tous les traitements mis en œuvre par les parents. Il faut que le refus de soins ou les négligences parentales mettent réellement en danger la santé de l'enfant. Dès lors, l'existence légale d'un danger limite l'action du juge des enfants à des cas précis :

– soit les parents n'acceptent aucun des soins qui pourraient être mis en œuvre pour traiter l'enfant malade ;

– soit ils n'acceptent que des soins notoirement insuffisants : on peut citer comme exemple les parents qui n'acceptent que la "méthode naturelle", c'est-à-dire des bains et des cataplasmes, alors que l'administration d'antibiotiques est indispensable pour préserver les chances de guérison du petit malade.

Si le juge des enfants constate l'existence d'un tel danger, il retire aux parents certaines de leurs prérogatives et peut remettre l'enfant à un tiers, personne physique ou morale, en lui confiant le pouvoir de choisir et d'autoriser les soins qu'exige son état. Il peut s'agir, par exemple, de la grand-mère, à charge pour celle-ci de faire suivre à l'enfant les séances de rééducation indispensables. L'enfant peut également être confié à un établissement hospitalier pour subir une intervention qui s'impose. Il peut enfin être laissé à ses parents, le juge confiant à un tiers uniquement le droit de consentir aux traitements nécessaires.

En général – peut-être faut-il le déplorer – l'excès de soins, parfois tout aussi nocif que leur absence, ne crée pas de situation de danger et ne relève donc pas du contrôle de l'assistance éducative.

Il n'existe pas d'exemple jurisprudentiel de parents d'enfant atteint de dysmorphose ayant fait l'objet d'une mesure d'assistance éducative. On peut en conclure que, dans ce cas particulier, les soins nécessaires sont acceptés et demandés par les parents.

L'autorité parentale est un droit : lorsqu'il s'agit de la santé de l'enfant, elle trouve sa traduction dans le choix du traitement et dans le consentement donné à tout acte médical.

Le corps humain est inviolable : ce principe classique signifie qu'aucune intervention ne peut être conduite sans le consentement de l'intéressé. Lorsqu'il s'agit d'un enfant, le pouvoir de consentir est exercé par les parents, en vertu de l'autorité parentale. Sans leur consentement, l'acte médical est impossible, sauf en cas d'urgence. Si l'intervention médicale est bénigne, l'accord d'un seul parent suffit. On admet même que le fait d'accompagner l'enfant chez le praticien peut être interprété comme un accord suffisant pour un acte banal. Mais pour les actes graves, les interventions chirurgicales lourdes, importantes, présentant des risques, le médecin doit obtenir préalablement le consentement exprès de chaque titulaire de l'autorité parentale. Cette adhésion initiale doit être renouvelée en cours de traitement, à l'occasion de toute nouvelle intervention ou toute exploration présentant un risque.

L'exigence du consentement a pour corollaire un droit à l'information. Le consentement des parents doit être éclairé. L'information que le médecin est tenu de leur donner se calque sur celle fournie à l'adulte malade : elle doit être simple, loyale et intelligible. Elle doit porter sur l'état de santé de l'enfant, sur la ligne de conduite thérapeutique à suivre, sur les contraintes, les nécessitées et les risques prévisibles du traitement proposé. Les parents n'ont pas plus de droit sur le dossier médical de leur enfant que sur leurs propres dossiers médicaux et hospitaliers. Les malades n'ont pas un droit d'accès direct sur cet ensemble de documents : ils peuvent uniquement désigner le praticien de leur choix, qui les consultera et leur exposera ensuite les informations réunies.

Le choix du traitement n'appartient qu'aux parents (annexe II), les médecins n'ayant qu'un rôle de conseil. Il est donc essentiel que s'instaure un réel courant de confiance réciproque entre les parents et le médecin réparateur, entre ceux qui aiment et ceux qui ont la capacité technique d'agir. Mais en confiant aux parents le rôle principal et le pouvoir de décider, le droit joue de manière hautement symbolique. Il les restaure dans leur rôle alors que l'investissement médical accentue leur sentiment de dévalorisation. Cette épreuve les dépossède d'une partie de leur compétence de maternage, mais grâce au droit, ils demeurent ceux qui peuvent tout pour l'enfant souffrant, ceux qui ont la capacité de s'en occuper. La règle juridique les met seuls en état de nouer l'alliance thérapeutique avec tous ceux qui ont la compétence pour soigner : chirurgiens, médecins généralistes, orthopédistes, orthophonistes... Grâce aux parents, le traitement, proposé et accepté, peut commencer, se poursuivre et être mené à bonne fin.

Que dit la loi ?

ANNEXE I

Code de la santé publique : les interruption légales de la grossesse

SECTION II. — INTERRUPTION VOLONTAIRE DE LA GROSSESSE PRATIQUÉE POUR MOTIF THÉRAPEUTIQUE

Art. L 162-12. — L'interruption volontaire d'une grossesse peut, à toute époque, être pratiquée si deux médecins attestent, après examen et discussion, que la poursuite de la grossesse met en péril grave la santé de la femme ou qu'il existe une forte probabilité que l'enfant à naître soit atteint d'une affection d'une particulière gravité reconnue comme incurable au moment du diagnostic. L'un des deux médecins doit exercer son activité dans un établissement d'hospitalisation public ou dans un établissement d'hospitalisation privé satisfaisant aux conditions de l'article L 176, et l'autre être inscrit sur une liste d'experts près la Cour de Cassation ou près d'une cour d'appel.

(Loi n° 94-654 du 29 juillet 1994, art. 13) : En outre, si l'interruption de grossesse est envisagée au motif qu'il existe une forte probabilité que l'enfant à naître soit atteint d'une affection d'une particulière gravité reconnue comme incurable au moment du diagnostic, l'un de ces deux médecins doit exercer son activité dans un centre de diagnostic prénatal pluridisciplinaire.

Un des exemplaires de la consultation est remis à l'intéressée ; deux autres sont conservés par les médecins consultants.

Art. L 162-13. — Les dispositions des articles L 162-2 et L 162-8 à L 162-10 sont applicables à l'interruption volontaire de la grossesse pratiquée pour motif thérapeutique.

ANNEXE II

Le choix du traitement appartient aux parents

COUR D'APPEL DE NANCY, 3 DÉCEMBRE 1982

La Cour : — Attendu que les limites de la compétence du juge des enfants sont fixées par les dispositions combinées des articles 375 et 357-1 du Code civil qui n'autorisent ce magistrat à prendre des mesures d'assistance éducative que si la santé, la sécurité, la moralité ou l'éducation d'un mineur sont en danger ;

— Attendu, dans le cas d'espèce, qu'il est constant et non contesté que l'état de santé de la jeune V. B... présente un caractère de gravité tel qu'une issue fatale n'est pas à écarter ; que le très grand danger couru par la vie de la mineure a été particulièrement mis en évidence et signalé par les experts R... et G..., le professeur O..., ainsi que par tous les praticiens qui ont eu à se pencher sur le cas de la jeune fille ;

— Mais attendu, cela étant, que la compétence du juge des enfants, résultant des textes précités, ne saurait être admise à défaut d'établir que, par leur carence et leur défaillance, les parents, investis de l'autorité parentale, ont commis une faute susceptible de mettre en péril la vie de leur enfant ;

— Attendu que ni les débats, ni les éléments du dossier ne permettent de dire que Dame B... a commis une telle faute ; que, bien au contraire, il est prouvé qu'en consultant successivement le professeur O..., puis les docteurs N... et C..., enfin le docteur H... du service de Médecine A du CHR de B... à N..., elle a suivi de façon constante et attentive l'évolution de l'état de santé de sa fille V... qui d'ailleurs, ainsi que la cour a pu le constater à son audience du 5 novembre 1982, ne paraît pas compromis, tout au moins dans l'immédiat ;

— Attendu qu'il convient de souligner que la mère et la fille n'ont jamais divergé sur le choix de telle ou telle thérapeutique ; qu'elles ont toujours agi de concert et pris les risques que pouvait comporter un tel traitement en toute connaissance de cause ;

— Attendu, en définitive, qu'il est établi que la mineure a toujours été soumise à un traitement médical ; qu'elle en suit actuellement un de façon régulière, mais que ce traitement n'est pas celui préconisé par le professeur O... ; qu'il s'ensuit, dans le cas d'espèce, que la saisine du juge des enfants revient, en l'absence de défaillance du milieu familial, à laisser à ce magistrat le choix d'une thérapeutique qui, de toute évidence, doit être laissé à la famille, d'autant plus qu'il n'est pas démontré que la mineure soit en danger immédiat ;

— Attendu, dès lors, que les dispositions de l'article 375 du Code civil ne sauraient recevoir application ; qu'il y a donc lieu d'infirmer le jugement déféré et de dire que le juge des enfants de Nancy n'était pas compétent ;

PAR CES MOTIFS :

La cour, statuant en chambre du conseil ; vu le précédent arrêt du 29 juillet 1982 auquel il a été satisfait, infirme le jugement entrepris. — Dit que les dispositions de l'article 375 du Code civil sont inapplicables à la situation de V. B...

ESPOIRS

Chacun reçoit des soins de tous

MICHEL SERRES

Le visage global

Même douloureuse et grave, une blessure à l'épaule, au mollet, dans le dos... ne nous pèse pas comme une maladie ou une malformation du visage ou des mains. Ni pour nous, ni pour autrui, les parties du corps ne s'équivalent. Lesquelles laissons-nous toujours nues devant les autres, sinon la tête et les dix doigts ? Le mot latin *persona* désignait le masque dont l'acteur se couvrait, du front au menton, pour jouer la tragédie ou la comédie : nous avons emprunté ce mot pour dire l'essentiel de la personne, comme si, pour nous, la face exprimait tout.

Tout ? Quest-ce à dire ? Que nous pouvons lire sur elle arrogance et servilité, l'usage du commandement et l'habitude d'obéir, la caste ou la grimace mondaine banale : impérieux, hautain, rampant ou obséquieux, le visage renseigne vite sur la classe sociale. Je ne sais quoi, inscrit sur les traits, fait distinguer, de plus, l'Italien de l'Allemand, de l'Anglais ou du Scandinave, et le Chinois du Japonais ou du Coréen... le voilà signe de culture, voire d'ethnologie... et la bouche qui parle l'anglais ne bouge ni ne s'ouvre comme celle qui s'exprime en espagnol. Si le naturel voit mal le jeu ordinaire de ses propres compatriotes ou coreligionnaires, en revanche, l'étranger l'observe à livre ouvert ; tel Persan déchiffre à loisir les faces parisiennes qui n'abusent que les beaux esprits du Quartier latin.

Explosant d'expressions extrêmes, tendresse, joie, douleur, mépris, furie, stupéfaction... voilà, maintenant, le meilleur miroir de la psychologie, dont la surface évoque au moins les images des sentiments et des émotions. Mieux encore, éveillé, alerte, dégourdi, malicieux, aigu ou, au contraire, enveloppé d'une morne et indolente épaisseur, il révèle les degrés de la conscience et de la présence au monde et aux autres. Orgueilleux, avare, envieux, colérique, paresseux... bas, en tout, vulgaire ou, à l'inverse, modeste, généreux, loyal, haut en somme, toute la morale passe en rafale sur la face, estimable ou rapace. Une lumière incontestable témoigne de l'intelligence inventivement heureuse, une fermeture hermétique indique la stupidité : cire cognitive où s'impriment la connaissance et la culture vraies.

La peau, son grain et sa couleur, ses rides et ses glacis lisses, conserve la mémoire de l'âge et des expériences que la vie enregistra, car la bourgeoise et la paysanne, le marin et le maçon, l'intellectuel et le manuel ne reçurent point les mêmes embruns ni les mêmes gifles, retenus dans les souvenirs cutanés ; palimpseste plus que parchemin, cette page garde le passé, entièrement écrit dans les rides-lignes, comme si la faculté de la mémoire gisait sur la peau, de sorte que l'honnête homme et le fripon ne font pas le même visage et qu'à partir d'un certain âge, chacun porte sur sa face la responsabilité affichée de ses actes. Quant au présent, le voilà qui éclate dans la lumière de la silencieuse santé ou par la pâleur inquiétante qui traduit telle pathologie, somatique ou mentale, que le médecin voit à l'évidence avant tout examen chimique ou machinal ; face tordue de souffrance ou égarée par la folie.

Ce bilan impressionne par son caractère de totalité : en ses reliefs et ses creux, le visage laisse lire la mémoire de son temps et l'histoire de l'individu, les symptômes médicaux de ses organes et de son âme, l'intelligence et la connaissance, son être et sa présence au monde, le degré de sa conscience, son éthique et sa morale, la psychologie, la sociologie, l'ethnologie, la culture, la langue et la politique… Quelle science de l'homme s'absente de ce morceau de peau-là ? Quel traité peut se vanter d'une pareille exhaustivité ? Voilà toute une encyclopédie, individuellement déclinée, expressive de la personne et de l'ensemble de son monde, sans faire aucunement appel au langage.

Comment un tel trésor peut-il se déposer sur un si petit espace ? Par quel mystère silencieux s'y projette-t-il ?

La maîtrise du visage

D'autant que, muni de la capacité de s'inverser soi-même, cet ensemble précieux se double de la possibilité de se transformer, de se divertir, bref, de mentir : l'hypocrisie change en face loyale le front de l'escroc, la stratégie transforme l'avarice au regard cupide en intelligence claire, le courage fait du malade un héros, la plaisanterie et l'humour contredisent sans cesse le dit, car le rire passe pour le propre du visage… Du sous-entendu à la mauvaise foi, plusieurs doubles et duplicités foisonnent déjà, là. Construite tantôt, l'armature des savoirs peut donc se recouvrir d'un tissu de mensonges puisque la face joue le rôle d'un premier masque, comme si la page de peau savait prendre aussitôt une photocopie d'elle-même et en inverser le sens.

Cette capacité de rétention, de tromperie ou de sourire, en somme de redoublement, qui, déjà, peut prétendre à se nommer la conscience de soi, suppose une maîtrise exquise des muscles expressifs. Leur nombre immense et leur innervation croisée font que l'*homonculus*, projection dans le cerveau des connexions sensorielles, étonne par l'importance énorme du visage et des mains. Par leur tissu serré, le rôle passe sous contrôle. Derrière cette tapisserie, un premier sujet en domine les commandes.

Mais cette maîtrise reste relative : dépassée par la colère, la paresse, les habitudes, l'âge et la mémoire, la sottise ou la souffrance, la face, alors, avoue sans le savoir ni le vouloir, comme si la force ou la chaleur du corps, du passé, de la maladie... écrasaient la capacité de sang-froid autonome. Ce manque d'empire sur soi fait de soi un second sujet, jeté sans défense sous le poids du vice ou de la douleur. Ici gît le sujet-esclave à côté du sujet-maître.

Maître et esclave

Face à chaque partenaire, en chaque moment, selon chaque circonstance, chaque personne présente un profil singulier de soi-même, dont le dessin suit exactement le titre du mélange entre la domination de soi et ses désarrois, l'esclavage et la liberté. Ici calme et autonome, il trahit là ses envies frénétiques de vengeance et son ressentiment. Autonome et contraint à la fois, le vrai sujet, en tiers, mêle et somme le second et le premier, l'esclave et le maître, dominant et dominé, enfin se peint là, inconscient et conscient confondus, sur la surface présente et lisible du visage.

Car si la langue montre, cache, hésite en lapsus et mots d'esprits, si le rêve avoue et traduit, combien plus clairement, et antérieurement au sommeil et au langage, apparaissent les raideurs, impuissances et fatalités de la figure, à son propre insu ! Confondu avec le corps, mieux encore : avec sa face montrée, nous portons, croyons cacher mais montrons en fait l'inconscient tel quel, sous la frange, les paupières ou la barbe et entre lèvres et narines.

Toute cette peau ne dépend pas de nous

Que l'avarice ou la bassesse nous soumettent à leur empire, nous l'avons bien voulu ou, plutôt, nous en avons désiré l'esclavage plus que celui qui nous assujettit à cette blessure de guerre ou à cette malformation de naissance dont la cicatrice raidit l'expressivité : il existe des sujétions plus libres que d'autres. Ici, le destin l'emporte sur l'aveu. Deux contraintes, alors, se distinguent : celle, vicieuse, qui jadis dépendit de nous et celle, corporelle, qui n'en dépend point. Nous voilà responsables seulement de la moitié de notre visage !

Autant, trahie par les joues blasées, l'ivrognerie répugne, autant émeuvent la tache de vin ou la fente labio-palatine. À la pitié qui, tout aussitôt, remplace le dégoût, nous reconnaissons la différence, si aisément perceptible, entre les chutes morales contraignantes et l'héritage physique inévitable. Et si quelqu'un d'entre nous hésite sur ces sentiments et parle indistinctement de répulsion pour les unes comme pour l'autre, nous savons d'instinct et, sinon, d'évidence et de morale, ou qu'il se trompe, ou qu'il commet une faute brutale et basse d'inhumanité ; le racisme, en effet, nous suppose comptables de ce qui se passait avant notre naissance. Non. S'il existe des fatalités qui dépendent de notre liberté, d'autres, lourdes, n'en dépendent pas. Tout homme sait ou doit apprendre qu'il doit dispenser tout homme de toute responsabilité envers le corps et l'histoire de ses parents.

Le visage social

Carte d'identité, le visage appartient d'abord, en effet, dans sa complication, à un individu et à un seul, puisqu'on reconnaît celui-ci à celui-là. S'il se compose donc d'un ensemble de muscles et de cartilages que, dans le cas qui nous intéresse, le chirurgien restitue et répare, de mâchoires osseuses et d'une dentition que remodèle l'orthodontiste et que l'échographiste a vues avant la naissance, d'une langue et d'un palais dont l'orthophoniste rééduque les performances langagières, de multiples et mobiles miroirs où s'expriment des sentiments et des émotions dont la psychologue aide à calmer les excès, d'un corps, enfin, dont la kinésithérapeute assouplit les heureuses rotations – si donc il porte les marques singulières du corps, de la parole et de l'âme de cet individu que nous reconnaissons, presque sans nous tromper, grâce à lui, comme s'il s'agissait de ses empreintes digitales, reste qu'il dépasse encore la somme de ces sciences car il témoigne, en plus, de la société où il vit, de sa langue, de sa culture, de ses mœurs et de ses habitudes.

Un Japonais ne présente pas son visage au public comme un Brésilien, et même un Anglais comme un Gallois ou un Breton comme un Gascon.

Sculpté par la prononciation du dialecte, modelé par les usages propres au groupe, par sa politesse et les gestes du conteur, suivant les manières de saluer, d'écouter, d'impressionner, de menacer, bref, d'entretenir des rapports à autrui codifiés par le pays où il se trouve, le visage varie aussi dans le temps. Celui des modernes ne ressemble plus à ceux du Moyen Âge ou de l'Antiquité ; chaque génération, même, se date à ses mines et à ses têtes ; l'histoire en montre mille variations, dont la principale décrit l'émergence lente de l'individu soi-même, car nos anciens prisaient l'unité de leurs groupes plus que leur différence personnelle, que nous n'entretenons que depuis peu, avec la croissance de l'aisance et la culture de soi : le visage social que je tente de décrire décroît donc plutôt parmi nous ; voilà pourquoi nous le voyons mal.

Cette influence du temps historique et du milieu social, nous la remarquons d'abord lorsqu'elle manque, par exemple, sur la figure assez inexpressive des aveugles que leur infirmité empêche de refléter les mimiques alentour, mais nous l'observons, présente, dans l'air mystérieux de ressemblance qui unit les familles, les ethnies, les cultures, les gens qui parlent la même langue ou qui appartiennent au même pays et, de manière opposée, dans la différence, lors de voyages et de migrations, où nous nous étonnons de rencontrer des mimiques et des gestes si distincts des nôtres ; ces similitudes et distances tiennent, certes, au mariage et à la naissance, mais aussi au fait d'appartenir ou non aux mêmes collectifs. Et nous nous souvenons tous d'avoir plus ou moins souvent souffert d'exclusion ou de racisme, de mépris et d'insolence en raison de l'aveu, que ne peut pas ne pas faire notre visage, de notre origine ou de notre extraction.

Car pour finir, les riches et les décideurs, vainqueurs, au moins temporaires, du combat impitoyable que chacun livre contre chacun et que les classes mènent entre elles, ne présentent pas non plus leur visage comme les pauvres, les humbles, toutes les victimes, si nombreuses, de l'inégalité de fortune ou de condition. Avez-vous remarqué la confiance en soi involontaire de ceux qui bénéficient de la puissance et de la gloire, politique, financière ou médiatique ? Non seulement il existe un visage social, mais il s'accentue d'autant plus ou moins que tel ou tel doit paraître en public ou rester ignoré. Encore plus finement, selon qu'instituteur, il doit parler ou se montrer à vingt-cinq personnes ou qu'acteur de cinéma ou chef d'État, il s'exhibe devant des foules, il leur donne à voir une figure qui varie avec ce nombre et, par conséquent, avec les échecs essuyés ou les succès remportés au cours de ces parades.

La place manquante de l'anthropologue

Individuel, le visage se compose de peau, de muscles et d'os, expressifs d'émotions diverses, mais, plus encore, colle à mille masques dont la forme et la couleur témoignent des groupes auxquels nous appartenons : génération, région, famille, métier, parti, classe, locuteurs de telle langue ou participants à telle culture...

Il aurait donc manqué à notre équipe et à notre livre un anthropologue ou un sociologue qui dessine ce visage social ; le père ou la mère doivent le connaître, mais aussi les éducateurs et les sujets surtout, puisqu'il leur faudra tenir compte de cette composante dont peu de gens parlent et qui, pourtant, tient une place capitale.

Le mime et la mère : la formation précoce du visage

Si les ressemblances dans les familles ou les collectifs plus larges dépendent des gènes, elles viennent aussi des relations, du langage et des usages communs à tel ou tel groupe. Nous répétons volontiers les gestes et les grimaces de nos pères ou sœurs qui reprennent les nôtres et, plus tard, la mimique et le vocabulaire de nos collègues, de nos patrons et des vedettes que nous admirons au théâtre ou au cinéma ; les employés parlent comme le contremaître et, vous l'avez remarqué en riant, les ministres comme le président. Entre les participants d'une même collectivité, ce va-et-vient ne cesse pas, puisqu'en quelque façon il la forme.

Donné dès la naissance, certes, mais mobile et plastique, le visage se forme et se transforme continûment par le dialogue, le débat, le rapport à autrui, comme s'il devenait le miroir où d'autres se reconnaissent. Et ceci, la science le sait depuis longtemps pour avoir observé les enfants dits sauvages, retrouvés sans expressions, elle dit même sans visage, et qui apprirent lentement à les inscrire sur leur figure, en imitant les traits mobiles de leurs proches. La science dit même plus : que la balance entre le naturel et l'acquis après la naissance s'équilibre assez bien ; autrement dit, la face de chacun résulte autant de ce modelage journalier que des traits reçus dès le sein maternel.

Pourquoi ? Parce que *le mime* transmet à lui seul presque tout l'apprentissage : nous tirons nos habiletés pratiques et nos savoirs de la reproduction des gestes, du langage et même des tics d'autrui ; nous ne comprenons qu'en imitant. Certains philosophes prétendent que l'espèce humaine devint la plus intelligente parce que, plus et mieux que toutes les autres, elle put et sut mimer.

Or dès les premiers jours, le bébé mime les mines de sa maman qui, la première d'une longue série de personnes, commence à lui *donner son visage.* Un enfant porteur d'une fente labialo-palatine et, plus tard, de la cicatrice qui suit l'opération ressemble un peu à quelqu'un qui souffrirait d'une blessure sur une jambe dont la raideur lui rendrait la marche et la course difficiles ; alors, il faut qu'il se fasse masser, qu'il s'adonne à une gymnastique progressive, bref, que l'exercice l'assouplisse, et l'entraînement fera plus que la musculature de départ.

Or encore, les parents raffolent du face-à-face délicieux avec le nouveau-né, qu'ils agrémentent de sourires, de vocalises et de babillements. Le bébé les imite vite, et il les mimera de plus en plus et de mieux en mieux ; voilà les premiers dialogues, dont l'effet majeur consiste à modeler la bouche et les muscles du visage et à lui donner, peu à peu, l'expressivité singulière qui traduira demain sa personnalité. Ces exercices, cet entraînement dont on oublie le côté gymnastique au profit des amours et des joies échangées, pèseront, dans la balance finale, au moins autant que le donné initial.

Ces face-à-face, tête-à-tête, peau-à-peau, vis-à-vis ou corps-à-corps, dont vous usez si heureusement avec n'importe quel enfant, multipliez-les d'autant avec lui, si embarrassé, au départ, par son léger handicap ; restez longtemps à jouer avec votre sourire et le sien, avec la mobilité de ses traits en réponse à la vôtre : vous l'aiderez ainsi à sculpter le visage adulte dont il jouira.

Pourquoi ne nommerions-nous pas ce travail la seconde manière de faire naître cet enfant ? De plus, il y collabore !

L'interaction à deux et le jeu du temps

Comme l'enfant mime le visage de sa mère, chacun de nous imite les expressions de son interlocuteur proche, qui lui-même en fait autant avec les nôtres. Une rencontre, un dialogue, calme ou animé, une dispute aussi bien, ne se soldent pas seulement par un échange de mots que l'on pourrait transcrire dans un texte de répliques ou un transfert de choses qu'un bilan comptable résumerait ; il s'y ajoute gestes et sourires, clins d'œil et mimiques, tout un jeu de physionomie par lequel passent la volonté de séduire, la soumission ou la domination, l'appel et le refus, mille intentions encore dont la mobilité fluide se reflète instantanément sur le visage d'autrui, avec, en supplément, ses propres émotions.

Ce mot décrit la face mobile : par regards furtifs ou francs, par plis et inclinaisons... elle se lance dans ces correspondances croisées dont la vitesse et la souplesse adaptatives se juxtaposent au dialogue des phrases et à l'échange des objets. Le sens des mots fuirait un peu, nous le devinons, sans la musique des voyelles et des consonnes et sans les inflexions chantantes des voix, mais, à son tour, ces lignes mélodiques s'évanouiraient sans la sculpture permanente du vouloir-dire sur les muscles de la figure et le port de la tête, sans la peinture colorée de l'éclairage des regards, le blanc des joues, le rouge de la pudeur et le rose variable des lèvres, sans le miroir sans cesse échangé entre les locuteurs par lequel l'un se voit sur l'autre et l'autre le voit, et par lequel chacun comprend, avec les mots et au-delà d'eux, ce que chacun exprime. Cet ensemble d'échanges se déroule dans le temps à une vitesse telle qu'à l'instant même, tel état paysager momentané du visage indique à l'autre qu'il a été entendu, et de telle façon, alors qu'on s'apprête à lui envoyer un message en s'attendant au même enregistrement.

Si le dialogue réunit les beaux-arts, couleurs de la peinture, formes de la sculpture, musique des voix, il faut y ajouter ce cinéma permanent et réciproque où le spectateur joue un rôle dont l'acteur fait le contrôle. Rapides et vifs, ces mimes, adaptés au temps réel, produisent à la longue des ressemblances fortes entre les gens qui s'entretiennent ensemble souvent. La fréquence et la vitesse d'adaptation stabilisent le temps long et cette durée durcit les traits fluctuants. Mettez ensemble vingt personnes différentes par la langue, la culture, le métier..., à force de s'entrexprimer, au bout d'un certain temps, elles finiront par se ressembler. Ainsi, les négociations rapprochent les points de vue, en partie parce qu'ils écrivent, composent, sculptent et peignent sur les visages des paysages semblables. Deux vieux époux paraîtront jumeaux.

L'importance de cette communication corporelle en supplément de la langue se mesure au moins deux fois : à notre déception quand elle manque et que nous nous plaignons que notre interlocuteur, au regard fuyant, ne nous a pas regardé en face ou dans les yeux et a conservé ses lunettes noires ; et, positivement, à l'arsenal de ruses, souvent réussies, où nous puisons lorsque nous ne savons pas le dialecte de celui à qui nous demandons notre chemin. Les mains et les mimiques suppléent au lexique.

L'interaction collective

Au cours d'une journée normale, nous rencontrons plus ou moins de partenaires avec lesquels nous agissons ainsi et qui se comportent de même avec nous. Miroir de nos amours ou de nos fraternités, le visage reflète alors dix, vingt... cent figures différentes. Le petit système, à deux et fermé, du dialogue ou de la cour d'amour se généralise à un ensemble complexe en interaction réciproque, groupant les corps de la société, plus ou moins nombreuses, que nous fréquentons. Nous voyons s'évanouir les ressemblances des visages en fonction de leur distance et de la baisse de fréquence des relations qu'ils entretiennent, mais nous observons aussi comment luttent l'une contre l'autre les empreintes reçues de tels et de tels, comme s'il en existait d'incompatibles ; à ces oppositions, nous tentons de répondre par les masques de la comédie mondaine, l'explosion de colère ou l'impassibilité... Les personnes rencontrées laissent sur notre visage des impressions plus ou moins profondes ; cette surimposition des empreintes croisées se révèle conflictuelle, en effet, plus souvent qu'harmonieuse. Je crois même que les célébrités nous montrent toutes plus ou moins la même tête, parce qu'elles réfléchissent un nombre énorme de personnes dans les foules qui les acclament ou les sifflent ; plates, dans la plupart des cas, pour effacer sur elles les batailles intenses du monstre social et le rassurer lui-même en ce miroir qu'elles lui exhibent, elles expriment mieux la vérité dans les figures grotesques d'Ésope, qui réunit sur lui la totalité des museaux animaux, images de nos faces, dessinés dans ses fables ou, mieux encore, du bien-nommé Quasimodo, dont le sobriquet décrit exactement la technique du mime : il se nomme "comme si"... Autant que la figure, le corps entier reflète les voyages du fabuliste dans les classes sociales ou la populace réunie autour de la cathédrale, pour le sonneur de ses cloches.

Nous épousons donc d'autant plus tel et tel que nous leur parlons souvent, dans la même langue prise dans les mêmes sens, de sorte que la gymnastique expressive se stabilise communément et se règle. Alors, la gémellité observée entre les amants se propage dans le voisinage pour peindre et sculpter les visages des familles, des villages, des ethnies, par couronnes successives. Les systèmes de parenté, de culture, de langue, de corporation, nous les portons sur nos traits, nos rires, nos intonations, les gestes des mains – qui ne voit que les Italiens et les Français gesticulent plus, montrent donc plus leurs mains, que les Anglais ou les Américains ?

– et le port global du corps, avec la paix qu'ils nous procurent et les batailles rangées auxquelles ils nous obligent. À l'âge de l'expérience, la beauté d'un visage résulte de l'harmonie singulière et difficile entre ces gravures contradictoires.

Chaque visage reflète le système de ses références, plus la lutte qu'il a dû mener, de son site unique, pour survivre, stable, jusqu'à sa finale mort.

Thérapeutique associée

De cette lecture collective du visage résultent, ici, des conseils de soins. Si réellement la face de quelqu'un dépend de ses relations, donc de l'aise ou de l'angoisse qu'elles lui procurent, alors l'entourage du nourrisson porteur d'une fente labio-palatine contribue activement à en remodeler l'allure. Ce travail complète celui de la mère. Le père, les sœurs, les frères, cousins et grands-parents, l'ensemble de la famille et des amis proches doivent apprendre l'importance de leur rôle dans cette entreprise de restructuration. Faire la fête à un enfant lui donne immédiatement confiance dans la partie du corps qu'il présente en permanence aux autres. En lui faisant bonne figure, vous la lui donnerez.

Parents, ne pleurez donc pas quand vous prenez votre enfant blessé dans vos bras ni quand vous lui parlez ; ne lui faites pas comprendre son désavantage, qu'il saisit plus tôt que vous ne l'imaginez : vous risquez de lui faire perdre cette confiance indispensable à la vie, pour longtemps. Ne lui faites pas mauvaise ou grise mine. Au contraire, souriez-lui plus souvent qu'à un autre, ayez de longs entretiens avec lui et conviez à ces relations le plus grand nombre possible de proches ; convoquez des amis et demandez-leur de rire et de gazouiller avec lui, qui a besoin de fêtes plus encore que quiconque.

Il faut donc dire à vos proches tout ce que je vous dis là et, sauf exception brutale, ils se montreront toujours ravis de collaborer avec vous, d'ajouter leur influence et leur empreinte en cette pâte à modeler.

De la famille à l'école

Ces conseils à la parentèle s'élargissent vite au voisinage et au milieu scolaire. Gardiennes de crèches, institutrices des écoles maternelles et, plus encore, maîtres d'école, initiateurs des moments décisifs de la lecture et de l'écriture, vous qui associez les enfants dans les premiers espaces de leur socialisation, pensez que vos paroles retentiront de manière primordiale sur lui et dans la classe, c'est-à-dire dans son premier entourage extra-familial. Votre attitude corporelle, les mimiques et les gestes que vous lui adressez en public, il les reçoit comme ceux de son père ou de sa mère collectifs. Parlez-lui, je vous prie, de la même manière qu'aux autres, mais *en secret* protégez-le de ses camarades car, très vite, il risque de devenir une tête de Turc.

Pourquoi ? Parce que la plus petite différence décide ordinairement de la désignation de la victime collective. Vous savez comme moi à quel point peuvent devenir dangereux pour un enfant que, justement, fragilise son handicap, une trop haute ou trop petite taille, un poids trop léger ou trop lourd, une tache sur la face ou un grain de beauté sur le nez... Un sobriquet se lance, aussitôt adopté, la moquerie commence, le plus souvent cruelle et parfois sans pitié ; ce mouvement, hélas, ne s'arrête pas, puisqu'il hante les hommes, friands de lynchage depuis qu'ils vivent ensemble, c'est-à-dire la nuit des temps.

Alors, devenu persécuteur, le nouveau milieu social détruit vite l'édifice que la famille construit patiemment depuis la naissance et se met à sculpter méchamment le visage même de sa nouvelle victime. Or quiconque se trouve entouré de personnes qui ne pensent qu'à le tourner en dérision orientera quelque jour cette violence contre soi. Le mépris de soi-même marque le pire moment de cette épreuve collective, premier moment et modèle réduit du lynchage.

La meilleure stratégie consiste sans doute à instruire les enfants, dès le départ, et en général, de l'existence de la différence, pour qu'elle entre doucement dans leurs gestes quotidiens. Bien éduqués, ils ne l'apercevront plus. J'ai vu des classes accueillantes à des handicaps beaucoup plus sévères que les enseignants, sublimes, traitaient avec autant de naturel que ce que l'on appelle la normalité et qui, du coup, s'effaçaient parmi les plumes et les tabliers.

Certes, le chirurgien répare la face blessée ; certes, encore, l'orthodontiste remodèle la mâchoire en comblant les manques et en pontant la lésion, et l'orthophoniste restitue l'émission de la voix et la prononciation ; certes, enfin, le psychologue aide puissamment dans les mauvais moments... Jusque là, il ne s'agit que du visage individuel ; les bénéfices tirés de ces soins restent, bien sûr, irremplaçables ; mais le visage résulte aussi des relations sociales et il convient donc, pour commencer, d'en apaiser la dureté.

Celle-ci vient de la norme.

Anormal ?

Parents avec l'enfant nouveau-né, professeur en classe, médecin devant sa clientèle, passant anonyme de la rue... nous nous interrogeons souvent sur le sens de ce mot grave : oui, qui devons-nous dire *anormal* ? Nous le savons, sans doute, puisque nous rectifions certains traits qui nous paraissent incomplets ou mutilés.

De même que l'instituteur rectifie l'orthographe et indique les règles pour écrire notre langue, de même l'orthodontiste redresse les dents et l'orthophoniste dit la prononciation correcte. Leur titre et les verbes qui décrivent leurs pratiques expriment ensemble une direction de l'espace : re-*dresser* en français, *recti*-fier ou *correct* en latin et *ortho* en grec répètent trois fois le mot *droit*.

Ainsi, l'ortho-pédie redresse les enfants d'abord, puis l'ensemble des difformités. Il s'agit donc d'abord d'une *forme*, celle de la ligne droite : la malformation ne la suit pas. Dans ces cas, en effet, *normal* ne s'oppose point à *pathologique* ou *malade*, mais à *malformé*.

La forme la plus simple

La géométrie appelle *normale* une ligne orthogonale, justement, ou perpendiculaire à une autre ligne ou à une surface ; à gauche et à droite, devant et derrière, comme d'un jet d'eau, se séparent d'elle des bouquets d'obliques, nombreuses, infiniment. Suivant cette forme, la plus simple assurément, faut-il conclure qu'un nombre immense de *déviants* s'opposent à cette *voie* unique et rarissime ?

Tout confirme ce dessin : divers de forme, de taille, de teinte, de port ou de force, dissymétriques, gauchers, cagneux, courbés ou chancelants... les hommes et les femmes, en grand nombre, penchent. L'apparent besoin d'orthopédie l'emporte sur les rectitudes. L'inclinaison serait-elle le propre de l'homme ? Si l'on définit la norme par le plus grand nombre, la fréquence incline alors du côté de l'anormalité. Mais doit-on appeler *déviance* cette diversité ?

La norme introuvable

Inversement, rencontre-t-on la norme belle et parfaite, un visage calculé au canon, aux traits équilibrés, dont le rapport au cou et au corps répondent à l'harmonie de la forme et du poids ? Cette abstraction sans défaut, ce modèle, court aussi peu les académies que les stades. Pourtant, les revues de mode les désignent, au grand désespoir de ceux qui aspirent à ressembler à la dernière vedette. Sans que vous vous en doutiez, le racisme le plus vil pousse au choix de ces modèles, plus blonds que bruns, choisis au nord plus qu'au sud, plus grands que petits, plus américains qu'africains ou asiatiques. Les atroces abus de la chirurgie dite *esthétique* dérivent ainsi des requêtes de pauvres gens ignoblement abusés. Quoique toujours venu du même horizon, ce modèle, de plus, change à chaque saison. La norme pure manque.

Gêné, dès ses premiers dialogues, de ne pouvoir trouver de définition ni à la Beauté ni à la Vertu, Platon envoie au ciel ces idées qui, ainsi, ne nous gênent plus ; mais il laisse la terre à une guerre dont nous avertit l'inscription au fronton de son école, sentence si honteuse que les historiens de la philosophie ne la citent que tronquée : "Que nul n'entre ici s'il n'est géomètre, *et s'il est difforme de figure ou mal proportionné des membres.*" Tirée de la géométrie et de son abstraction, l'idée, absente, d'une forme droite cache donc des exclusions physiques, des interdits sociaux, la soumission à un modèle issu de ceux qui commandent, finissant tous trois par l'élimination de ceux qui ne ressemblent point à la race ou à la classe dominantes.

Alors, la norme prétendue se réduit à la loi du plus fort.

L'individu

Car nul ne rencontre jamais de visage rigoureusement symétrique, de nez ni de bouche répondant à la proportion d'or, ni, pour la morale, d'avare pur ni d'homme d'État sortant tout armé des traités de politique ni de saint du paradis... Mais il trouve, tous les jours, sur sa route, des individus, la seule réalité humaine vivante, visible et tangible, dont l'écart à la norme se mesure par des angles plus ou moins ouverts. Si le mot *existence* signifie *écart à l'équilibre*, l'organisme, aussi, fait un écart à la norme et l'individu un écart à la moyenne.

Comment ? Le bon sens le fait voir. Telle a de beaux yeux, qui s'afflige de ses jambes ; l'autre jouit d'une pleine santé, mais se plaint que sa vue baisse ; rapide, ce coureur manque de résistance ; tel mathématicien ne comprend rien aux langues ; virtuose du bois, ce charpentier se révèle maladroit lorsqu'il s'agit du fer... Le corps se construit de morceaux divers, ne vieillit ni ne s'améliore d'un bloc, mais fédère, plus ou moins aisément, des parties ; cousu plaque par plaque, le vivant se compose de régions qui, associées aux autres, montent une sorte de tissu varié, comme un manteau d'Arlequin. Ces pliages et collages se vérifient même en embryologie.

Dès lors, pour la formation, la santé, la beauté, le talent, les défauts et les habiletés, un individu, sans homogénéité, n'a jamais reçu dans son jeu que de bonnes ou que de mauvaises cartes : l'ensemble boite toujours quelque part. Borgne ou manchot de tel ou tel organe, il accuse toujours des lacunes. Du coup, tel défaut, si remarqué dans le cas de la bouche ou du nez, centre du visage où semblent se définir, s'accuser, se souligner une norme et un anormal, disparaît sous les habits ou sous la tunique de la peau s'il se loge ailleurs que là. Nu ou écorché, chacun présenterait une multiplicité variable de déficiences allant parfois à la difformité. À y regarder de près, nul ne s'en dispense.

Après les mille aventures de Tintin relatées dans *L'Oreille cassée*, le fétiche des Arumbayas retrouve sa place au musée ; mais les circonstances de la vie et les voyages où il passa de main en main l'ont déchiré en pièces et morceaux. Le voici, réparé, afin de s'exhiber en public : chaque paroi apparente se rattache à la voisine et, pour assurer la tenue de l'ensemble, à quelques autres, par attelles, collants, fiches et ficelles.

Voilà l'Homme. Que faut-il penser de la norme et de la forme ? Nous cousons de fil blanc nos défauts avec nos qualités.

L'invariant par variations : la survie

Elle-même en écart à l'équilibre par rapport aux lois qui régissent les choses inertes, la vie bouche ces trous locaux, rééquilibre et rattrape comme elle peut ces inclinaisons partielles... jusqu'à ce qu'une maladie grave fasse perdre une partie que l'existence, pour survivre, avait jusqu'alors gagnée. En bref, nous devenons normaux par nos anomalies : normaux, en somme et en totalité, pour de multiples anomalies locales ; celles-ci s'additionnent et s'intègrent pour produire, temporairement, le *survivant.*

La survie en dit plus, en sait plus, en fait plus que la vie ; difficile à définir, celle-ci devrait laisser la place à celle-là qui, plus et mieux que l'autre, décrit un ensemble d'échanges et de combats qui courent de balances excessives en bilans déficients, de pertes en bénéfices, de défaites en victoires partielles, de déséquilibres en rattrapages... L'extraordinaire virtuosité des enfants nés munis d'une anormalie des mains, adresse qu'ignorants nous appelons *compensation* sans nous apercevoir de ce que nous disons, témoigne en faveur de cet équilibre et de cette pesée, de cette pensée.

Dans la survie réside la définition de la vie.

La santé emporte dans sa pente nos malaises régionaux. Nous portons des légions de microbes et de virus dangereux réduits à l'impuissance temporaire par l'allure en mouvement ou le feu de la survie. Notre forme intègre nos difformités : d'une certaine manière, nous sommes tous anormaux, parce que la bataille que notre organisme engage défend avec courage nos fragilités. Mieux encore, nous devînmes des personnes propres pour avoir tellement privilégié ces lieux de faiblesse éperdue que le reste de l'organisme se leva pour les entourer de sa sollicitude. Et ce puits d'asthénie qui troue notre poitrine, cette sous-vie conditionne l'originalité propre de notre frêle équilibre. Nous sommes tous anormaux *là*. Et nous survivons pour protéger ce lieu qui crie, en nous, pitié comme un enfant blessé.

En cette blessure gît le secret de la vie.

Modèle scientifique général

Du coup, ceux qui pensent la forme normale par la ligne droite ne savent qu'une géométrie insignifiante. Cette droite qu'ils évoquent ne conserve qu'une forme qui partage l'espace en deux parties égales ; pourtant, symétriques en gros, nos corps montrent cent détails dissymétriques. De plus, la survie conserve un équilibre : non seulement l'état statique d'une balance horizontale portant des poids fixes, mais un ensemble complexe et mouvant d'équilibres dynamiques, de forces, d'énergies et d'échanges multiples, parfois informationnels. Mieux encore, les sciences qui conçoivent et calculent ces conservations permettent aujourd'hui de penser en rigueur les écarts à l'équilibre cités plus haut.

Alors nous pouvons concevoir la survie grâce au modèle, exact parce que puisé dans la totalité des sciences qui permettent de comprendre le vivant, d'invariants par variations et de variations d'invariants : mille détails bougent çà et là mais, au total, le système change peu ou demeure métastable, au moins pour un temps. Ainsi, le sain équilibre momentanément, en les rattrapant, cent maladies virtuelles ou commençantes. La somme atteint un certain voisinage de la norme, mais les détails peuvent, chacun, s'en trouver fort séparés. Voilà pour l'individu. Voici pour collectif : tous différents par détails, nous revenons, en somme, largement au même.

Homo sapiens

Il arrive qu'un écart fortuit, dit *anormal* aujourd'hui, porte une promesse d'espérance et de résolution à venir de questions sans réponse. Du coup, l'anormalité elle-même nous enseigne comment l'humain commença. On peut rêver que les lois implacables de la mutation et de la sélection firent des animaux des machines quasi parfaites ou, du moins, optimalement adaptées à leur milieu respectif. Leur équilibre branle moins que le nôtre. Plus fragiles qu'eux, moins spécialisés dans nos membres et organes, nés débiles, nous ne disposons que d'un jeu de cartes assez pauvre. Du coup, un effort d'adaptation sans commune mesure avec celui des bêtes nous entraîna dans l'aventure transhistorique du langage, de l'écriture, des sciences et des cultures. L'*homo sapiens* naquit donc de ses faiblesses et non de victoires dans la jungle. Anormal parmi les animaux normaux, c'est-à-dire normés par les lois de mutation et de sélection, donc idéalement logés dans l'environnement et les espèces de leur classement, cet homme naquit hors classe en raison de sa fragilité ; cette naissance lui donna vocation de bifurquer sans cesse en individus : chacun d'entre eux se dirigea vers une espèce à soi tout seul.

Homo politicus

Après l'évolution commence l'histoire de nos collectifs, où chacun devient anormal parmi un ensemble de semblables, normés par une similitude que nous appelons *l'imitation*. Notre histoire, en effet, montre l'apparition lente de cet individu dont l'idée s'efface à mesure que l'on remonte dans le temps. Nos ancêtres tenaient plus à ce qui pouvait cimenter l'unité de leurs groupes : tribu, famille, religion, fédérations diverses... qu'aux différences de détail qui définissent les personnes. Autrement dit, l'appartenance l'emporte d'abord sur l'identité, le mimétisme sur l'originalité, le *nous* précède le *je*. Pourquoi ?

Sans doute parce que, forts et bien réglés, un collectif et une culture protègent des risques physiques ou de la violence humaine et garantissent donc la survie, alors que l'affirmation de ce qui exalte telle ou telle personne et la sépare des rapports sociaux angoisse les membres d'une communauté, comme une force de dissolution. Antérieurs et plus puissants que l'individualisme, l'esprit de corps, l'attachement aux traditions, l'amitié portée aux pairs, la passion de l'appartenance, le patriotisme, l'accord de l'équipe...

témoignent de moments où l'environnement, plus dur, obligeait à renforcer cette cuirasse. Il faut donc attendre longtemps avant que se dégage l'idée, proprement moderne et pourtant profondément enfouie en notre projet vital, de la singularité personnelle.

Histoire parallèle des normes

L'individu et son visage naissent après le type collectif : le masque rigide, canon, modèle, précède la face différenciée d'un sujet. À quoi reconnaît-on un groupe ? À ce type. Comment le cimente-t-on ? Par la ressemblance, par l'obéissance à ce canon, dont l'imitation se charge. À l'inverse, une individualité s'affirme face au modèle collectif.

Voilà l'opposition mise en scène et la guerre déclarée entre la personne et la norme. Celle-ci bannissait celle-là, qui supporta de moins en moins la seconde, dont la nature comme l'origine peuvent varier : corporelle, religieuse, sociale, formelle, morale... L'individu veut s'en libérer. Longue à venir, l'émergence de cette unité individuelle, l'apparition et la revendication, aussi lente, de son visage singulier témoignent de la patience immense du temps et des conflits majeurs, dont la norme faisait tout l'enjeu, qui dressèrent les gardiens des institutions contre de rares hors-la-loi, victimes autrefois, devenus, aujourd'hui – mais pour combien de temps ? – héros.

Mais ce conflit ne reste pas longtemps aussi simple. Telle coquette désire porter en public une tenue originale, donc unique, qui, pourtant, veut rester à la mode. Pour le style et les idées, les savants pensent de même : ni les paradigmes savants, ni la correction politique ne diffèrent de la mode féminine. L'état individuel se porte bien à la condition qu'il s'intègre à l'idéologie sociale. Rares ceux qui acceptent de payer à son prix élevé leur libre différence : chacun de nous veut, au moins, paraître différent, original certes, marginal à la rigueur, mais normal, tout de même : point anormal. Ce mot dit le vrai prix de la distinction. Dans une société puissamment normée, l'individu indépendant et affirmé passe pour anormal : cela constitue même la routine des groupes dits les plus évolués, comme les sociétés scientifiques, qui excluent le plus souvent les inventeurs en jugeant qu'ils ne remplissent pas les normes requises pour mériter l'appellation commune de physicien, chimiste, philosophe, etc. Voilà qu'apparaît encore la loi du plus fort.

Le terme *anormal* recouvre donc, au bilan, la discipline indispensable à la survie collective, puis une ignorance immense du fonctionnement réel des lois sociales, un reste aussi des idéologies anciennes dont nous résumions tantôt l'histoire et quelques instincts inavouables qui poussent au racisme et à l'exclusion.

La norme revisitée

Cette revue, trop rapide, change notre perception. Sur ce tissu d'Arlequin du corps ou du collectif, où de la faiblesse, du défaut ou de la déchirure, enfin de la victime, jaillit, comme un jet d'eau ou un feu d'artifice, la diversité bariolée de l'humain, comment imposer le normal sans sottise ni crime, comment repérer une norme, sinon celle que ce bouquet même constitue en genre humain ?

Sur cette mosaïque, qui désormais voit un anormal plutôt qu'un différent ? La passion de l'appartenance définit et renforce la norme qui l'exclut de ses semblables. La pensée de l'identité individuelle, en revanche, l'efface et le perçoit à peine. Puisqu'elle caractérise l'humain, rien de plus normal que l'anomalie !

Nous avons perdu la norme, d'abord, parce que nous manquions d'intelligence théorique ; ensuite, parce que nous la trouvons perfide ou perverse. Il faut donc redoubler d'attention. Car elle nous hante. Libres, nous avons besoin de règles, car la liberté naît des contraintes ; individus, nous gardons le respect des individus semblables, des uns qui se ressemblent et des autres qui ne leur ressemblent pas. Pour comprendre la grandeur des lois et des normes, des classements et des valeurs, il faut les saisir au contraire même de ce que l'on croit.

Le visage virtuel

La beauté, la vérité, la bonté, la morale sauve... nous avons à les construire comme des ensembles flous, à contours souples, à extension et à compréhension variables, exactement comme l'équilibre mouvant de la survie ou comme le visage social, indéfiniment modelé par les autres et par soi.

Non, la norme ne se trace pas sur la cire ni ne se grave sur l'acier comme une ligne toute droite, mais variable et métastable, aquatique et transparente comme la somme de toutes les couleurs, bariolée même peut-être comme un mélange moins homogène ou un alliage, évolutive comme un étendard flottant dans le vent, fluctuante comme la danse brûlante des flammes, toujours en écart vivant et temporaire par rapport à l'équilibre. La vraie norme se grave sur le sable ou dans l'eau ! Figez-la, et elle s'écrit comme un nom sur une tombe : lorsqu'elle meurt. Voilà le visage mortuaire, défini enfin et en définitive. Le visage vivant évolue, flou. La vraie survie vole vers le virtuel. Nous autres hommes vivons comme des êtres possibles.

Chaotique et adaptable, imprévisible et improbable, l'intelligence, pourtant rigoureuse, rit de l'instinct animal, raidi dans sa chitine, et de la sottise raide, répétitive et engoncée dans des habitudes génériques et spécialisées. *Aimez-vous les uns les uns* : ce canon raide règle à la fois l'imbécillité, la laideur, la cruauté, le faux et la passion de l'appartenance qui classe. Brûlante et souple, l'invention traverse les bornes. La politesse connaît les règles de bienséance pour mieux s'en passer. Fluctuante et diverse, la bonté ondoie : si large, si longue et profonde que l'univers s'y loge. Elle comprend tout. Même à l'intérieur de la plus élémentaire famille, le père et la mère, même au sein de la ressemblance et de l'identité, *l'autre* peut arriver, qui ne lui ressemble pas exactement. Voilà le moment d'aimer.

Si les mêmes seuls font la norme, la voilà trop raide et dure pour reconnaître l'autre ; que la norme elle-même s'assouplisse et perde la rigueur de ses contours, qu'elle évoque des mondes et des hommes possibles ou virtuels, et la voilà suffisamment humaine pour rendre possibles cet amour, cette compréhension et cette vérité. Cette règle vaut pour mon enfant tout autant que pour notre conduite dans les relations collectives, les arts et les métiers, pour la recherche de la vérité. Non écrite, elle ne s'écrit que lorsque la vie s'évanouit.

Tout est possible : seule norme des hommes. Assez virtuelle pour que le vivant la poursuive sans cesse et y ordonne sa vie, elle-même imprévisible et variable, assez universelle pour admettre toute altérité et, puisqu'universelle, rigoureuse et vraie. Qu'est-ce que l'homme ? Ce virtuel à nombre de scénarios. Alors, la ligne droite apparaît comme un thème dont les obliques disent mille et mille variations.

Pourquoi les normes ?

Et cependant, nous avons besoin de normes. Qui donc les imposera ? La religion, la morale ou le droit ? Restent à établir les fondements de la morale, qui paraissent manquer dès lors que l'homme se définit par cette virtualité. Ces fondations dépendent, justement, de l'émergence de sa définition, de son apparition comme être vivant, collectif et individuel. Les normes deviennent indispensables à fin de protection. Leur perpendiculaire au mur fait le toit de la maison humaine.

L'éthique, la politique, le droit se posent l'ultime question : qui protéger ? Et elles répondent : *le plus faible*, toujours, de sorte que ces trois mots ont valeur universelle. La femme enceinte, l'enfant débile, quiconque souffre et va mourir, les victimes des violences de tous ordres : raciales, sexuelles, militaires, économiques, culturelles... Normée, la brute obéit toujours à la loi du plus fort ; l'homme libre construit une loi du plus faible.

Lequel ? Le voici.

La définition de l'homme

Les voisins d'un enfant né malformé se disent tout bas et crient fort quelquefois qu'anormal, il n'est point homme, et qu'animal donc, ils le tueraient. Il faut avoir le courage de considérer en face cette tentation qui nous menace. Certaines mères l'éprouvèrent et l'avouent, parfois.

En des temps assez anciens ou en des lieux dont nous avons honte, nul n'hésite à mettre à mort les porteurs de ces différences-là. Ce hurlement de la chair bestiale montre que, si nous aimons et gardons près de nous cet enfant de notre chair, quelque chose en nous quitte l'animal et devient humain, non pas seulement au sens de la bonté, mais dans celui de l'humanité, mieux encore : de l'hominité.

Croix des philosophes, la définition de l'homme s'ensuit aussitôt de la comparaison. La bête tue le différent alors que l'homme le tolère, le protège, le sauve et finit par cultiver sa différence. Cela s'écrit peu dans les livres, mais s'entend sur les lits d'hôpital ou les salles d'accouchement.

Des auteurs, parfois célèbres, étendirent en effet à l'homme la loi implacable de la sélection animale. En faisant de lui autre chose qu'une bête, des mères et des pères aident l'homme à naître. En cet acte nouveau, nous refusons les lois dites *naturelles* et nous faisons naître l'humain.

Nais-tu faible, différent, anormal ? Voici qu'homme, tu viens de naître Fils de l'Homme.

Michel Serres
Les Treilles, 1994-1996

OUVERTURE MÉDICALE

sous la direction de Maurice Tubiana et Jacques-Louis Binet

Cette collection destinée au grand public, aux malades comme à leur famille, intéresse aussi les médecins. Chaque volume est vendu 59 F.
Les spécialistes les plus renommés y présentent leurs connaissances dans un langage facilement accessible. Ils abordent de façon simple et claire la prévention et les soins, apportant ainsi des informations précieuses.
Des fautes d'hygiène, des erreurs éducatives peuvent être très graves, mais certaines maladies peuvent être évitées par la prévention. Ces livres proposent une gestion du corps et de l'esprit fondée sur la compréhension des mécanismes de la santé comme de la maladie. Ils visent ainsi à une éducation sanitaire du public, permettant de mieux vivre.

Bernard Amor	*Les rhumatismes*
Hervé Beck	*Vivre après 80 ans*
Jean-Paul Binet	*Réparer le cœur*
A. Bonnin, C. Broussouloux, J.-P. Convard	*Le diagnostic par échographie*
Marie-Germaine Bousser, Hélène Massiou	*La migraine*
Marianne Buhler, Émile Papiernik	*La stérilité*
Patrick Congard, Serge Bonfils	*L'intestin douloureux*
M. Dolivo, J. Hewitt	*M.S.T. : Les maladies sexuellement transmissibles*
L. Dubertret, M. Jeanmougin	*La peau et le soleil*
G. Dubois, É. La Rosa	*Prévention des maladies cardio-vasculaires*
Didier-Jacques Duché	*Le mal-être des adolescents*
Michel Dumas, Christian Giordano	*L'épilepsie*
Georges Fabiani	*Prévention des maladies infectieuses*
Daniel Fries	*Vivre sans rein*
Jean-Luc de Gennes	*Le cholestérol et l'athérosclérose*
Martine George, Joëlle Lefort	*Les règles et leurs anomalies*
Julien Glicenstein	*La chirurgie esthétique*
Alain Guillard, Gilles Fénelon	*La maladie de Parkinson*
Jean-Claude Job	*Grandir. Du nouveau-né à l'adolescent*
Paul Jungers	*Les calculs urinaires*
Marie-Noëlle Ménard, Gilbert Schaison	*La ménopause*
Jacques Orgiazzi	*L'obésité*
Yves Pouliquen	*La cataracte*
Sylvie Royant-Parola	*Le bon sommeil*
Edmond Schuller	*La sclérose en plaques*
Adolphe Steg, Laurent Boccon-Gibod	*La prostate*
Georges Tchobroutsky, Claudine Goldgewicht	*Le diabète*
Daniel Widlöcher, Marie-Christine Hardy	*La dépression*

COLLECTION SAVOIR : CULTURES

accueille les sciences humaines, de la philosophie à l'économie et de l'anthropologie au folklore.

Aristote	La politique	95 F
Albert Atcho	Prophétisme et thérapeutique	108 F
James Boswell	L'île de Corse	130 F
Claude Debussy	Correspondances 1884-1918	180 F
Noam Chomsky	Langue. Théorie générative étendue	130 F
Robert Debré	L'honneur de vivre	165 F
Nicolas Dufourcq	L'argent du cœur	110 F
Albert Einstein	Le pouvoir nu. Propos sur la guerre	160 F
Françoise Escal	Aléas de l'œuvre musicale	90 F
Jean-Pierre Faye	Le langage meurtrier	110 F
Simon Leys	La forêt en feu. Cult. et politique chinoises	96 F
Simon Leys	Orwell ou l'horreur de la politique	54 F
Pierre Louis	Aristote. La découverte de la vie	96 F
Pierre Louis	Vie d'Aristote	66 F
Pierre Massé	Le Plan ou l'anti-hasard	140 F
William Morris	Contre l'art d'élite	56 F
Paul Mus	L'angle de l'Asie	120 F
Louis Renou	L'Inde fondamentale	120 F
Jacqueline de Romilly	Problèmes de la démocratie grecque	110 F
André Schaeffner	Le sistre et le hochet	130 F
John Searle	Du cerveau au savoir	128 F
Michel Serres	A visage différent	120 F
Daniel Soulez-Larivière	Paroles d'avocat	120 F
Jacques Soustelle	L'univers des Aztèques	130 F
Dan Sperber	Le savoir des anthropologues	140 F
Dan Sperber	Le symbolisme en général	160 F
Paul Valéry	Fonctions de l'esprit	120 F

COLLECTION SAVOIR : SCIENCES

fait connaître les développements et les enjeux des grandes disciplines scientifiques.

Condorcet	Mathématique et société	98 F
Claude Debru	Neurophilosophie du rêve	180 F
François Dell	Les règles et les sons. Phonologie	126 F
Oswald Ducrot	Dire et ne pas dire. Linguistique	120 F
Albert Einstein, Michele Besso	Correspondance 1903-1955	140 F
Wolf H. Fridman	Le cerveau mobile	196 F
Jean-Louis Funck-Brentano	Le désordre médical	90 F
Pierre Laszlo	La paroles des choses. Chimie	160 F
Joseph Needham	La tradition scientifique chinoise	120 F
Jean-Claude Pecker	Le ciel et deux écrits	90 F
Henri Poincaré	L'analyse et la recherche	140 F

COLLECTION SAVOIR : SUR L'ART

regroupe les écrits d'artistes, la littérature esthétique et la théorie de l'art.

Guillaume Apollinaire	Les peintres cubistes	130 F
Aragon	Les collages	110 F
Avigdor Arikha	Peinture et regard. 1965-1990	140 F
Pierre-Michel Bertrand	Le portrait de Van Eyck	90 F
Jacques-Louis Binet	La création vagabonde	130 F
Étienne-Louis Boullée	L'architecte visionnaire et néo-classique	130 F
Champfleury	Son regard et celui de Baudelaire	118 F
Eugène Delacroix	Dictionnaire des beaux-arts	90 F
Maurice Denis	Le ciel et l'Arcadie	120 F
Jean Dubuffet	Lettres à J.B. 1946-1945	160 F
Alberto Giacometti	Écrits	140 F
Wassily Kandinsky	Regards sur le passé 1912-1922	130 F
Claude-Nicolas Ledoux	L'architecture	160 F
Lessing	Laocoon	140 F
André Masson	Le rebelle du surréalisme. Écrits	90 F
Henri Matisse	Écrits et propos sur l'art	160 F
Nicolas Poussin	Lettres et propos sur l'art	130 F
John Ruskin	Les pierres de Venise	120 F
Michel Serres	Esthétique sur Carpaccio	120 F
Shitao	Les propos sur la peinture	160 F
Paul Signac	D'Eugène Delacroix	140 F
Rodolphe Töpffer	L'invention de la bande dessinée	140 F
Viollet-le-Duc	L'architecture raisonnée	120 F
Émile Zola	De Courbet aux impressionnistes	120 F

COLLECTION SAVOIR : LETTRES

présente des ouvrages originaux, des anthologies, des études littéraires et des essais.

André Bernold	L'amitié de Beckett	90 F
Brillat-Savarin	Physiologie du goût	110 F
Buffon	Un autre Buffon. Choix de textes	84 F
Jean Cocteau	Entre Picasso et Radiguet	90 F
Denis Diderot	Sur le vif. Du billet à l'épître	70 F
Denis Diderot	Salons I. Essais. Salons de 1759	90 F
Denis Diderot	Salons II. Salon de 1765	90 F
Denis Diderot	Salons III. Ruines et paysages. Salon de 1767	120 F
Denis Diderot	Salons IV. Héros et martyrs. Salons de 1769	120 F
Denis Diderot	Paradoxe sur le comédien	60 F
Étiemble	Au secours, Athéna ! Le jargon des sciences	70 F
Marc Fumaroli	La diplomatie de l'esprit	130 F
Yann Gaillard	Buffon	88 F
Jules et Edmond de Goncourt	Arts et artistes	90 F
G.W.F. Hegel	Esthétique des arts plastiques	160 F
George Sand, Alfred de Musset	Lettres d'amour	88 F
Séverine Jouve	Obsessions et perversions	90 F
Simon Leys	La mort de Napoléon	66 F
Bernard Lortat-Jacob	Indiens chanteurs de la Sierra Madre	88 F
Jean-François Marquet	Miroirs de l'identité.	90 F
André Maurois	Nouvelles extra-terrestres et imaginaires	90 F
Anne Puaux	La huguenote. Renée de France	90 F
Sainte-Beuve	La vie des lettres (4 vol.) chaque vol.	60 F
John R. Searle	Actes de langage	130 F
Jacques Verger	L'amour castré. Héloïse et Abélard	90 F

John Searle

Du cerveau au savoir

Quelles sont les relations du corps et de l'esprit ? Les ordinateurs peuvent-ils penser ? Qu'en est-il de la science cognitive ? Quelle est la structure de l'action ? Quelles sont les perspectives des sciences sociales ? Le libre arbitre existe-t-il ? Avec simplicité et pertinence, le grand philosophe américain apporte à chacune de ces interrogations, sinon des réponses, du moins des commentaires d'une lucidité et d'une vigueur exceptionnelles.

ISBN 2 7056 6014 3. 1985. Collection *Savoir : Cultures*. 210 x 150, 148 p. 128 F

Provocant et toxique — Gérald Messadié, Sciences et vie

Profond, inventif, intelligent. — Gilles Tordjmann, Le Matin

Searle montre comment, à partir de l'étude des mécanismes du langage ordinaire, on peut arriver à poser, sinon résoudre, le problème on ne peut plus général des rapports entre notre esprit et le reste de l'univers. — Robert Maggiori, Libération

Un parcours en petite foulée sur le terrain miné des rapports entre l'esprit et le corps. — Michel de Pracontal, L'Événement du jeudi

Un livre vivant, souvent attachant. — Hervé Le Guyader, Sciences et avenir

Robert Debré

L'honneur de vivre

Le professeur Debré, 1882-1978, grand résistant, attaché à la défense de la pensée, de la langue et de la science françaises, a marqué de sa personnalité, pendant plus de soixante ans, la recherche biologique, la pratique et l'enseignement de la médecine.

Promoteur de la pédiatrie moderne en France et dans le monde, il se place au tout premier rang des novateurs et des grands praticiens, ayant soigné et sauvé des milliers d'enfants. Il fut l'un des premiers à les avoir considérés comme de vraies personnes et à avoir affiné de manière éclatante de nombreuses analyses cliniques : initiateur de l'UNICEF, on lui doit la réforme hospitalière et universitaire qui a renouvelé la médecine française.

Ce livre, témoignage d'une vie au service du pays et des malades, fait revivre plus d'un demi-siècle d'histoire de France : Paris au temps où les enfants faisaient encore du patin à roulettes près de la porte Maillot, l'Alsace occupée par les Allemands, la Grande Guerre, la période échevelée et angoissée des années 1919 à 1939, la débâcle de 1940, puis la Résistance, les rencontres avec le général de Gaulle, les combats de la Libération. À la naissance de la Cinquième République, de Gaulle lui confie la tâche immense de réformer l'organisation de la médecine en France, ce qu'il fera en suivant les principes qu'il avait élaborés dans la clandestinité et dont on trouvera les fondements en tête de cet ouvrage.

L'honneur de vivre est la biographie d'un grand médecin et d'un grand esprit, philosophe et observateur de son temps, de cette race d'hommes qui ont suivi avec ardeur la vie politique et intellectuelle de leur patrie tout en développant une grande œuvre personnelle au service de la société.

ISBN 2 7056 6310 X. 1996. Collection *Savoir : Cultures*. 210 x 150, 500 p. 165 F

L'histoire d'une réussite. D'une authentique réussite, c'est-à-dire d'une existence vécue.
Françoise Giroud

Un homme est là, présent tout entier, avec ses limites mais sans défaillances. Émouvant comme le passé.
Le Nouvel Observateur

André Bonnin,
Claude Broussouloux,
Jean-Paul Convard,
Hôpital Cochin, Paris

Le diagnostic par échographie

L'échographie est un examen médical de pratique courante dans la recherche d'un diagnostic : plus de 20 millions d'actes sont effectués chaque année en France.

Utilisant les ultrasons, inaudibles à l'oreille humaine, pour explorer l'intérieur du corps, l'échographie montre des organes profondément enfouis et leurs éventuelles lésions, superficielles ou viscérales. Elle sert notamment à la surveillance de la grossesse.

Ce livre permet de comprendre le principe de cette technique d'exploration médicale, de se préparer à cet examen indolore et inoffensif, de situer le contexte thérapeutique de sa prescription et d'en apprécier les résultats.

ISBN 2 7056 6266 9. 1995. Collection *Ouverture médicale*. 180 x 120, 128 p. 59 F

Un ouvrage d'une grande clarté, qui aide à comprendre une médecine moderne devenue pourtant de plus en plus complexe. Relais

Les auteurs de cet ouvrage répondent par avance, en termes clairs et précis, à toutes les questions que l'on peut légitimement se poser sur ce type d'exploration.
Témoignage chrétien

... un large panorama des nombreuses possibilités des explorations médicales par les ultrasons, dans un langage précis et simple... Pour les médecins généralistes, l'ouvrage du docteur A. Bonnin peut s'avérer utile pour éclairer leurs prescriptions. La Gazette médicale

Julien Glicenstein,

chirurgien plasticien

La chirurgie esthétique

Véritable discipline médicale, la chirurgie communément appelée *esthétique* associe en fait une réelle compétence clinique à un acte chirurgical complet. Le fait qu'aucune nécessité immédiate ne commande ce type d'intervention la soumet à une rigueur d'autant plus grande.

ISBN 2 7056 6218 9. 1993. Collection *Ouverture médicale*. 180 x 120, 128 p., 7 ill. 59 F

... sous la plume d'un maître de l'art... tord le cou à une série d'idées reçues.

Revue de l'infirmière

Ce nouveau titre de l'excellente collection "Ouverture médicale", rédigé par un spécialiste aussi réputé pour sa compétence médicale que pour une bonne compréhension de la psychologie des "demandeurs", se veut un guide pratique avant et même après toute opération de chirurgie esthétique.

Bien-être et santé

Imprimé en France
Imprimerie de l'Indépendant, Château-Gontier
Numéro d'édition : 6346
Dépôt légal : octobre 1997

HERMANN, ÉDITEURS DES SCIENCES ET DES ARTS